傳播文化引論

——語言‧符號‧文化

文化引論

李崗——著

INTRODUCTION
TO INTERCULTURAL
COMMUNICATION

「跨文化傳播」探討的是——

全球化背景下個體的人和集合的人，

乃至整個人類在各個層面上所遇到的矛盾、衝突和種種問題。

目 錄

目錄 ──────────────

目錄

總序

　　東西方文明的差異自古而然，東西方文化的交流與碰撞也由來已久。然而自西方工業革命興起以來，由於西方社會的發展速度和發展水準超過了世界其他地區，以致於在相當長的時期，不少東西方學人都把西方的科學技術、社會制度乃至生活方式視為衡量文明發展水準的標尺，把社會進步的理想目標定位於以西方發展模式為藍本的現代化，或以西方價值觀為基礎的普世文明。西風東漸、西學東移，相當一批東方學人和政治家也把工業化、資訊化等現代科技進步看做西方文明的必然產物，為此他們不遺餘力地向西方尋求真理，甚至將揚棄本民族的傳統，從器物、制度到生活方式上全面模仿西方作為實現現代化改造的唯一模式和人類文明發展的歸宿。東西方文明的交流遂呈現為單向的態勢 —— 以先進的西方文明征服、影響和改造其他「落後」或「野蠻」的文化似乎成為人類走向現代化生活的必然趨向。

　　自 1980 年代以降，由於交通、資訊交流的日趨便捷，發達國家產業的轉移和國際市場的開拓，不同地域和文明之間的經濟依存度和文化連繫不斷增強，人員、商品、資訊乃至生活方式、思想觀念的流動和相互溝通日益增長，逐漸使整個世界變成一個各種複雜關係滲透交織的網路，全球化已成為人類社會發展的大勢所趨。然而，今天的全球化並不意味著將出現一種全球同質的「世界文化」或「地球文化」，相反，隨著西方式工業文明內在矛盾的凸顯、西方知識界的自省和一大批民族國家的重新崛起，本土化、地方化也成為全球化語境下許多後發區域維護民族文化傳承、保持自身文化特質的策略。全球化背景下的現代化發展道路已不再是簡單地

總序

演繹強勢的西方文明對東方文明及其他弱勢文明的征服或同化的模式，相反長期處在邊緣的第三世界地區的文化傳統也開始發出自己的聲音，參與對現代性的詮釋，確立自己的文化身分，並尋求走向現代化的多元模式與道路。

儘管不同國家、民族之間的矛盾乃至對抗仍難以避免，不同文化在價值觀和生活方式上的差異與衝突依然存在，但和平發展、和諧相處畢竟已經成為我們時代的主旋律。因此，對話正在成為不同文明之間交往的基本立場和方式。

何謂對話？對話的實質應是不同主體間雙向互動的交流。哈伯瑪斯把對話作為不同社會階層交往的主要形式，認為透過對話達到人們之間的相互理解和一致正是交往行為的目的。而巴赫金則將對話關係看做無所不在的現象，他認為整個人類的語言、人類生活的一切關係和一切表現形式、乃至一切蘊含著意義的事物之間都浸透著對話關係。毋庸置疑，對話的精神是交流、溝通與互動。這裡有相互的凝視、好奇與欣賞，有積極的理解、借鑑與汲取，有主動的自省、調整與改造。總之，它是一個你中有我、我中有你的互學與互滲過程，文化學所總結的關於文化交往過程中的互化與涵化現象都可以說是對話的成果。需要特別指出的是，文明間對話的基礎應是平等、相互尊重，而不是仰望或歧視，更不是恃強凌弱的輸出與同化。

那麼，不同文明之間的對話應當怎樣進行呢？顯然，我們所理解的文明間的對話並非僅僅是政治家之間的會談，也不限於傳統意義上的學術文化交往，甚至不一定都來自實際的接觸行為或交互關係研究所產生的主題，而是包括能使文明之間產生碰撞與交流的所有可能形式 —— 它有時借助於面對面的接觸，相互汲取對方的優勢，滋養自身的肌體；有時卻並

無直接交往，只是文明畫廊中不同文化間差異的自然呈現，各自在對異域風景的注視中產生心有靈犀的感悟、啟迪，乃至誤讀。此時，其中一方只需利用某種可以達成溝通的媒介和語言，將自身的文化特徵與個性表達出來便已成為對話的主體。

　　基於上述理解，我們將這一書定名為「跨文明對話書系」。這裡彙集了西南交通大學「比較文學與當代文化研究中心」、「藝術與傳播學院」、「外國語學院」一批教授和博士多年研究的成果，其中包括對西方文學和文化經典成果的多視角研究，關於中外語言文學的交流與影響的個案分析以及基於現代學術立場、運用現代方法進行的中國傳統語言文化的個案研究，可謂色彩紛呈。此中既有對過去的中西對話所產生成果的研究總結，也有在當下的語境中對其他文明的審視與讀解，還有對中華文明自身文化傳承的整理與反思，其中自應包含著對新的對話的期許。相信這些學術探索對於讀者加深對全球化時代中西文明的互動作用以及東西方文明優秀傳統的理解會有所裨益。

徐行言記於斑竹苑

總序

序

本書是作者在多年研究生教學資料基礎上整理而成。

據我們了解，目前跨文化傳播研究有兩個主要方面，即實踐方面和理論方面。現在學術界內外較多的是前者。美國學者拉里·A·薩莫瓦《跨文化傳播》（*Communication Between Cultures*）作為教科書就是典型。而作為課程，麻省理工學院是一個典型。它的「跨文化溝通」課程（Communicating Across Cultures）是這樣來敘述其課程目標的：

全球化是世界發展的主要動力之一已成為一般常識。如果從廣為散布的資訊、觀念、資金、媒體、文化製品或者人來作觀察，我們可以看到歷來分隔國家和團體的分界線和疆界變得越來越容易滲透。要證明這一點，你只消看看麻省理工學院學生的組成：8% 的大學生和 37% 的研究生分別來自 109 個不同的國家。

如今需要與跟你從基礎文化上就完全不同的人互動的機會越來越多，「跨文化溝通」課程的目的在於幫助你面對生活在這麼一個世界的挑戰。它最主要在於提高你對跨文化溝通的敏感度，也提供知識及技巧來幫助你與不同文化的人做成功的互動。藉著接觸以跨文化溝通為主題的一些優秀作家和學者，和實際練習跨文化的溝通，我們希望能達到這個課程的目的。當你閱讀這課程的教學大綱時，我們希望你會感受到我們希望讓這個課程為你帶來幫助的努力。（麻省理工學院「開放式課程網頁」）而在企業員工培訓、禮儀交際等方面，更是如此。

在日益加劇的全球化背景下，國家間、民族間和人際間的跨文化傳播已經成為這個星球的普遍現實，因此引起人們高度重視。學界跨文化傳播

序

研究側重應用性、實踐性正是應對這一挑戰的必然。而和現在較多的跨文化傳播交際性實踐和注重培養跨文化傳播交際能力有所不同是，本書偏重於跨文化傳播理論的觀照度，或者說是工具性。

然而這十分困難。一是理論尚在形成中，二是理論的局限性。在我們了解的範圍內，美國學者威廉‧B‧古迪昆斯特（William B. Gudykunst）在跨文化傳播理論建設上殫精竭慮，他的《跨文化傳播的理論化》（*Theorizing About Intercultural Communication*）一書也努力構建跨文化傳播理論體系，並作出了出色貢獻。但是，正如古迪昆斯特本人在這本書的序言結尾處所說：

最後，本文總結的一些理論鮮有研究支持。就美國跨文化傳播理論的現狀而言，進行不以理論為基礎的研究是不可取的，除非與發展新理論相關。為了提高我們對跨文化傳播的了解，我們需要更多可用於檢驗理論的研究，而非更多的無理論基礎的研究。

古迪昆斯特坦率地承認了他這部我們認為是目前最重要，也是最為系統的跨文化傳播理論研究之一的著述不足之所在，同時也含蓄地批評了當前以美國為代表的跨文化傳播研究過於偏重應用性而缺乏理論支撐的研究取向。我們無疑是贊同這個觀點的，因此努力在一定理論基礎之上開展研究，這是我們努力的目標。但是一方面如上述古迪昆斯特指出的跨文化傳播理論本身的完善性和局限性，另一方面我們自己的學力所限，在理論的理解、運用和對相關學科研究的程度有限，導致本書種種不足。要特別說明的還有，正如很多學者指出的那樣，跨文化傳播理論還處於借鑑相關學科理論成果的建設階段，本書也涉及眾多學科理論，包括引用目前海內外學者的一些最新研究成果，在書中我們都盡量一一註明。但是本書是在研

究生教學中作為教材稿使用基礎上整理而成，行文中引文也可能有所疏漏，在此一併向作者致謝並專此說明。

無論如何，我們認為，從 1950 年代愛德華·霍爾提出「跨文化傳播」以來，歷經半個世紀，跨文化傳播學已經成為一門全球性的「顯學」。全世界的專家學者為幾乎遍布全球每個角落的跨文化交流作出了深入的歸納和細緻的研究，為跨文化傳播學的理論提升做了大量基礎性工作，同時也為這個理論體系的建立作了卓有成效的探索。今天，我們需要作出更多的努力以跨文明對話來防止跨文明衝突，這些努力廣泛涉及政治的、經濟的和社會文化的各個方面，如新聞、文學、影視、對外語言文化教學、跨國廣告等等。這些努力的迫切需要使我們來不及等待跨文化傳播理論的系統化和完善，也許，我們所作的努力也有助於理論體系的完善。

李崗

第一章　跨文化傳播研究的產生背景

　　跨文化傳播已經成為當代人和社會的一種生存方式。它不但涉及到我們這個時代個人生活的微觀層面，同時也涉及國家、民族及其關係以及全球化等等宏大主題。總體說來，跨文化傳播探討的是全球化背景下個體的人和集合的人，乃至整個人類在各個層面上所遭遇的矛盾、衝突和種種問題。所以跨文化傳播成為當今世界影響越來越大的一門「顯學」。但是「顯學」之顯，必然有它具體的時代需求、歷史必然和學科發展的內在邏輯。本章主要介紹跨文化傳播研究產生的背景。

第一節　跨文化傳播研究的實踐淵源和策略背景

　　人類任何學科的產生，都來源於人類社會自身的現實需求，跨文化傳播學也不例外。

　　人類跨文化傳播具有極為悠久的歷史，但美國是最早把跨文化傳播放到國家利益的策略高度進行研究的國家。在這個意義上說，美國是跨文化傳播研究的策源地。一般認為，露絲·潘乃德的《菊與刀》和愛德華·霍爾的《無聲的語言》兩部著作對跨文化傳播研究的興起有著直接的影響。

一、潘乃德與《菊與刀》

　　美國學者露絲·潘乃德是當代著名文化人類學家、文化人類學中文化模式論學派創始人，也是心理人類學的重要人物。她 1887 年 6 月出生於紐約，1919 年進入哥倫比亞大學，她師從美國文化人類學之父鮑亞士 研究文化人類學，1923 年獲博士學位。之後留校任教，歷任講師、副教授、教授，1948 年病逝。代表作有《菊與刀》（亦譯為《菊花與軍刀》）、《文化模式》等。

露絲‧潘乃德和她的老師鮑亞士一樣，對人種學、遺傳學與文化間關係充滿興趣。潘乃德與心理分析學家合作，最早把通常用於個人的心理學分析概念和心理學概念應用到集體文化研究上。她的「文化模式」理論認為，在任何一個社會中，人類可能產生的行為範疇只能有一小部分得到發揮或受到重視。因此，她反對過分偏重對文化的個性分析，主張人們應根據文化產生的歷史淵源來評價文化現象。她認為，考察群體的行為方式的特殊性與思維方式的特殊性的連繫，並把二者作為一個整體結構進行研究，這是文化研究的突破口。在她看來，文化行為雖然是地域性的，人的所作所為千差萬別，但無論什麼孤立行為彼此間都有某種內在連繫。而比較文化研究可以使人們注意到那些自己無法理解的事。作者的《文化模式》的核心理念就是「當這些最不引人注目的東西被投射在全民族的螢幕上時，它們對一個民族未來的影響遠比外交家們簽署的條約的影響大得多」。潘乃德還著有《種族：科學與政治》、《祖尼印第安人的神話學》等，她在人類學研究的成果對後代有很大影響。但她的研究也直接切入社會現實，同樣引起巨大迴響，這就是她的「命題作文」《菊與刀》。

《菊與刀》一書本是受戰時美國中央情報局委託的有關日本大和民族性格個性研究的絕密報告。

戰後，由於美國政府對日政策以及日本整個局勢的發展情況與該研究報告的主旨一致，於是作者就在原報告的基礎上加寫了前後兩章。概述了研究方法、課題及日本投降後的情況，並於 1946 年公開出版。

全書共十三章，分別是日本、戰爭中的日本人、各就其位、明治維新、歷史和社會的負恩者、報恩於萬一、報答最難承受、讓名聲清白、人情圈、德行的窘境、自我修養、兒童的獲知、投降日以來的日本人。

「菊」本是日本皇室家徽，「刀」是日本武士文化的象徵。但潘乃德

在以此命名本書時，並不是從這種含義出發，而是以「菊」和「刀」來象徵日本人的性格悖論，亦即日本文化的雙重性：

日本人生性極其好鬥而又非常溫和；黷武而又愛美；倨傲自尊而又彬彬有禮；頑梗不化而又柔弱善變；馴服而又不願受人擺布；忠貞而又易於叛變；勇敢而又懦怯；保守而又十分歡迎新的生活方式。他們十分介意別人對自己的行為的觀感，但當別人對其劣跡毫無所知時，又會被罪惡所征服。他們的軍隊受到徹底的訓練，卻又具有反抗性。

潘乃德的研究表明，作為一個民族，日本人的一生是一個「義務」系統結構，每種義務都規定著相應的行為方式。「恩」是自己接受的來自他人的義務系統，如來自天皇、雙親、師長等的義務；而所接受的這些「恩」成為支配日本人一生的義務行為，如忠天皇、孝父母、敬師長等。這些義務也是必須但只能是部分償還的「債務」，其償還沒有時間上的限制。而日本人得到的別人的恩惠即「情義」必須償還，且償還有時間限制。據潘乃德的研究，日本兒童九歲前被賦予比西方兒童更多的自由，其後進入成人的義務世界，而兒童時期的記憶深藏其心中。她認為，日本幼兒教養和成人教養的不連續性是形成雙重性格的重要因素。日本人的心理與西方人不同還有重要的一個層面，即沒有西方人通常理解的「原罪」概念，心理中的問題來源於義務世界中義務互相衝突形成的困境，這種困境給人造成恥辱，潘乃德把日本文化這種特徵概括為「恥感文化」，它與西方的「罪感文化」不同，其強制力在於外部社會而不在於人的內心。潘乃德還仔細研究了日本人洗澡、食物、性等，發現他們普遍追求世俗的快樂，她解釋說，由於缺乏「原罪感」，導致日本人有意識地享受人生快樂。

第二次世界大戰後期，德日敗局已定，美國急需制定戰後對德、日的

政策。對於作為歐洲國家的德國，美國比較了解，政策也比較明確，即武裝占領，直接管制。而對於東方的日本，美國不太了解。與日本帝國長達四年的戰爭，使美國人對這個東方的敵人產生充分了解的急迫要求。日本人的「神風敢死隊」對天皇令人驚訝的忠誠、對對手的無比殘忍，與西方人截然不同。美軍高層認為，對日本人進行深入研究，了解他們能做什麼和不能做什麼，從而預測在一定情況下日本人可能的反應，制定美國的應對措施。比如許多日本士兵在寡不敵眾的絕境中殊死抵抗，而不束手就擒，這與西方的德國人，包括盟軍自己是不一樣的。美國軍方高層想知道，為迫使日本帝國投降要轟炸到何種程度。他們甚至想知道，日本人在面對一顆或者多顆原子彈的轟炸時會投降嗎、戰後需要保留天皇制度嗎、用什麼方式對日本進行占領和管理更為有效等等。實際上突出的是兩個問題。第一，日本政府會不會投降？盟軍是採用對付德國的辦法進攻日本本土，還是採取威懾手段？第二，假若日本投降，美國是否應當利用日本政府機構甚至保存天皇？為了回答這兩個問題，美國政府動員各方面的專家、學者研究日本。

1944 年 6 月，潘乃德接受了這一項任務，即研究日本文化和日本人的心理特徵，為美國軍事領導和美國政府對日決策提供政策依據和建議。

根據卡佛里《露絲·潘乃德》的研究，潘乃德戰爭期間曾經在美國戰爭情報辦公室國外民眾心理部工作過，並以人類學家一貫執著的實地考察工作而著名。但在戰爭狀態下研究作為敵對國的日本，她遇到不少困難。她不得不放棄以田野調查為主的民族志研究方法，而是透過對為數不多的英文版關於日本文化、心理的文獻研究，對被繳獲的日本方面的宣傳片、文娛性電影研究和小說的分析，並盡量多地採訪被囚禁的日本人，主要是戰前移居美國的日本人和日本戰俘對日本文化進行研究。

第一章　跨文化傳播研究的產生背景

　　潘乃德根據文化類型理論，運用文化人類學的方法寫成研究報告。報告中推斷出的結論是：日本政府會投降；美國不能直接統治日本；要保存並利用日本的原有行政機構。因為日本跟德國不同，不能用對付德國的辦法對付日本。戰爭結束，美國的決策同潘乃德的意見一致，事實發展同她的預料和建議基本一致。戰爭結束後，50 萬美軍留在日本，占領軍當局在日本發號施令。令美軍和世人驚訝的是，日本這個曾經令人恐布的敵人，溫順地接受了統治。手無寸鐵的美軍士兵可以橫穿日本全境，而且到處受到禮遇。

　　我們沒有足夠的證據說明潘乃德的研究報告對美國對日政策產生了多大，甚至是否產生影響，因為她的研究於 1946 年才完成。《菊與刀》由於特殊的政治和軍事環境成書略顯倉促，在研究方法上基本上是人類學為主，輔以其他方法，在內容上也是一部文化研究的專著。但是這是一部以本民族視野對他文化審視的研究成果，表現出跨文化傳播基本特點，造成了不同文化溝通理解的作用。當 1946 年潘乃德把這份報告加以整理，以《菊與刀》為書名公開出版，立刻在日本引起強烈迴響。1949 年初該書被譯成日文，1949 年至 1951 年，日本幾家雜誌約請專家舉行座談，對此書進行評論，有的還出版了特集。有些日本社會學者評價很高，認為這本書對日本文化表現了「深刻的洞察力」。而有些日本歷史學者則不同意，認為作者把特定時代、特殊社會集團的社會心理當作「日本人」的普遍心理，在方法論上有非歷史的和超階級的缺點。儘管如此，1951 年此書被列入日本《現代教養文庫》，僅至 1963 年就已重印 36 次。1982 年出版的一本介紹「日本學」名著的書中稱讚此書是現代日本學的鼻祖，是文化人類學者研究日本的經典性著作。1986 年一篇綜述戰後日本研究狀況的文章列舉七種代表性觀點，說《菊與刀》是令人注目的一種。凡此都表明，此書

影響至今不衰。實際上，不僅是對於「日本學」的研究，對於跨文化傳播的研究這本書也有著很高的價值。日本文化，無論作者的觀點是否公允和客觀，借此在美國、在全球都傳播開來。

　　和潘乃德的其他著作不一樣，《菊與刀》並不是潘乃德出於人類文化學者的學術研究興趣，而是受美國政府委託的「應制之作」。可見美國一開始就把跨文化研究置於國家策略高度。正如當今天包括中國在內的不少國家還把本國語言向海外傳播作為文化策略時，美國政府在 2006 年 6 月向國會提出 2007 年增撥 1.14 億美元，同時五角大樓 5 年內花費 7.5 億美元以啟動「國家安全語言計劃」。據光明網透露，五角大樓之所以參與這個項目，是因為美軍在伊拉克和阿富汗戰場正受語言人才缺乏之困，49 萬參與行動的美軍中只有 2,000 人會阿拉伯語。值得注意的是，在這一「國家安全語言計劃」中，漢語與阿拉伯語、俄語、印地語、波斯語一道，被列為美國最急需語言人才的「關鍵」（critical）外語。

　　可見跨文化傳播一開始並不是純粹的學術問題，而是有著強烈的現實需求。

二、愛德華・霍爾《無聲的語言》與跨文化傳播研究的興起

　　跨文化傳播研究，公認的是以愛德華・霍爾（Edward Twitchell Hall）的名著《無聲的語言》（也譯為《沉默的語言》）開始的。據李海軍對霍爾自傳體著作《日常生活的人類學》的研究（李海軍《愛德華・霍爾與跨文化傳播研究》，霍爾是個純粹的美國白人，其所屬文化身分是來自北歐的美國白人文化，但他從小就生活在一個多元文化的環境裡。在回憶小時候的這些經歷時，霍爾說：「我小時候經常碰到（文化多元）這類事情。我對此非常感興趣。」

第一章 跨文化傳播研究的產生背景

霍爾的工作經歷繼續強化他的文化敏感和跨文化意識。1933-1937 年，霍爾在美國西南部的納瓦霍（Navajo）和霍皮（Hopi）印第安村莊工作。作為一個建築領班，他與印第安人交往了一段時間後，已經有了一定的文化敏感：「我在保留地的時候，常常考慮如何才能跟納瓦霍人和霍皮人共事，在這裡我發現他們完全不同。要把我的思維方式強加給他們根本就不管用。」這段國內的跨文化傳播經歷讓霍爾認識到跨文化關係是世界上最重要的問題之一，並累積了第一手資料。

二戰期間，霍爾被派往歐洲和菲律賓服役，期間領導了一個非裔美籍士兵組成的軍團。他認為自己的領導工作非常具有創造性，「我的工作具有創造性，因為我和黑人士兵一道工作。我非常尊敬他們，並且常設身處地地考慮他們的利益。」如果說霍爾所受到的專業影響為他創建跨文化傳播學武裝了頭腦，那麼霍爾的跨文化傳播實踐則讓他認識到跨文化傳播的重要性，並為他後來的研究和創作累積了生活經驗和素材。

1959 年，愛德華·霍爾出版了其名著《無聲的語言》，在該書中，他指出「大多數外國人」對美國外交官的敵視出自於美國人忽視他國期待，「以我們自己的標準與他人交流」的行為方式。對此，霍爾提出：「是美國人學會如何有效地與外國人交流的時候了。」正是在這種背景下，他建議美國國務院外事服務講習班（FS1，the Foreign Service Institute）實施跨文化傳播訓練計劃。在 1950 至 1960 年代，此舉被認為是跨文化傳播研究的開端。

霍爾首先提出了跨文化傳播的相關概念。到 1950 年代，霍爾的跨文化生活和工作經歷已經讓他產生了「跨文化」這一概念，在外派人員培訓學院進行跨文化技能培訓教學工作期間，他就提出了著名的「高語境文化」（high context culture）和「低語境文化」（low context culture）概念，他把

這些思想進行了梳理後於 1959 年出版了《無聲的語言》一書。這本書已經包含了不同文化的理解和跨文化傳播的基本問題，如「什麼是文化」、「文化就是傳播」、「時間會說話」和「空間會說話」等。霍爾非常重視非言語傳播問題，該書花了將近 20% 的篇幅來討論這個問題。這本書獲得了巨大的成功，1961-1969 年間便發行了 50 多萬冊，還被眾多著作、雜誌和其他出版物轉摘，前後被翻譯成 6 種文字。可以說該書的出版標誌著跨文化傳播學這一學科的誕生。在霍爾的努力耕耘下，一個嶄新的研究領域 —— 跨文化傳播學誕生了，霍爾成為了跨文化傳播學的創立者。

　　跨文化傳播學始創於美國並不是偶然的。本來美國本土居住的都是土著印第安人，在發現新大陸之後，世界各大洲的移民都相繼湧入美國，於是美國便逐漸成為一個移民大國，也是一個龐大的文化多元社會。在這個宗教、意識形態、生活習慣、價值觀念等文化多元的社會中，歐洲白人占統治地位，其他有色人種如印第安人、非洲、亞洲、拉丁美洲以及一些東歐的移民便自然處於被支配地位。於是，種族矛盾和文化衝突不斷出現並開始蔓延。

　　除國內因素外，二戰使得不少歐洲的美國同盟國變成了廢墟，為了冷戰的需要，為了跟蘇聯抗衡，美國推行馬歇爾計劃，大力扶植歐洲經濟發展，於是大量的專家、學者、企業員工作為志願者被派往歐洲。同時，由於二戰並沒有給美國經濟造成太大影響，二戰後美國在政治和經濟上迅速成為了一個超級大國，強大的實力吸引著世界各地的留學生和移民。這期間美國政府發現，一方面許多派往海外的志願者和工作人員都因文化障礙甚至文化衝突無法適應派往國生活，最終無功而返；而另一方面外來移民及留學生中經歷著這種「文化衝擊」的也大有人在。可以說美國 1950 年代國內外的文化矛盾、衝突及文化溝通的緊迫性客觀上催生了一門嶄新的

學科 —— 跨文化傳播學，來研究相關的跨文化衝突問題。

霍爾的跨文化生活經歷使得他對跨文化傳播產生了濃厚的興趣，注意到了跨文化傳播中的問題，獲得了跨文化傳播第一手的資料，從此對跨文化傳播獲得了感性認識；而真正引領他進行跨文化傳播研究的應該是他受到的學術影響。霍爾先後獲得人類學學士、碩士和博士學位，並在哥倫比亞大學從事過社會學、文化人類學博士後研究，又曾在外派人員培訓學院中工作過。這些學習和研究使得他能接觸到相關方面的學者，最後形成了跨文化傳播這個概念。

《無聲的語言》全書共分十一章和兩個附錄，分別是「時間之聲」、「什麼是文化」、「文化的詞彙」、「基本的三分法」、「文化即是交流」、「無處不在的集合」、「虛幻的元素」、「有機的模式」、「時間會說話：美國口音」、「空間會說話」和「控制的鬆弛」，以及附錄「社會科學家的綱要」和「文化之圖」。傳統上「無聲的語言」指人類有聲語言之外的動作、表情等輔助交際手段。但霍爾的這部著作僅僅從題目可以看出，該書「無聲的語言」是指的文化。他把有聲語言之外的全部文化形態作為一種廣義的符號系統，時間觀念和空間觀念是這個符號系統的兩個重要的子系統，也是霍爾在這部著作中的主要研究對象，在一定程度上是作為狹義的文化符號系統。無論是廣義還是狹義的文化，在霍爾看來它們都和語言一樣具有交際功能，所以他稱之為「無聲的語言」。因此該書主要研究不同民族文化的時間和空間觀念，以及它們是如何影響人們的交際，特別是不同民族交際者在具體跨越文化的交際中受到何種影響。他縱向地比較了原始時期人類的「天體時間」、前工業時代民族的「自然時間」和工業時代民族的「人造時間」觀念，橫向地比較了美國人、拉丁美洲人以及南歐的西班牙人，乃至印第安齊楚亞人等的時間觀念，研究了這些不同

時間觀念具體表現和對交際的影響作用。霍爾創造性地把文化的空間「語言」分為固定的空間模式、半固定的空間模式和動態的空間模式。固定的空間模式指的是城市和村莊布局，半固定的空間模式包括房間布置、座位排列等，動態的空間模式指人們面對面交際時的身體距離。而每一種文化在這三種模式方面都有自己的特點。這些特點形成不同文化的行為規範。在跨文化交際中自覺或不自覺地，遵守或者違反這些行為規範有不同的效果。他把美國人的交際距離分為親密距離、個人距離、社交距離和公眾距離，更是被當代身勢語言研究者奉為圭臬。霍爾在書中借用通訊理論提出「文化即傳播」的著名論斷。他認為語言交際是一種高度選擇性行為，電子實驗室裡的交流理論更是如此，他說：「依我看，電子工程師的方法與文化交流專家的方法主要區別在於，一者運用了高度簡括的符號材料，另一者則在這些材料的所有含義被剝奪之前要弄清楚人們在交談時發生了什麼。」語言的高度選擇性使語句有時失去意義，而文化的交流則總是富有意義和說服力。霍爾借助電話系統，把人類交流看作是由整體結構、構成內容和資訊組成的交流系統，而資訊這一子系統可分為集合、元素和模式，如詞、音素和語法。並透過語言學習，霍爾證明交流中意義是系統賦予的，而不是資訊或語言本身所有的，而文化作為系統在交流中顯現意義。該書中霍爾還從人的感知角度，把文化系統分為技術文化、顯性文化和隱性文化，並在附錄中構建了由「互動」、「聯合」、「生存」、「兩性」等十個方面組成的文化圖示，從而建立他自己的文化理論。

　　儘管霍爾自己說《無聲的語言》一書只是「提供類似音樂入門那樣的文化入門」，但後來的研究者普遍認為該書奠定了跨文化傳播研究的基礎。首先，這部書第一次明確提出「跨文化傳播」概念，從此跨文化傳播進入了人們的學科視野，霍爾其功甚偉。其次，本書討論了跨文化傳播中

最重要的問題，即關於文化、傳播和跨文化傳播的基本觀點。該書從文化與傳播的關係，或者說從文化的存在狀態明確提出「文化即傳播，傳播即文化」，這一提法被學術界沿用至今，並影響著跨文化傳播研究的發展。第三，從研究對象看，本書不是研究文化的傳播，而是研究跨文化傳播，是美國人和不同民族溝通交流中文化障礙對交際的影響，這為跨文化傳播確定了或者說明確了研究對象，這是人們認為《無聲的語言》是跨文化傳播研究開山之作的重要原因之一。應當說，直到今天不是所有的人都正確地認識到這一點，一些人還或多或少地把文化傳播與跨文化傳播混為一談。第四，在這部著作中霍爾特別關注非語言的跨文化傳播，乃至於這部書的第一句話就是「時間會說話」，本書也名為《無聲的語言》。一般理解的無聲的語言多指手勢和臉部表情等輔助交際手段。可是霍爾所指的無聲語言，其範圍是非常廣泛的。在這部著作中，狹義的無聲語言指時間觀念和空間觀念，廣義的無聲語言包括了人類有聲語言之外的一切符號系統。這都是跨文化傳播研究的重要內容，是文化構成體中不可忽視的部分，是影響和制約傳播的重要因素，值得細緻地觀察與分析。可見非語言傳播在霍爾理論中的重要性。這一思想直接影響到今天跨文化傳播研究對非語言傳播的高度重視，他認為，對他國的語言、歷史、體制、習俗方面的正規培訓只是全方位計劃的第一步，對世界各國不同群休的非言語語言的介紹推廣也同樣重要。霍爾堅信，對不同文化行為模式的忽視是美國外交官們在外國遭遇誤會和麻煩的關鍵所在。後來的研究證明，語言的跨文化傳播固然重要，但在語言之外，特別是語言跨文化傳播遭遇障礙時，非語言的跨文化傳播有著無比重要的作用。第五，《無聲的語言》一書主要著眼於文化的微觀分析，這表明了在那個時代，即跨文化傳播研究初期，跨文化傳播與對文化進行宏觀分析的人類學傳播的區別，在研究方法

上為跨文化傳播特殊研究視角打下了基礎。而且，與人類學主要針對個別文化研究不同，《無聲的語言》主要是對不同文化，特別是不同文化的非言語行為模式比較研究，真正體現了跨文化研究的根本，即傳播中的文化關係，這為跨文化傳播研究奠定了研究對象的邏輯基礎。儘管這本書還缺乏系統的跨文化理論研究，但筆路之功不可湮沒。最後，需要指出的是，《無聲的語言》是美國國內外發展的現實需求。該書出版後當時的發行量就高達 50 多萬冊，並被譯為 6 種語言暢銷海外。而且半個多世紀後的現在，即使在學術界以外該書也非常流行。說明這是當時美國國內外文化衝突所急於解決的問題，今天也成為全球亟待解決的問題。

第二節
跨文化傳播研究的現實需求：全球化與加速度

按照通常的說法，當下歷史時期的特徵一般可用如下三個概念之一進行描述：全球化、技術革命和民主化。在這三個方面，媒介和傳播都扮演著核心的甚至是限定性的角色。

全球化是當代人類發展的一個客觀描述，是一個整體背景。

技術革命除了自然科學外，在人文科學和社會科學中表現出高度綜合的趨勢。

民主化可以看作是一個政治學概念，在全球化趨勢下更多地表現為國際傳播和滲透。

中國政府在多個重要的文獻中提出的是：經濟全球化、政治多極化和文化多元化。

全球化是跨文化傳播的產生土壤。

第一章　跨文化傳播研究的產生背景

　　愛德華・霍爾在《無聲的語言》中第一次使用了「跨文化傳播」術語。如前所述，跨文化傳播研究有它的實踐和策略訓練背景。而催生跨文化傳播學科的產生，還緣於更為廣闊的歷史文化背景。二十世紀，在美國的歷史上，出現了空前的移民浪潮。這一浪潮在 80 年代之後更見高漲。移民帶來了緊迫的和更加普遍的跨文化傳播問題。最近 20 年的美國式的跨文化傳播的經驗實證研究，也是基於這一背景。

　　但是，跨文化傳播的興盛，或者說成為當代社會科學和傳播學中的一門「顯學」與當代世界的全球化及其趨勢密切相關。二十世紀末，人類經歷了冷戰的結束和蘇聯的解體，開始進入被稱之為「全球化」的時代。如同全球化理論家丹尼爾・耶金所說，面對世界全球化的浪潮，我們無處可逃，因為人類社會是以下三種力量相互作用的結果並創造出這個新的歷史時代。

一、經濟全球化 ── 全球化的推進器

　　世界經濟全球化是近些年人們不可迴避的一個熱點話題。一般認為，經濟全球化是指隨著社會生產力發展而出現的生產要素跨國流動和配置的客觀趨勢，商品服務生產要素與資訊跨越國界，在全球範圍內的自由流動，使各國各地區相互融合為整體的歷史發展進程。

　　經濟全球化的核心，一是其根本推動力是社會化大生產和商品經濟、市場經濟的高度發展；二是世界貿易組織的建立。

　　前者是人類社會經濟高度發展的必然結果。西方資本主義國家的社會化大生產，嚴格說從工業革命就開始了，但這裡說的「社會」是指的民族國家意義上的「社會」。而經濟全球化的「社會」是指的人類社會，是超越民族國家的。且先不說人的文化屬性，如果按照「人是經濟動物」的觀

點，經濟全球化本質上使每個個人不再是單一國家屬性，而是「地球人」了。後者作為經濟全球化的協調機構，其工作機制已經不是單純經濟意義上的了，每一個了解《關貿總協定》的人都知道，這套遊戲規則關乎其簽約國的大量國家機構以及企業宏觀政策各方面。在這個意義上講，這些國家社會組織也不再是「國家」了，遑論這些社會組織的人員。我們每個人都有切身感受，幾乎每天的吃穿住行都在詮釋著經濟全球化。

二、政治全球化 —— 全球化的利益格局

政治是經濟的集中反映，經濟全球化促使國家間政治關係出現新的利益格局。其中突出的一是對傳統「民族國家」主權的衝擊；二是對傳統意義上的「民族」的衝擊；三是在「談判總比戰爭好」的時代，國家之間、跨國利益集團之間已經打破國家自然界線，透過溝通與協調進行全球性利益分配，形成全球性不斷變化的利益格局。

以經濟全球化為助推器的全球化的推進，對傳統的國家主義價值觀念不斷提出挑戰，使傳統的民族國家主權的神聖不可侵犯性受到了衝擊，推動著源於十八世紀末的以民族國家為單一主體的國際體系向多元主體的網路化的全球權力轉變。政治全球化的主要理論基礎之一的「多邊干涉理論」認為，由於當今世界已經進入互相依存的全球化時代，一個國家的內政會在不同程度上與世界發生關聯，即使是一個國家的內部行為，如果破壞了全球秩序，國際社會也有權進行干預。對於現行國際法和國家主權觀與這一理論的衝突，多邊干涉理論明確表示，在全球化趨勢下，前者必須讓步。例如傳統上認為神聖不可侵犯的國家主權，就應當分為核心主權與邊緣主權兩部分：前者的權力可視為絕對的、不可談判的；後者則是相對的，必要時可以讓渡給國際社會。「9·11」事件後美國發起的國際反恐怖

主義聯盟、聯合國安理會決定核查伊拉克、美英聯軍入侵伊拉克事件，直到最近「韓朝六方會談」以及朝鮮核查危機等，彰顯著「民族國家」的瓦解勢頭，更加重要的是，如此眾多的國家，其中多是當代國際社會有巨大影響的國家的積極參與，這反映了西方發達國家主導的「人權高於主權」意識形態甚囂塵上。他們並以此為理論基礎，超越傳統「國家主權」，操縱全球性政治利益衝突、分配和再分配。

　　當然政治全球化並不是一個必然的命題，而是一個多種政治力量相互制衡和角力的過程，所以，準確地說，政治全球化是指這種政治角力的全球化。其中的兩個極端就是單極化和多極化的角力。一方面「9·11」事件後美國的策略防禦概念已由威懾和遏制轉向「預防性打擊」概念，北塞梯斯發生針對學生的恐怖事件後，俄羅斯也提出對付恐怖主義「先發制人」。一些國際政治勢力甚至越來越不滿意多邊干涉必須經過國際社會協商程式的繁文縟節，轉而傾向於單打獨鬥。另一方面冷戰後國際政治學的主流還是建構主義的，按照秦亞青的研究，從哲學層面看待國際關係，今天占主導地位的西方經歷了從啟蒙時代的以二元對立為基礎的主體性，到當代的主體間性，「哲學的主體論轉向強調了主體間性，強調了主體的存在是諸多主體之間的共存，體現在主體間相互活動之中。孤獨存在變為社會存在，征服關係變為交往關係。」國家之間、國際政治勢力之間當然保持著經濟、軍事等角力態勢，但是，在全球化的今天，國際溝通與傳播互動比歷史上任何一個時期都要重要和頻繁。何況，對於政治全球化的理解和詮釋，甚至對於這一命題的提法，世界各國和各種政治勢力都有很多不同，特別是對於那些相對弱勢的國家和勢力，更加主張、需要和踐行著傳播和溝通。

三、文化全球化 —— 全球化的軟實力捭盤

馬克思在《共產黨宣言》裡曾預言：「隨著資產階級的發展，隨著貿易自由的實現和世界市場的建立，對這工業生產以及與之相適應的生活條件的趨於一致，各國人民之間的民族分隔和對立日益消失。」馬克思的預言被席捲當今世界的全球化浪潮所印證。

為了表述的簡便，此前我們所說的都是「全球化」。但事情並非如此簡單。事實上，對於全球化及其趨勢，人們的認識是有分歧的。如前面提到的幾個全球化，作為世界最有影響的大國之一，中國政府的表述是：「經濟全球化、政治多極化、文化多元化。」

對於文化全球化，這裡有兩個問題必須清楚：一是體現文化全球化的幾個載體的關係，二是對當代文化全球化認識的主要分歧點在哪裡。對於前一個問題，按照馬克思主義經典理論「經濟基礎決定上層建築」的觀點，經濟全球化是推動整個全球化的根本動力。當代社會已經開始進入知識經濟時代，按照「科學技術是第一生產力」的觀點，科學技術的發展推動了資訊全球化，從而推動全球化進程。對於第二個問題，從重要程度上講，主要分歧點似乎在政治的全球化或者多極化，但實際上，按照杭亭頓的觀點，是在於文化的是否能夠全球化。

山繆·杭亭頓是國際政治研究領域著名學者，現任美國哈佛國際和地區問題研究所所長，曾多次訪中。1993 年夏，他在美國《外交》雜誌上發表了題為《文明的衝突？》的文章，引起國際學術界普遍關注和爭論。這促使他進一步思索和研究，於 1996 年寫成《文明的衝突與世界秩序的重建》這本學術巨著。作者認為，冷戰後世界格局的決定因素表現為七大或八大文明，即中華文明、日本文明、印度文明、伊斯蘭文明、西方文明、

東正教文明、拉美文明以及還有可能存在的非洲文明。冷戰後的世界，衝突的基本根源不再是意識形態，而是文化方面的差異，主宰全球的將是「文明的衝突」。該書所持觀點公允與否，在學術界大有爭論。但書中對現今世界各種文明的深入研究和剖析，對當代政治、學術領域產生了重大影響。

文化全球化的載體。鮑宗豪指出：英國開放大學政治學與社會學教授戴維·赫爾德等人在《全球大變革：全球化時代的政治、經濟與文化》一書中，從全球網路的廣度、全球相互連繫的強度、全球流動的速度、全球相互連繫的影響四種維度，描繪現當代文化全球化的形態。比如關於文化全球化的主要載體，他們認為：在現代早期（約 1500 年 -1850 年），是文化傳播與模仿，透過遷移、戰爭和貿易形成；在現代（約 1850 年 -1945 年），是歐洲的全球性帝國跨國的世俗意識形態，如社會主義、國家主義和自由主義；在當代（1945 年以後），是大型的、公共的和私有的媒體、旅遊、交通和通訊公司。關於廣度，他們認為，在現代早期，由於人口和軍事上的優勢，基督教傳播到美洲，西方文化對新大陸以外地區的滲透和影響非常有限；在現代，西方的全球性帝國建立了跨大陸的和區域內部的電信基礎，西方的全球性帝國將歐洲語言發展為一種重要的全球性語系，越來越多的文化制度和文化交流在新興的民族國家層次上形成；在當代，電信、語言互動和交通等基礎設施比以前更為廣泛，文化接受、傳播的新方式在全球的普及，大眾文化形式也出現了從南方向北方的流動，雖然目前規模較小，但趨勢越來越明顯。

文化全球化的形態。在比較了文化全球化在現代早期、現代和當代的區別之後，鮑宗豪對當代文化全球化的形態的研究認為：

第一，文化產品的生產、傳播和接受以及各種文化交流，隨著通訊和交通領域的新技術革命的發生和發展，而形成了文化全球化的當代形態。

如資訊和圖像的數字化、衛星傳播和遠程電話、新電纜和光纖技術以及全球網路，使文化生產和傳播的形式跨越了民族文化和民族國家的界限，實現「即時性」的傳遞和接受。如今，交流和通訊已日漸變成了瞬間之事，衛星電視使得所有主要的新聞廣播評論員有可能向全世界每一個角落的觀眾進行即時轉播。這種即時文化連繫，無論是透過傳播範圍很廣的電話、即時廣播還是電話會議，都以一種截然不同的形式使當代文化全球化具有直接性、即時性和廣泛性的特點。

第二，實現文化全球化的媒介具有了當代的形態。文化傳播的仲介，已由少數精英、知識分子轉變為大型媒體。電影、數位音樂、新聞和電視節目，伴隨著跨國傳播而形成全球文化市場。默克多帝國的擴張首先是在澳大利亞，其次才是以英國為基礎。但是，正是由於它購買了美國電影製品廠二十世紀福斯公司，才使它進入了美國市場並成為一個國際現象。在歐洲範圍內，以英國為基地的百代、Rank、英國廣播公司（BBC）、Pearson 和路透社都獲得了全球性地位。

第三，以商業和娛樂為主要形式的商業化大眾文化的興起和流行，不僅涵蓋了精英文化、高雅文化、科學文化，而且出現了文化的同質性、眾文化消費的同質性。現在無論是在報刊雜誌，還是在音樂、廣播、影視、網路上，以商業和娛樂為主要形式的大眾文化產品到處可見。在西方，大眾文化消費的同質性主要存在於青年人中，同時，正傳播到發展中國家，同一種產品可以在許多地方，為許多人所消費。如美國在英國電影市場占據的主導地位，給英國電影製造商帶來的影響就是英國生產的電影越來越難銷售。美國《鐵達尼克號》等大片在中國的放映，常常贏得很高的票房收入。

鮑宗豪同時認為，我們既要看到當代文化全球化中，大眾文化消費的

33

同質化一面，但不能因此就把這種「同質性」誇大為文化全球化的主要特徵。大眾文化消費的同質性並不意味著不同民族已在文化實踐、信念和認同方面的同質化。我們認為，全球化不等同於同質化，更不等同於美國化。全球化一直都掩蓋不了其背後軟實力的較量。

文化全球化背後的軟實力較量。所謂軟實力，是指一國的文化、價值觀念、社會制度、發展模式的國際影響力與感召力。「軟實力」（Soft Power）的概念是由美國哈佛大學教授、甘迺迪政治學院院長、美國前國防部助理部長小約瑟夫‧奈提出來的。1990 年，他分別在《政治學季刊》和《外交政策》雜誌上發表《變化中的世界力量的本質》和《軟實力》等一系列論文，並在此基礎上出版了《美國定能領導世界嗎？》一書，提出了「軟實力」概念。小約瑟夫‧奈指出，一個國家的綜合國力既包括由經濟、科技、軍事實力等表現出來的「硬實力」，也包括以文化和意識形態吸引力體現出來的「軟實力」。他認為硬實力和軟實力同樣重要，但是在資訊時代，軟實力正變得比以往更為突出。

美國策略學家布里辛斯基基 1969 年在《兩代人之間的美國》一書中認為，60 年代的美國是全球化社會的成功體現，在歷史上第一個接近全球化社會和地球村平臺的國家是美國。我們不能再講帝國主義，因為美國向所有社會提供了一個模式：這當中沒有力量關係，因為這個模式是中立的。他舉例牛仔褲、模特兒兒、電影電視、大學之間的國際交流作為論據，證明美國代表了唯一行得通的人類演變的模式。他還就傳播這一點進行補充：如果說美國成為歷史上第一個全球化的社會，是因為它是第一個傳播發達的社會，全球至少有 65% 的資訊源和資訊接收終端是美國。我們是一個傳播很興盛的社會，是歷史上最全球化的社會。「不管怎麼說，美國強大的基礎在很大程度上是它對傳播的世界市場的支配。世界上流通

的 80% 的文字和影像來源於美國。」他從中引出政治教訓：今後，我們應該透過網路外交的方式來實現砲艦外交和實力外交不能實現的目的。布里辛斯基基斷言，歸根結底，控制人類共同命運努力的成敗取決於具有極端重要意義的哲學和文化層面，正是它形成了指導政治行為的重要觀念和思想。這就是說，未來的世界命運走向，取決於文化之戰。

在全球化進程中，幾乎所有重要的國家都認識到了這個問題。除美國外，還有同屬於發達國家的法國、德國、日本等。法國定期要舉辦全球性的世界法語大會，德國在全球開辦了大量「哥德學院」。就連屬於第三世界的印度，目前在華盛頓、巴黎、喀布爾、加德滿都、北京、東京及海灣地區也設立了數十個文化中心。

「華盛頓共識」作為一種經濟模式，盛行於 1990 年代，主張走私有化、自由化和透明化的經濟發展道路，而這種模式在阿根廷等國的實踐結果表明存在嚴重問題。管理不善和腐敗與「華盛頓共識」一起在近十年裡破壞了十幾個國家的經濟，阿根廷和印尼等國發現，現代金融業的高速發展和貪婪為各種不穩定提供了管道。

英國著名思想庫倫敦外交政策中心 2004 年 5 月發表喬舒亞‧庫珀‧拉莫的一篇論文，題為《北京共識》，對中國 20 多年的經濟改革成就作了全面理性的思考與分析，指出中國的經濟發展模式不僅適合中國，也是追求經濟增長和改善人民生活的發展中國家效仿的榜樣。「北京共識」還包括許多非經濟思想，涉及政治、生活質量和全球力量平衡等問題。「北京共識」取代了人們已廣泛不信任的「華盛頓共識」。

2006 年 5 月 28 日下午，中共中央政治局第十三次集體學習安排的內容是繁榮和發展中國的哲學社會科學。連繫到此前中共中央正式發布的《中共中央關於進一步繁榮發展哲學社會科學的意見》以及當時國際輿論

第一章　跨文化傳播研究的產生背景

對「中國模式」、「北京共識」的熱議，這一次例常的集體學習的不尋常之處便躍然紙上，這就是：中央這一屆領導集體開始從策略的高度加速推進中國的軟實力建設。在中共十七大報告中，前總書記胡錦濤向全黨發出新的動員令，即要把文化作為國家軟實力，視為今後的主要任務。胡錦濤強調提升國家文化軟實力，要求要緊緊抓住社會主義核心價值體系這個根本，透過大力推進理論創新、開展中國特色社會主義理論體系、繁榮發展社會科學等措施，增強社會主義意識形態的凝聚力。

全球化的碰撞 —— 文化全球化還是「重新部落化」。軟實力的較量此起彼伏，但並非無序。事實上，在全球跨文化傳播熱潮中，對於全球文化格局主要有三種不同的文化主張，一種主張經濟、政治全球化將帶來一個全球性普世文化，它普遍適用於地球上所有的地方。另一種觀點認為，全球化不會帶來文化的趨同，相反會激發地方主義，促使文化民族主義復興。第三種看法屬於折衷觀點，認為全球性的文化將會出現，但它只能是一種「浮在表面的文化」，而本土文化將在深層次繼續支配人們的生活。

文化民族主義主張在一定程度上經常成為文化孤立主義的同義詞。

文化多元並存的主張不時被人批評為文化對立。

普世文化的主張也常常被用作單一文化，特別是西方文化的霸權主義。

我們無意去贊同或者反對全球化進程中文化發展指向的某一種主張，但有三點值得指出，一是既然全球化是一個動詞，文化全球化也是一個過程；二是到目前為止，人們發現並整理出來的任何一種文化都是一個系統，全球化進程中的未來文化也應當是一個系統；三是到目前為止，現有人類文化中很難找到一種沒有吸納過異種文化的「純正」文化體系。

反面地來說，既然麥克盧漢的「地球村」一詞現在已經被人們普遍接

受，我們很難想像一個小村子裡居住著數個絕然不同的民族，他們能夠長期不溝通，或者長期對立。正面地來說，隨著全球化進程的發展，文化全球化是一個必然趨勢。但它很可能要經歷文化對抗 ── 互融 ── 更新的過程，從而形成一種與經濟、政治等各方面相一致的新的文化體系。

也許這是一個比我們想像的更加艱難、更加複雜和更加漫長的過程。目前全球化在世界各地的進程不一致，我們看到的更多的是文化的對立。

據李春華介紹，許多國家，甚至美國的許多親密盟國，如西歐國家和加拿大，都在利用國家資源，大力扶持本國文化產業的發展，振興本國的傳統文化，並對外來文化的過度的影響加以限制。一個突出的例子是法國。法國從二戰後就一直警惕美國的文化入侵。1980 年代後，法國製定法律，成立專門的委員會，研究如何保護法語的純潔性；1990 年代，政府和議會透過政令和法律，規定電臺、電視臺必須至少播放 40% 以上的法語曲目。國家還對影視業提供財政補貼，鼓勵本國文化產業的發展。法國在關貿總協定烏拉圭回合談判中，圍繞文化產品問題與美國展開了激烈的對峙，最終以「文化例外」的原則，將其區別於一般的貨物貿易。這裡我們看到的是堅決的文化對抗，或者文化保護。但同文中同處接著又說：「整個 90 年代，法國都在呼籲歐共體歐盟作為一個整體，加強對歐洲文化和文化產業的保護。」這很值得玩味，因為我們知道，文化是分圈層的，西方文化、歐洲文化和法國文化是同一種文化的不同圈層，或者說後兩者是前者的亞文化。這說明法國在對本國文化採取保護性措施的同時，也在主動進行文化融合。

文化對立有時免不了有冷戰時期的影子和過去歷史的印跡。2007 年德國總理，那位「看上去像溫順賢惠的大媽」的梅克爾，堅守其「價值觀優先」原則，她不顧中國方面的強烈反對，執意會見了達賴喇嘛。其後梅克

爾又在訪問印度前，拋出了一份亞洲政策文件，大意是要調整過去以中國為中心的亞洲政策，而增進與日本、印度等擁有「共同價值觀」的亞洲國家的關係。繼而她又在 10 月 29 日訪問印度時，大搞「價值觀外交」，強調要更加重視民主國家的印度。前日本首相安倍，也在 2010 年 8 月 22 日訪問印度時，應邀在議會發表「策略性演講」，高調提出「價值觀外交」和建立所謂「大亞洲」夥伴關係。為此他呼籲印度、澳大利亞和美國，同日本組成新的四國策略與經濟聯盟，在歐亞大陸外圍形成一個「自由與繁榮之弧」。但把中國排除在外。安倍說，「我們擁有自由、民主和尊重基本人權等共同的根本價值觀以及策略利益」。時任日本外相的麻生太郎也做過題為「創建『自由與繁榮之槐』── 拓展的日本外交地平線」的演說。其中希望以「價值觀外交」在歐亞大陸擴大影響的意圖溢於言表。麻生指出，在外交上要特別重視民主、自由、人權、法治、市場經濟等普遍價值觀，要以「價值觀外交」來把歐亞大陸外延的東北亞、中亞、高加索、土耳其、中東歐直至波羅的海各國連接成帶狀，創建「自由與繁榮之槐」，還要加強與歐盟和北約的合作。

　　梅克爾作為東德的「受害者」，與其他蘇聯東歐社會主義陣營國家倖存下來，並在新政權中執政的人一樣，無論是出於對過去的「清算」，還是受過去的影響，其強烈的冷戰意識與表現並不令人奇怪。而日本「價值觀外交」中高調推行的無論是「大亞洲」夥伴關係，還是建立「自由與繁榮之弧」，都非常容易使人想起上個世紀三、四十年代大日本帝國汲汲追求的「大東亞共榮圈」和「王道樂土」。價值觀是精神文化最重要的內核之一，梅克爾和日本領導人的堅守「價值觀外交」，從文化上說，其客觀上主張的是文化對立，或者文化孤立主義。這與全球化時代的文化關係發展趨勢背道而馳。對此，連《文明的衝突與世界秩序的重建》的作者山

繆‧杭亭頓也未必認同。他在該書的中文版序言中說：

　　冷戰期間，人們很容易把全球政治理解為包含了美國及其盟國、蘇聯及其盟國，以及在其中發生了大量冷戰鬥爭的不結盟國家組成的第三世界。這些集團之間的差別在很大程度上是根據政治意識形態和經濟意識形態來界定的。隨著冷戰的結束，意識形態不再重要，各國開始發展新的對抗和協調模式。為此，人們需要一個新的框架來理解世界政治。而「文明的衝突」模式似乎滿足了這一需要。

　　今天我們可以舉出很多的例子說明杭亭頓「新的框架」即文明的衝突的框架正在成為世界政治的新格局，還有更多的例子說明發達國家，特別是美國正在對發展中國家進行文化侵略。但這是全球化進程中跨文化整合的一個必然現象，而且誰也難以阻止的現象。另一方面，不少學者也注意到更多的國家或地區組織在進行著自覺的跨文化整合。王雅梅、譚曉鐘指出：「統一而各具特色的歐元圖案，充分體現了歐洲一體化進程中歐盟文化政策的基本原則：在強調和發展歐洲共同文化的同時，努力保護和弘揚歐洲文化的多樣性，把統一性和多樣性有機地結合在一起。歐洲一體化是從經濟一體化開始的。在經濟一體化程度達到了較高水準的背景下，歐盟將文化領域納入自己的職權範圍，正式制定出了歐盟的文化政策。」張生祥也認為：「如果說歐洲在經濟整合、科技整合、貨幣整合等方面進度最快，政治整合須待時日，在文化方面，則因涉及各國特殊的國情與歷史背景，可能需要更長的時間，方能在『歐洲共同文化遺產』上達成共識。」

　　在文化較為一致的非洲，據新華網報導：

　　在非洲聯盟第二屆文化部長會上，阿爾及利亞文化部長赫麗達‧圖米出席開幕式並發表了「政治與文化協調發展」的主旨演講。她說，阿爾及利亞在內羅畢非洲聯盟第一屆文化部長會議上提出承辦這次會議的目的就

是要讓文化部長會議像其他部長會議一樣能夠延續下去，使文化如同各國其它重要產業一樣得到重視和加強，把發展文化和文化產業與其它產業結合起來協調發展。面對經濟、文化全球化的嚴重挑戰，發展非洲文化產業已經到了刻不容緩的地步，為了保護非洲國家的文化資源，他呼籲，非盟應與歐盟建立策略夥伴關係，成立行之有效的合作機制，打擊和防止文化資源被盜、被搶，打擊文物跨國走私等活動。

　　為執行和落實馬普托非洲國家首腦會議決議，阿爾及利亞文化部長建議成立非洲國家電影委員會，使非洲電影能夠在國際電影領域占有一席之地，她還建議建立一所非洲文化學院、一個非洲博物館和在阿爾及利亞舉辦非洲藝術節即使在文化差異較大的東盟，也正積極構建「東盟經濟共同體、東盟政治安全共同體、東盟社會文化共同體這三位一體的東盟共同體。

　　事實上，經濟、政治與文化密不可分的關係本身就表明文化全球化的不可避免，它必然經歷不同文化的衝突與對立，並按文化接近程度自覺或被迫的整合，最終融合為共同的人類文化體系。我們說最終融合為共同的人類文化體系，倒不是要刻意與官方保持一致，而是因為「普世文化」一詞現在變得如此敏感，以至於在某些時候一不小心就變成「西方文化」的同義詞。而融合也是在接觸中的文化互動而不是文化侵略，英國《星期日泰晤士報》登載羅伯特・卡根的文章說：

　　美國和歐洲的決策者不斷聲稱，希望俄中兩國融入到國際自由秩序之中。但是，如果俄中兩國領導人持有警覺的態度，這也並不出人意料。實際上，一場全球範圍的競爭正在進行。俄羅斯外長說，「許多年以來第一次，在不同的價值體系和發展模式之間的思想交流的市場上，出現了一種真正的競爭環境。」從俄羅斯的觀點看，好消息是，「西方正在喪失對全球化進程的壟斷」。

　　這種共同文化體系吸納了人類各文化的精華，包容各種文化表現的多樣性和豐富多彩，又在不同文化整合過程中逐漸形成全人類共有的價值觀。

第三節　跨文化傳播研究是傳播學發展的內在要求

　　任何學術都是一種思維方式，是一種對客觀事物或者社會現象的認識角度。傳播學在這一點上尤為突出。美國專家 S. 金教授對此作過形象化的比喻，她把傳播學比作一片「綠洲」。不同學科的人都想來汲取自己所需的營養，同時又把各自不同學科的科學研究方法帶到這塊「綠洲」。之所以形成這種局面是由於傳播學理論來自於眾多的學術領域。正如迪恩‧巴朗德（Dean Barlund）所概括的那樣：「許多學科的研究都受益於對傳播模式的運用；反過來，這些學科也同樣加深了我們對人類傳播的理解。請記住如果有人自稱為傳播研究的專家，這樣的稱謂並沒有多少實際意義。他的專業很可能首先是數學、文學、生物、政治或者藝術。」而傳播學本身主要的三大來源就是資訊論、控制論和系統論。當施拉姆在美國伊利諾伊大學建立起世界第一個傳播研究所時，在其博士生培養方案中，就堅定地貫徹了跨學科研究究方法，他把心理學、政治學、社會學、人類學，乃至電子工程學都引入課程中。

　　從其起源上來說，跨文化傳播更多地與人類學關係密切，而不是直接來源於傳播學。露絲‧潘乃德是美國著名的人類學家，對人類文化學作出了卓越的貢獻。愛德華‧T‧霍爾先後獲得人類學學士、碩士和博士學位，並從事過社會學／文化人類學博士後研究。1933 年－1937 年他曾經在美國西南部的納瓦霍和霍皮印第安村莊工作並研究。在美國國務院外交

講習所舉辦培訓項目，負責培訓處理海外事務的政府工作人員順利應對文化差異之前，他從事的主要都是人類學研究。《無聲的語言》雖然是霍爾在美國國務院外交講習所培訓派遣海外人員時所寫成，但從全書內容來看，和後來美國傳播的跨文化傳播著作明顯不同的是，它不是跨文化傳播溝通的技巧訓練，而是分析研究與美國人不同文化背景的人表達溝通和傳播的特點，帶有較強的人類學或者人類文化學的色彩。1970 年代，由於跨國公司急遽發展，冷戰時期跨國政治和軍事集團崛起和對立，科學技術特別是交通和通訊技術迅速發展，世界各國之間的往來日漸密切，跨文化溝通和傳播比歷史上任何時期都更加重要，這也促進了文化人類學、社會心理學、語言學、傳播學等學科對跨文化傳播現象的關注和理論匯聚，跨文化傳播本質上研究的是不同文化背景下人們的交流和溝通，這與傳播學在基本理論上一致，美國傳統的跨文化傳播注重不同文化背景的人際溝通，與從大眾傳播特別是與從大眾傳播中發展出來的人際傳播交匯，跨文化傳播學逐漸發展成為傳播學研究領域的一門分支學科。

施拉姆《傳播學概論》全書共分八個部分：大眾傳播學的發展、大眾傳播的結構與作用、大眾傳播的控制與支持、傳播過程、大眾傳播的內容、大眾傳播的受眾、大眾傳播的效果、大眾傳播的責任。全書雖然稱為傳播學概論，但實際討論的是大眾傳播，這也是傳播學理論的起點。該書還規定了傳播學學科體系的八個基本研究方面。實際上這本書的權威性還在於幾乎所有撰稿人都是當時的一流學者，除施拉姆本人外，還包括R. 帕克、H.D. 拉斯韋爾、W. 李普曼、P.F. 拉扎斯菲爾德等三十多人，它反映的是傳播學當時最高研究水準和成果。傳播學的多維結構決定了每一位傳播學者一開始就可以從各個不同的角度和層面去認識和把握它。但是，不論人們會有怎樣不同的認識和闡釋，作為與社會發展緊密連繫的科

學，傳播學都必然要從窄小的天地裡走出，走向開放，進而在表層研究的基礎上向深層掘進，在現象描述的基礎上向理論昇華，建立系統的理論體系從而更好地解釋社會傳播現象，指導人們更好地改進傳播方法和全部社會傳播實踐。

一般認為，對於傳播學研究的框架，可以從理論、歷史、實用三者交融、匯聚的層面出發，依據傳播要素和研究內容的特點和關係，以及宏觀、中觀、微觀遞進的順序，初步形成了包括傳播理論研究、傳播過程論研究（模式）、傳播主體論研究、傳播客體論研究、傳播載體論研究、傳播對象論研究、傳播方法論研究、傳播環境論研究在內的八大研究板塊。

人們認為其中對傳播環境的研究，指傳播學所要研究的不只是傳播系統內部的媒介環境現象，而是從一定角度研究整個世界，即還研究包括傳播系統外部的社會環境現象，諸如規範因素、價值因素、經驗因素、關係因素以及政治、經濟、道德、法制、文化等社會意識的綜合情況。這些都可從特定的窗口進入傳播學者觀照、分析的視野，成為研究體系中的一部分。但我們認為這種觀點是很有局限性的，對此我們將在第二章中具體討論。這裡要提出的是，隨著傳播學研究體系的日臻完善，對傳播過程本身的觀察日益精密，人們意識到人類傳播過程並不是理想的傳播、傳遞、接收、回饋這麼簡單。傳播學研究的終極目標是人類理解，而所謂人類理解就要追求最大限度的有效傳播。從通訊角度說，有效的通訊主要是要克服資訊傳遞過程中的「噪音」，這種噪音主要來源於通訊線路或者說通訊環境對於資訊的干擾。在人類傳播中，有效傳播同樣要克服傳播過程中的「噪音」。雖然環境對傳播的干擾也是傳播學研究的重要內容，但人類作為文化的動物，有效傳播的干擾或者最大的噪音是人類自己，明確說就是「文化的樊籬」，即不同文化對有效傳播的影響。人類傳播的「噪音」並

第一章 跨文化傳播研究的產生背景

不僅僅是來自傳播環境外部的，而是來自人類本身。跨文化傳播學應運而生。我們完全贊成伊林沃斯的觀點，即在某種意義上講，一切傳播都含有一定程度的文化差異。在這個意義上說，一切人類傳播都是跨文化傳播。或者換個角度說，一切人類傳播都可以從跨文化的視角進行研究。

儘管像受眾分析、分眾傳播研究等也是對有效傳播的一種研究，但跨文化傳播對於傳播學的研究意義更加重大，它幾乎涉及傳播學研究的各方面，即涉及傳播過程、傳播主體、傳播客體、傳播載體、傳播對象、傳播方法、傳播環境等。我們說跨文化傳播研究是傳播學發展的趨勢要求，就是說傳播學作為人類科學之一，從其產生起，和其他學科一樣經歷了上個世紀高度分化後，這個世紀又走向高度的綜合。它是在研究有效傳播的新起點上的一次螺旋上升，是回歸其人文關懷的學科本質。

從廣義來說，傳播學的分支學科就是對有效傳播的追求。傳播學發展到今天，日趨精密化和現實需求，這就是要追求有效傳播。像受眾分析、分眾傳播等都是在研究有效傳播，其核心，我們就叫文化。

這裡我們從傳播模式不斷深化來分析傳播學對有效傳播的不斷追求過程，從而說明跨文化傳播是傳播學發展的內在必然。

丹尼斯·麥奎爾把模式定義為「用圖像形式對某一事項或實體進行的有意簡化的描述，一個模式試圖表明任何結構或過程的主要組成部分以及這些部分的相互關係」他還引用卡爾·多伊奇 1966 年在《政府的神經》一書中的觀點，論述在社會科學中模式的主要優點。他認為模式的首要功能就是具有構造功能，能揭示和解釋模式所涉及各系統之間的次序及其相互關係，能為各種不同的特殊狀態提供一個一般性的圖景。其次是模式具有解釋的功能，它能用間接的方式提供如果改用其他方法則可能相當複雜或含糊的資訊，也即是複雜資訊的抽象表述。由於模式能引導學生或研究者

關注某一過程或系統的核心環節，這又使模式具有啟發功能。他還認為模式有可能對事件的過程或者結果進行預測。總之，社會科學模式是學者對自己學說的抽象解釋。傳播學模式從 1940 年代以來，從拉斯維爾「5W 模式」開始，不斷發展演變，考察這些演變的基本情況，可以在一定程度上反映人們對傳播現象的基本認識的深化過程。這裡我們不是也不會逐一介紹這些模式，而只是想梳理主要傳播模式演變的趨向。以下內容的介紹部分我們主要參照了麥奎爾《大眾傳播模式論》中「基本模式」部分，有些也採用了維基百科「傳播模式」詞條，後面不一一註明。

❖ 「5W 模式」：美國學者拉斯維爾於 1948 年在《傳播在社會中的結構與功能》論文中首次提出了構成傳播過程的五種基本要素，並按照一定結構順序將它們排列，形成了後來人們稱之為「5W 模式」或稱「拉斯維爾程式」的過程模式（見下圖）。這五個 W 分別是英語中五個疑問代詞的第一個字母，即：Who（誰），Says What（說了什麼），In Which Channel（透過什麼管道），To Whom（向誰說），With What Effect（有什麼效果）。「5W 模式」表明傳播過程是一個目的性行為過程，具有企圖影響受眾的目的。因此說它的傳播過程是一種說服過程，其間的五個環節正是傳播活動得以發生的精髓。拉斯維爾本人使用這個公式來揭示傳播研究的各種類型，而賴利夫婦則認為主要的用途是「用於組織和構造關於傳播的討論」。我們完全同意賴利的觀點，儘管後來有人對拉斯維爾模式給予很高評價，同時儘管這一模式的批評者認為「5W 模式」忽視了傳播的複雜性，特別是回饋和環境因素，又儘管客觀地說，這個模式表現了傳播過程的主要構成因素，框定了後來模式的主要輪廓，但在我們看來，這個模式使人

們能夠把它「用於組織和構造關於傳播的討論」，使傳播的原理、過程等主要方面第一次可以用簡化的方式清楚地表現出來，並使後來的研究沿著這個方向深入下去。

❖ **香農 - 韋弗模式**：也是在 1948 年，由美國數學家 C.E. 香農和 W. 韋弗提出這個模式。其特點是將人際傳播過程看作單向的機械系統。西方認為，此模式開拓了傳播研究的視野，模式中的噪音表明了傳播過程的複雜性。作為資訊論的創始人，香農更多地是對技術感興趣，因此「噪音」首次在模式中被表現了出來，這成為香農 - 韋弗模式一大特點。從模式的整體構成來看，它維持了拉斯維爾模式的單身性基本結構，而把創造性指向了傳播者意圖以外的對正常資訊傳遞的干擾因素，它既可能是機器本身的故障，也可能是來自外界的干擾。排除噪音的辦法是重複某些重要的資訊。這樣，傳播的資訊中就不僅僅包括「有效資訊」，也包括由於重複引起的「資訊冗餘」。好的傳播或者有效傳播就是要處理好有效資訊和冗餘資訊之間的平衡。因此，正如約翰遜和克賴爾所認為的那樣，這個模式激發了後來人們對傳播技術的興趣。干擾資訊傳播的「噪音」被納入傳播過程，並引起人們的廣泛關注。在我們看來，它已經逼近了有效傳播的問題。

❖ **施拉姆模式**：到 50 年代，美國傳播學者 W. 施拉姆提出施拉姆模式，是當時較為流行的人際傳播模式。此模式強調傳者和受傳者的同一性及其處理資訊的過程，揭示了符號互動在傳播中的作用。儘管施拉姆沒有進一步討論資訊傳播過程中的「噪音」，但「資訊回饋」，明確反映關於傳播是一個雙向循環過程的思想，這已經與作為討論平臺的拉斯維爾單向性模式有了很大的不同，在一定程度上講，是結構性的改變。畢竟，施拉姆提出的是人際傳播模式，傳播的互動性在當時顯

然比大眾顯明得多。但從傳播模式的發展和深入來說，這種結構性改變是個巨大的進步，是思想性的轉變。

❖ **德弗勒模式**：到了 50 年代後期由美國社會學家 M.L. 德弗勒提出德弗勒模式。首先，這個模式吸收了香農韋弗模式的噪音因素和施拉姆模式互動思想，並應用於大眾傳播。這裡，噪音不是單一的，而是充斥傳播的各個環節。尤其要注意在這個模式中，噪音出現於傳播過程中的各個環節，這與香農韋弗模式把噪音看作是傳送器和接收器之間的技術性的問題有本質的區別，或者進一步，這個模式中的噪音不再是一個傳播技術的問題。其次，在閉路循環傳播系統中，受傳者既是資訊的接收者，也是資訊的傳送者，繼承了施拉姆模式雙向互動，但更加明確了由於雙向互動，傳播者同時也是接收者，這對於理解「主體間性」有啟發意義。可以說，在大眾傳播領域，這個模式更加細膩。所以，麥奎爾把它稱為「德弗勒的發展」。第三，按照德弗勒的闡述，在傳播過程中「含義」變成「資訊」，發射器又將「資訊」變成「資訊」，接收器將「資訊」還原為「資訊」，而在信宿又變成「含義」，但是，信源的「含義」與信宿的「含義」「完全一致是罕見的」。這與索緒爾對語言符號傳播過程的描述和 70 年代斯圖亞特・霍爾關於大眾傳播中編碼者的「意義結構 1」和解碼者「意義結構 2」的不一致觀點相吻合。

❖ **波紋中心模式**：美國傳播學者 R.E. 希伯特等在 70 年代中期提出波紋中心模式。「代碼」指文字符號系統，「調節者」指政府、團體、消費者，「過濾器」指文化和社會系統，「資訊放大」兼有空間和心理的含義。如所示，大眾傳播過程猶如投石於水池中產生的現象 —— 石子擊起波紋，波紋向外擴展到池邊時又朝中心反向波動；在擴展和

回彈的過程中，波紋（即資訊）受到許多因素的影響。這一模式採用了同心圓基本結構，把「傳者」置於圓心，受眾置與外圈，直觀地反映了大眾傳播基本情況，但難脫單向傳播窠臼。不過這一模式強調大眾傳播同社會、文化等的關係，顯示了傳播過程的複雜性和動態性。

❖ **紐科姆模式**：1953 年美國心理學家 T.M. 紐科姆提出傳播效果的心理模式，又稱紐科姆模式或 A-B-X 傳播模式，源於認識心理學理論。此模式認為，傳播效果往往取決於傳播內容對受傳者固有信仰、觀點、態度的威脅或強化程度。

這個模式表現的是傳播者 A 與傳播者 B 傳達有關資訊 X 的過程。A、B、X 三者之間組構成三角模型，如果傳播者雙方都希望能夠加強彼此間的溝通連繫，那麼 A 和 B 與 X 之間的傾向越強，雙方都希望能夠全面了解 X，只有雙方共享資源或者說有關 X 的資訊對於 A 和 B 都是共享的，A 和 B 與 X 之間的關係就會形成一個穩定的等腰三角形。反過來，如果 A、B 之間的吸引力很小，他們之間的距離也會逐漸擴大，但是為了保證這個傳播模式的對稱，則必須維持 A-X 和 B-X 這兩條邊對等的關係，這種對等關係是建立連繫所必須的。但如果 A 和 B 分別對 X 產生了不同認識，A 就會不顧及 B-X 或 B 就會不顧 A-X，這樣 A 和 B 與關公共議題（X）之間的理解就會產生分離，A-X 和 B-X 之間的對稱平衡關係也隨即發生破裂。在紐科姆模式中，相近性和共同偏好性對各自主體的溝通和交往發揮著積極作用，用施拉姆的話說，就是傳播的效果常常是取決於傳播在多大程度上威脅到每個人極力要保持的信仰和態度的內在一致。麥奎爾對這個模式關於傳播中意見趨向一致的基本原理持謹慎態度，但我們關心的是，作為模式，它把傳播傾向、資訊背景（我們想也包括文化背景）作為傳播有

效性的重要影響因素，這個模式對於傳播中的文化影響已經呼之欲出了。

❖ **賴利夫婦的系統模式**：1959 年，美國學者 J.W. 賴利和 M.W. 賴利夫婦在《大眾傳播與社會系統》中提出一個系統模式。他們認為：從事傳播的雙方即傳播者和受傳者都可以被看作是一個個體系統，這些個體系統各有自己的內在活動，即人內傳播。個體系統與其他個體系統相互連接，形成人際傳播。個體系統不是孤立的，而是分屬於不同的初級群體，形成群體傳播。群體系統的運行又是在更大的社會結構和總體的社會系統中進行的，與社會政治、經濟、文化、意識形態的大環境保持相互作用的關係。如果說前面介紹的一些模式積極地把社會文化引入傳播過程，並注意到對傳播的影響的話，賴利夫婦的系統模式突出之處在於把傳播與社會文化較好地結合，或者說是把傳播過程和原理還原到社會文化環境之中，並試圖構建社會關係與傳播的層級關係。正如麥奎爾所說，這個模式確實幫助人們把大眾傳播的概念與現有的社會學理論掛起鉤來，並且使人們得以對以前解釋不充分的研究成果進行社會學分析。總之，賴利夫婦的系統模式已經明確地把社會文化與傳播資訊的關係聯結起來，這與跨文化傳播在基本傳播思想上形成某些交匯。

❖ **馬萊茨克大眾傳播場模式**：德國學者馬萊茨克的大眾傳播場模式於 1963 年提出。這個模式被稱為「傳播場模式」，是主要應用了「場論」的研究思想。「場」本是現代物理學的一個概念，它是指從環境與物體的關係上去把握物體的特徵及環境的特性。場論是勒溫在研究群體動力學時提出的，已經發展成為社會科學的一種研究方法，強調環境內複雜的因素和變量相互之間的影響。這個模式中，C 是傳播

者，M 是資訊，R 是資訊接收者。馬萊茨克認為大眾傳播場就是大眾傳播過程中諸種社會關係的群集和總和，無論是傳播者還是接受者的行為，都是在一定的「社會磁場」中進行的，而在與社會的互動中顯示其傳播的性質和作用。麥奎爾認為，這個模式集那個時代的社會心理研究之大成。他是從社會心理學的角度來看待的。而我們注意到這個模式強調了傳播者行為受其所在的自我形象、個性結構等「社會磁場」制約，而受傳者對資訊的接收同樣受這類的「社會磁場」制約，甚至對媒介本身的選擇同樣受其制約。在相當意義上說，「社會磁場」也就是社會文化及其作用的影響。馬萊茨克傳播場的思想已經把傳播雙方作為社會文化的聚焦點來研究了。這裡資訊依然存在，但研究重心已經轉移到文化的作用意義上來了。

從以上傳播研究主要模式的簡單梳理上，我們得出一個基本結論，即隨著傳播學的深入，人類傳播研究吸收了各個學科的成果，其總體趨向是日益精密和準確，日益追求有效傳播。而有效傳播是在明確了傳播基本構成要素基礎上，更加強調傳播互動和社會文化對於資訊傳播的影響的制約這個研究重點。跨文化傳播正是傳播學這個發展必然趨勢的內在要求。

第二章　跨文化傳播學的性質、對象與任務

　　本章在一定意義上涉及跨文化傳播學的學術合法性問題。作為一門學科存在的理由，至少要有特定的研究對象，或對特定對象特殊的研究角度或方法，要有本學科特殊的學科範疇和理論體系。跨文化傳播學是一門新興的學科，實事求是地說還處於建設之中，因此在這些方面只能是初具輪廓，不少問題我們都還不能十分肯定。特別是對於跨文化傳播理論體系的建設，我們認為還處於形成階段，我們將在後面有關章節再予具體討論。

第一節　跨文化傳播學的學科性質和學科歸屬

一、跨文化傳播和跨文化傳播學

　　什麼是跨文化傳播？

　　跨文化傳播一詞來源於英文 intercultural communication 或 Cross-cultural Communication，由於 intercultural 突出不同文化之間，Cross-cultural 突出超越、跨越不同文化，所以後者使用較為少見。其中 communication 雖然在漢語中翻譯為「傳播」，但與漢語傳播一詞傾向於資訊的單向傳遞有所不同，英文中這個詞有交流、溝通、交通和交際等語義，因此跨文化傳播也有人翻譯為「跨文化交際」、「跨文化交流」或者「跨文化傳通」等，都是指來自不同文化背景的個體、群體或組織之間進行的交流溝通活動。

　　對一般人來說，跨文化傳播可能是一個陌生的詞語，不過實際上跨文化傳播活動古已有之。隨著人類的成長，部落、族群、民族的遷徙和不同部落、族群、民族之間通商、戰爭等各種接觸，都自然發生跨文化傳播。如《尚書·舜典》：

食哉唯時，柔遠能邇，惇德允元，而難任人，蠻夷率服。

生產民食，必須不違農時！安撫遠方的臣民，愛護近處的臣民，親厚有德的人，信任善良的人，拒絕邪佞的人，能夠這樣，邊遠的外族都會服從。

又如《尚書·旅獒》

惟克商，遂通道於九夷八蠻。西旅氐貢厥獒，太保乃作《旅獒》，用訓於王，曰：「嗚呼！明王慎德，四夷咸賓。無有遠邇，畢獻方物，唯服食器用。王乃昭德之致於異姓之邦，無替厥服；分寶玉於伯叔之國，時庸展親。人不易物，唯德其物。」

周武王勝商，便開闢道路到四周各個民族國家。西方旅國來獻大犬，太保召公奭寫了《旅獒》來開導、勸諫武王。召公說：「啊！聖明的君王敬慎德行，所以天下歸順。不論遠近，全部敬獻的物產，只是些穿的吃的用的而已。明君於是昭示這些貢物分賜給異姓諸侯，使他們不要荒廢職事；又分賜寶玉給同姓的邦國，用這個方法展示親情。人們不改變的事物，只有德才。表明上古時期跨文化傳播就十分普遍。中國歷史上的胡服騎射、絲綢之路、玄奘取經、鄭和下西洋等都是跨文化傳播的典範。在交通和通訊工具日新月異，全球化趨勢日益明顯的今天，跨文化傳播對於我們來說已經是很平常的事情了。而網路的快速發展以及普及，人們完全可以透過文字、聲音、圖像等形式與來自境內外不同文化背景的人聊天、遊戲。如果說傳播是一種生活方式，跨文化傳播則是「地球村」中人們的一種生活方式。

什麼是跨文化傳播學？

跨文化傳播學是指，研究和利用文化與資訊傳播的關係，對各種跨文

化傳播現象進行歸納分析，探討不同文化之間資訊的溝通、理解和意義建構的結構與機制的科學。

隨著跨文化傳播活動的不斷增多，不少跨文化傳播的實踐者便開始關注這一現象。很早以前，佛教、基督教的宗教領袖，古希臘哲學家亞里斯多德、蘇格拉底，古希臘劇作家索福克里斯以及英國劇作家莎士比亞便注意到「說對方的語言，根據聽眾來調整傳播技巧」的重要性。中國古代孔子有一句著名的話，叫「遠人不服，則修文德以來之」，「遠人」即化外之人，用今天的話說就是異文化族群。孔子的這種跨文化傳播策略很有點以軟實力進行跨文化傳播的意味了。然而，系統地研究跨文化傳播活動並第一次提出「跨文化傳播」概念的是愛德華・霍爾。

羅傑斯在《傳播學史》中說道，施拉姆曾經用一個比喻來形容傳播學的建立。他說拉斯韋爾、勒溫、拉扎斯菲爾德、霍夫蘭都從各自的研究領域來到傳播學這片沙漠中的綠洲，當他們為傳播學領域作出了巨大的貢獻後，便像遊牧民族一樣離開了這片綠洲，繼續其他領域的研究。而施拉姆來到這片沙漠中的綠洲後，跟其他遊牧學者相反，他留下來了，並建立了傳播學這一新的研究領域。

而海默借用了施拉姆的比喻來描繪跨文化傳播學的建立。二戰後，來自人類學、心理學、傳播學、社會學和國際關係學等領域的學者，如馬格麗特・米德、露絲・潘乃德、格里高裡・貝特森等帶著各自的研究背景，都曾短暫地涉足這塊人類當時很陌生的領域：有關文化與人類互動關係的交叉領域。這些人後來都離開了，而霍爾卻留下來了，在這塊文化與人類互動的交叉領域安家，並把這塊領域叫做「跨文化傳播學」。

如前所述，1950 年代，霍爾首先提出了跨文化傳播這一核心概念，並提出一些跨文化傳播學的重要範疇。在外派人員培訓學院（FSI）進行跨文

化技能培訓教學工作期間，他又提出了「高語境文化」（high context culture）和「低語境文化」（low context culture）這組至今有著巨大影響的概念。1959 年出版的《無聲的語言》一書，已經包含了跨文化傳播學的基本思想，如「什麼是文化」、「文化就是傳播」、「時間會說話」、「空間會說話」等。所以現在一般認為，《無聲的語言》的出版標誌著跨文化傳播學這一學科的誕生，霍爾成為了跨文化傳播學的創立者。

　　跨文化傳播學創建以後，由於美國社會的開放性和全球交流性突出，根據社會需要，美國不少大學的傳播學院（系）相繼開設了跨文化傳播學課程；1970 年，國際傳播協會下設了跨文化傳播分會；1972 年，第一屆跨文化傳播學國際會議在日本東京舉行；1974 年，國際跨文化教育、訓練與研究協會（SIETAR）在美國馬里蘭州正式宣布成立；1998 年國際跨文化傳播學會成立。

　　有關跨文化方面的著作、雜誌也相繼出版，如《跨文化傳播讀本》（*Larry A. Samovar and Richard E. Porter*，1972 年）、《跨文化傳播學》（L.S. Harms，1973 年）、《跨文化傳播學入門》（*John C. Condon and Fathi Yousef*，1975 年）等。

　　中國學者在 1980 年代開始注意到傳播學這一領域。1980 年代中期，中國的北京外國語大學、上海外國語大學等大學也相繼開設了傳播學課程。在中國，對跨文化傳播的關注比較晚近，拉里‧A. 薩默瓦、裡查德‧E. 波特《跨文化傳通》（1988 年）經三聯書店介紹出版後，有關跨文化傳播中外文著作到 1990 年代後期才相繼出版，如關世傑著的《跨文化交流學》（1995 年），賈玉新《跨文化交際學》（1997 年），史蒂夫‧莫藤森編選《跨文化傳播學：東方的視角》（1999 年），胡文仲《跨文化交際學概論》（1999 年），劉雙、於文秀《跨文化傳播》（2000 年），羅納

德‧斯考倫、蘇姍‧王‧斯考倫《跨文化交際：話語分析法》（2001 年），拉里‧A. 薩默瓦、裡查德‧E. 波特主編《文化模式與傳播方式》（2003年），拉里‧A. 薩默瓦《跨文化傳播》（2004 年），陳卞知主編《造橋者說：跨文化傳播研究》（2004 年），單波、石玉彬主編《跨文化傳播新論》（2005 年），卡里‧都德《跨文化交際動力》（2006 年）等等。

二、跨文化傳播學屬於人文社會科學

在中國傳統典籍中，「人文」與「天文」對舉，現代人又常常把「人文」與「自然」對舉。「人文」通常指人類的各種文化現象，特別是指人類的精神文化。而據尤西林的研究：在西方，「人文學科」（the humanites）一詞最早由古羅馬政治家、演說家西塞羅在論述理想的辯論家時所提出，主要包括拉丁文、希臘文、古典文學等，與當時占統治地位的神學相對。拉丁語的 humanitas 有「人性」或「人情」的意思，西塞羅用以指一種教育大綱。「但拉丁詞 humanitas 又來源於更早的希臘詞 paideia。paideia 則來自希臘詞 pais（兒童），它所衍生的拉丁詞 pasco，意指牧養，使之成長，它成為教育學 pedagogy 等詞的詞源。paideia 是對兒童的開化、教化、教育。」這個拉丁詞後來成為西方文化語言中基本思想觀念之一的「人文主義」（humanism）及其相關詞彙的詞源。尤西林認為：「人文主義（humanism）歸屬於思想史範疇，同一大類的還有人道主義、人本主義、人文精神等，它們表現為社會思潮和思想主張立場；人文學科（the humanities）歸屬教育學教學科目分類，人文素質概念即定位於人文學科教育原理；人文科學（the human sciences）則是從哲學高度對人文主義與人文學科在內的人文活動原理的系統研究理論。」

1979 年版《辭海》認為，人文科學狹義的是指拉丁文、希臘文、古

典文學的研究。廣義一般指對社會現象和文化藝術的研究，包括哲學、經濟學、政治學、史學、法學、文藝學、倫理學、語言學等。而社會科學指以社會現象為研究對象的科學。如政治學、經濟學、軍事學、法學、教育學、文藝學、史學、語言學、民族學、宗教學、社會學等。它的任務是研究並闡述各種社會現象及其發展規律。

因此，人文科學是關於人的自身的學說或者理論體系，是對人的存在、本質、價值和發展等問題，對人的社會屬性、特別是精神文化屬性進行探究的學問。

而社會科學是關於人類社會的學說或者理論體系，它以人的共同體的經濟活動、政治活動、精神文化活動等社會現象為研究對象，目的在於探索和揭示人類社會發展的規律。

隨著西方以人為中心，以自然為客體的二元對立思想產生和深化，人文科學起初與自然科學相對。而人文科學和社會科學並不嚴格區分，因為人是社會的人，社會是人的社會。隨著近代學科的分化，人文科學和社會科學逐漸有了區別，並越分越細。在學科高度分化基礎上，人們發現它們研究的對象、目的和方法實在難以嚴格區別開來，於是人文科學和社會科學逐步在較高的層面上走向綜合。特別是二十世紀中葉之後，伴隨學科的高度綜合趨勢，人文科學和社會科學互相交叉滲透，出現了某種一體化的趨勢，人文社會科學這個概念也就形成並逐步普及了。將人文科學和社會科學合稱為人文社會科學，的確比較正確地反映了人文科學和社會科學綜合化乃至一體化的趨勢。

討論跨文化傳播學的學科屬性，或者說指出跨文化傳播學是人文社會科學，目的是要整合跨文化傳播學的研究內容。跨文化傳播研究內容非常廣泛，按照傳播學根據研究對象劃分的分類，有的研究人際跨文化溝通，

有的研究不同社會群體如「邊緣人」或「陌生人」與主流社會的精神文化溝通，有的研究社會組織如跨國公司的企業文化精神及與其他社會組織和社會的傳播溝通，還有的甚至研究民族之間甚至國家之間的跨文化傳播。如果要用傳統的人文科學和社會科學區分，人際跨文化傳播比較可能劃入人文科學，其他的可能歸入社會科學。但是，上述內容都是跨文化傳播學研究的組成部分，並形成跨文化傳播研究的不同內容層面和結構。

三、跨文化傳播是傳播學的分支學科

討論跨文化傳播是傳播學的分支學科，其目的是找到跨文化傳播學在傳播學研究體系中的位置，從而更好地了解其特性。

目前比較流行的傳播學分類是按照傳播的規模和性質，分為自我傳播、人際傳播、組織傳播、群體傳播、大眾傳播和網路傳播的六分法。這個分類簡明，有邏輯性，但不夠完備，例如我們不知道傳播學理論和跨文化傳播學的學科位置如何擺放。

還有一種分類，把傳播學分為傳播科學論、傳播過程論、傳播主體論、傳播客體論、傳播載體論、傳播對象論、傳播方法論、傳播環境論等八類。這種分類的好處是把傳播學普通理論獨立出來，這既符合學理，也與其他學科結構方式有了共性。這種分類的不足之處是僅僅按照傳播過程各構成要素進行「抽離」式研究，未必能成為分支學科。

根據國際傳播協會對傳播學的分類，傳播學研究主要有 18 個學術分支：資訊系統、人際傳播、大眾傳播、組織傳播、跨文化傳播、政治傳播、教育 / 發展傳播、健康傳播、傳播哲學、傳播與技術、流行傳播、公共關係、女性與傳播、傳播法律與政策、語言與社會互動、圖像傳播研究、新聞學研究、全球傳播與社會變遷。這種分類尊重了傳播學研究現狀

及各個領域，但其分類邏輯關係不很清楚。

　　按照利貝卡‧魯賓《傳播研究方法‧策略與資料來源》的觀點，根據不同的研究對象，傳播學可以分為六大類別，即：（一）人際傳播，包括雙向傳播、性別與傳播、指導傳播、人際影響、人際知覺、人際交流和關係傳播；（二）小群體傳播，包括決策制定、家庭傳播、群體動力、代際交流、領導能力和問題解決；（三）語言與符號編碼，包括發展傳播、跨文化傳播、語言學、非口語傳播、語義學和符號語言學；（四）組織傳播，包括商業與專業演講、健康傳播、人類傳播技術、協商與調停、組織行為、社會化與同化、訓練與發展；（五）公眾傳播，包括爭辯、傳播教育、討論、環境傳播、言論自由、合法傳播、行為研究、勸服與態度轉變、政治傳播、公開演講、修辭評論與理論、聲音與措辭；（六）大眾傳播，包括廣告、廣播與電信、比較媒體系統、批評與文化、媒介產業的經濟學、影片與電影工業、新聞、媒體效應、媒體倫理、新技術、政策與規則、流行文化、公共關係。這個分類比較系統全面，既與流行的分類總體吻合，又解決了流行分類包容性、開放性不夠的問題。問題在於魯賓的分類把「語言與符號編碼」與其他傳播並列，在邏輯上有一些問題。再者，沒有傳播學理論的位置，顯得這個分類體系性不夠強。

　　傳播學的學科結構與其他學科並沒有本質的區別，從總體上來說也應當按照基礎理論、分支學科和交叉學科構成。魯賓的分類實際上就是傳播學理論觀照下的傳播學主要分支學科。由於文化的基礎和主要表現都是符號，因此我們認為，跨文化傳播學是傳播學的一個分支，它是應用傳播學的基本理論，以語言或非語言的文化符號編碼／解碼為重點，對人際傳播、組織傳播、群體傳播等不同層次的傳播現象進行研究的學科。

第二節　跨文化傳播特殊研究視角和術語體系

傳播是指社會資訊的傳遞或社會資訊系統的運行。資訊是傳播的內容。傳播的根本目的是傳遞資訊，是人與人之間、人與社會之間透過有意義的符號進行資訊傳遞、資訊接受或資訊回饋活動的總稱。

和一般意義上的傳播有所不同，跨文化傳播並不把傳播單純地看作是資訊傳遞和交流，而是看作由特定的文化對資訊進行編碼／解碼過程。傳播主體作為一種文化符號，是特定文化因素的聚合，是不同圈層的文化關係。所以跨文化傳播把傳播過程看作是由文化身分決定的角色行為過程。對於傳播事件，跨文化傳播學有著自己的視角，這也是跨文化傳播中知識建構的方法。

瑪莉·簡·柯利爾認為跨文化傳播研究的主要視角大約有以下一些。

實證客觀的視角。是傳播學研究很常用的視角，這種視角的哲學基礎是經驗主義，其核心是認為行為與文化的必然連繫。它認為任何文化現象都可以被發現、觀察、測量和操作，文化是由決定行為的不同的心理結構所決定的，其中的因果關係也可以被證明。它從社會學角度，認為信仰、感情、態度和價值觀等文化因素，可以透過行為調查，用問卷法及其分析研究等實證的方法進行，並作文化的可變性分析。而古迪昆斯特還進一步認為，特定的文化是群體跨文化傳播行為的預言者和解釋變量，就是說，透過比較不同的文化，找出某些文化的特性，可以對為這種文化所有的「陌生人」跨文化傳播的行為給予事前預言和事後的解釋。

批判、解構的視角。這種視角的思想基礎是懷疑論，普魯斯指出，批判的觀點的特徵是「對所有認知形式的存在持有極端的懷疑主義」。批判的視角對話語、傳播事件和媒介文本進行解構，多從批判角度對各種修辭

工具的使用、權力、權力授予等進行解讀。這一視角與英國學者斯圖亞特‧霍爾對電視節目的「對抗性解讀」假設有相通之處。而根據莫利的驗證，證明了主流文化與亞文化的關係衝突導致這種解讀，這也說明了跨文化傳播的文化衝突。荷蘭學者馮‧戴伊克是批判、解構視角的代表，他透過對報紙的新聞結構研究，分析其中的種族主義和性別歧視。

　　釋讀、重構視角。其思想基礎是文化可以透過重構給予理解。其方法是強調研究者作為特定社會成員和文化分享者的意義，在不斷地解釋其文化意義的行為中，與研究對象彼此建立起可以預期的信任關係。格爾茲發展出濃密描述法，透過對某一文化項目（儀式、遊戲、生活時間程式）的濃密描述，重構其文化，表現出個人經驗與群體經驗之間的密切互動關係，從而發掘其潛隱的意義和價值體系。

　　此外還有布爾克提出的戲劇學的視角。按照吳予敏的說法，所謂戲劇學的視角是將語言看作行為的基本模式，而不是當作傳輸資訊的載體。戲劇學視角是一種分析工具，它強調，對人類行為的描寫，應當將其看作由動機驅使的、創造意義或被安置意義的存在。人們是透過有意義的行為來創造現實的。現實的結構是一個分享符號的過程。人們既要用行動去安置世界的符號意義，又要不斷地根據符號化的世界校正自己的行為。因此，對於文化的邊界，即人們分享意義的邊界，要進行反身性的追問。從戲劇學的視角出發，文化可變性分析，將文化變遷孤立起來觀察，忽略了文化的情境；而文化成分分析，集中研究作為認知關鍵的語言，分析了許多有意義的行為類型，但是忽略了語言是已經被創造出來的意義系統。事實上，意義是要透過不斷的資訊刺激，在人們心裡引出反身性的確認才可能建立的。

　　任何學科都應當有一套屬於該學科特有的術語體系或者叫範疇系統。

第二章 跨文化傳播學的性質、對象與任務

儘管跨文化傳播學的多學科來源使它的範疇系統個性特徵還不夠明顯，但這個術語體系也正在形成中。1974 年由坎頓和約瑟夫撰寫的第一本全面介紹跨文化傳播研究的專著《跨文化傳播介紹》（*An Introduction to Intercultural Communication*）出版。這本書首次涉及了六個跨文化傳播研究的關鍵概念，後來有研究者將其概括為：語言、非語言代碼、態度 - 價值觀取向、思維模式、作為文化仲介者的譯員和作為說服者的跨文化傳播的角色。但是跨文化傳播學的術語體系建設十分緩慢，第一本有關華人社會的跨文化傳播學重要概念的著作，是由美國羅德島大學傳播系教授陳國民與安然合作編寫的《跨文化傳播學關鍵術語解讀》。

《跨文化傳播學關鍵術語解讀》分為上、下兩編，上編共收錄了 97 個跨文化傳播學的基本範疇，下編收錄了 28 個跨文化傳播理論方面的術語，從這兩個側面，對跨文化傳播學的術語群作簡明扼要的詮釋，從而提供了跨文化傳播學的基本框架和前沿狀貌。術語體系是學科理論之網的節點，任何對某一學科術語的研究和彙集都是對該學科理論體系建設令人欽佩的工作，並值得高度重視。《跨文化傳播學關鍵術語解讀》上下編分類的層次感很強，表明編者對跨文化傳播理論基本結構的認識。上編採取的是英文字母順序排列，所收錄的術語廣泛涉及文化學、語言學、傳播學和社會學等多個學科，如「克里奧語、語用學、濡化、文化自知、地球村、偏見、價值觀、W- 曲線取向、多元時間取向、禁忌」等等，一方面顯示出跨文化傳播學與多個學科之間的連繫和這些學科對跨文化傳播學的影響在術語上的反映，有利於學者開放性地研究跨文化傳播，這是符合跨文化傳播理論形成過程中基本特點的。而且一些被編者認為是穩固地反映跨文化傳播研究的術語形成這個術語體系的內核，如時間學、跨文化曲解、文化價值取向、跨文化有效性、多元文化人、視角轉換等等。另一方面，術語

都多是從跨文化傳播角度來解釋的，如關於「句法學」，這是一個典型的也是基本的語言學術語，語法分為詞法和句法，句法學是對語言符號組合規則的研究。而在《跨文化傳播學關鍵術語解讀》中，更多地是從符號關係角度與人類理解、人類溝通方面去解釋。這類例子在該書中比比皆是。下編解釋跨文化傳播理論的術語。這 28 個術語排列也是按英文字母順序排列，其收錄內容與古迪昆斯特 2005 年出版的《跨文化傳播理論化》序論中的 25 種理論學說基本重合，其釋義也基本一致，只是更加簡明。這表明了《跨文化傳播學關鍵術語解讀》吸收了最新的理論成果。但也有一些術語的收錄值得重視，如「薩丕爾 - 沃夫假說」，這個假說更多地是出現在語言學和認知心理學研究領域，它企圖解釋語言與思維、語言與認知的關係。而在本書中，對於這個術語的介紹更多地是從語言 - 心理 - 文化觀 - 跨文化障礙角度去介紹分析。其他如「陳國明的人際關係發展理論」、「跨文化適應的轉化學習模式」等等。該書還有一個特點是術語和理論的關聯性，即採用互見法連繫相關的術語和理論。雖然這種方法不是該書的創造，但對於正在建設中的跨文化傳播理論是很有益處的。

　　當然這本書也有不少可商榷之處，如術語的收錄視野不夠開闊。既然希望構建跨文化傳播術語體系，就可以進一步理解並考慮跨文化傳播理論和術語的來源，以及對跨文化傳播研究有重要影響的其他相關學科的術語和理論。像人類學，特別是人類文化學的一些重要術語還是應當收錄，比如對「深描」之類的術語，應當是關鍵術語等等。在理論體系的構建中，編者尊重並吸收了古迪昆斯特《跨文化傳播理論化》的研究成果，既然該書如其介紹，是「華人社會第一本以中文出版的有關跨文化傳播學重要概念的辭典」，但理論介紹過於西方化。實際上連古迪昆斯特本人在其書的序言中也一再強調跨文化傳播理論的本土化甚至中國化。誠如編者在「全

球本土化」一詞的解釋中所說，應當「採用全球的視野看待本土」。從 2008 年開始，美國權威的《跨國／跨文化傳播研究年刊》就把該刊 1974 年刊創刊時的對歐洲中心主義的批判轉向對西方中心主義的質疑。

我們之所以花了較多篇幅介紹《跨文化傳播學關鍵術語》的基本內容，是因為跨文化傳播理論建設是當前跨文化傳播學的最重要工作，而術語體系的建設應當成為理論學說建設的基礎，實際情況卻是，與理論學說的建設相比，術語體系建設更為不足。

第三節　跨文化傳播學的對象和任務

一、跨文化傳播研究與「噪音管理」

噪音是相對樂音而言的。具體來說，有規律的振動發出的聲音稱為樂音，聲源的振動雜亂無章，毫無規律，所發的就是噪音。從物理意義來說，噪音是各種不同頻率和強度的聲音的雜亂組合。如置身於鬧市時，汽車馬達的隆隆聲、汽笛的尖叫聲、人群的喧鬧聲、一齊向耳邊襲來。噪音的波形圖是不規則的非週期性的曲線，而樂聲波形圖則是有規律的。

上一段的闡述實際上已經包含了人的主觀價值評判。從主觀上來講，由於樂音與人的生理節律相吻合所以使人聽來悅耳，噪音的雜亂與人的生理節律不吻合因此使人生理不適。實際上噪音與樂音一樣都是一種聲音。對人來說是噪音，也許對某種動物來說很悅耳，如老鼠的吱吱尖叫聲、烏鴉的聒噪、狼的嚎叫等。對人也一樣，在中國古代，異民族的語言在一些文人雅士那裡被視為「鳥語」，不堪入耳。

通訊中噪音被視為干擾。實際上通訊雙方都有一致的通訊頻率，凡不符合這種通訊頻率而干擾了這種頻率的都是噪音。因此為了有效通訊、提

高通訊效率都要克服和控制噪音，通訊工程中有專門的噪音控制研究。此外除通訊雙方頻率一致外，雙方對信號的輸入和解釋都要一致，否則阻礙通訊的正常進行。當一方由於某種原因發生變動時對方必須進行相應調整，否則將發生通訊障礙。

於是我們得出結論：一是噪音是主觀的而不是客觀的；二是凡是干擾有效通訊的都是噪音；三是為了有效通訊要對噪音進行控制；四是為了有效通訊雙方要保持一致。

傳播在本質上是通訊。在具體的傳播活動中，都存在一個傳播有效程度的價值判斷問題，這就是所謂「有效傳播」。有效傳播是指傳播互動過程中克服傳播障礙而獲得最優資訊量的過程。任何傳播都不是完全有效傳播。人類傳播活動中，傳播障礙來自於兩方面的「噪音」：一是自然噪音，即傳播載體的物理障礙；二是「社會」噪音，即來自不同文化背景的傳播參與者自身文化對傳播的影響，從而對傳播活動產生的障礙。在這個意義上講，跨文化傳播研究實際上就是傳播的文化「噪音」研究。

人們並非一開始就意識到這一點，儘管 1940 年代，幾乎與傳播學產生的同時，就意識到傳播中的「噪音」問題。1948 年，在著名的貝爾實驗室工作的美國數學家 C.E. 香農提出了幾乎是人類第一個傳播模式，即傳播的線性模式。這個模式的初衷是改進受電子干擾，或受噪音影響的電報或電話上的資訊傳遞。雖然後來的人們願意把香農的理論稱為資訊論，但他自己卻堅持稱之為傳播的數學模式。是的，香農的模式為後來傳播學模式研究提供了一個基本上為人所共守的基本範式。作為一個自然科學家，香農非常重視通訊中的噪音，並把重點放在資訊傳播的傳輸過程，可以說這還是一種技術關注，但它啟發了傳播學者對資訊發生影響的因素的高度重視。後來的學者逐漸注意到「噪音」充斥傳播的幾乎每一個環節，並且

意識到，與通訊不同的是，通訊中噪音是要被完全克服的，而跨文化傳播中，文化「噪音」是要利用和管理的。在這個意義上講，跨文化傳播的終極目的是人類理解。但人類是文化的動物，人類理解無可避免地要遭遇文化障礙。在跨文化傳播中，文化不是要被剝離，而是要溝通和理解，從而達到人類的有效傳播。

　　因此，跨文化傳播學是以追求有效傳播為目的，從文化對傳播影響的角度，去研究在傳播過程中文化的動態特徵、文化對傳播的影響和傳播活動中文化形態的管理與利用。

二、跨文化傳播學的研究對象

　　我們認為，跨文化傳播並不是文化傳播，文化傳播的傳播資訊本身就是文化，而跨文化傳播是傳播中文化因素對資訊傳播的阻礙和影響。那麼這些「文化因素」具體指些什麼內容？不同的研究視角產生不完全一致的研究對象。

　　從文化人類學的研究角度說，影響跨文化傳播的文化內容主要指種族文化差異、民族文化差異和國家間文化差異。種族文化差異主要從種族血緣角度觀察差異，如白人文化與黑人文化。由於同一種族有共同的文化淵源，在文化深層次上有共同性，這裡忽視了不同民族、部落、國家中的共時影響。民族文化差異主要是從文化角度觀察，如中國境內的蒙古族與蒙古人民共和國的蒙古族文化，中國境內的朝鮮族與朝鮮民主主義人民共和國的朝鮮族文化具有自身特色，但文化人類學忽視這些由於國家政治體制和意識形態帶來的不同，強調它們作為一個民族共同的文化特質。國家間文化差異指的是一個作為政治共同體的國家的主流文化與另一個作為政治共同體的國家的主流文化之間的差異，如中國與美國的文化差異。這裡忽

視了國家的亞文化。由於強調一個國家的社會主流文化，因此國家文化差異主要的是從政治和意識形態角度觀察問題。從研究對象上來說，種族對跨文化傳播的影響較小，因為當代世界較少以種族為結構單元。一些研究，如紀莉《論媒體報導中的新種族主義》、菲利普‧迪力巴爾《企業中多種文化的相遇：人種學方法》等，實際上並不以種族文化為研究對象。文化人類學視角更多地是從民族文化差異進行研究。

影響跨文化傳播的文化因素還可以從國內傳播和國際傳播的不同來看待，如薩姆瓦《文化模式與傳播方式》的跨文化傳播研究對象多集中於此。但這一視角的文化因素，對於國內傳播來說，是指主流文化與非主流文化（或稱亞文化）群體或個人之間的傳播；對於國際傳播來說，也不同於傳播學上所說的以意識形態為主，有很強的宣傳意味的傳播，而是指單一文化國家之間，或者不同國家主流文化之間的傳播。美國是一個多民族國家，有眾多的亞文化，因此主流文化與亞文化之間的跨文化傳播問題尤為突出。此外，儘管單一文化的國家目前在世界上並不多見，但冷戰以後，隨著蘇聯社會主義陣營國家的瓦解，民族主義抬頭，建立單一民族國家或者泛某民族國家的要求有上升之勢，這倒與杭亭頓「文明的衝突」有所暗合。按照薩姆瓦的觀點，國內和國際的跨文化傳播研究對象主要的有三個：一是認知要素，包括文化價值觀、世界觀（宗教）和社會組織；二是不同的言語語言；三是不同的非言語語言。

還有的研究角度，是以「文化聚合為依據」，從傳播範圍入手，分為人際傳播、組織（群體）傳播和國際傳播。注意這不同於傳播學的四（五）分法：人內傳播、人際傳播、群體（組織）傳播、大眾傳播。也不同於二分法：親身傳播和媒介傳播。這是跨文化傳播的特點。目前國內學術界比較流行的是按照傳播範圍的「三分法」，即跨文化傳播應主要分為

三個層次：人際傳播、組織傳播和國際傳播，其著重點在「文化」。其中跨文化人際傳播指分屬於不同文化體系的個人之間在日常交往中的溝通與交流；跨文化組織傳播指不同文化背景的組織之間的溝通與交流；國家之間的跨文化傳播指不同國家之間利用大眾傳播媒介進行的文化溝通與資訊交流，主要形式為國際傳播。

　　因此，跨文化傳播研究對象，總體來說是資訊傳播與文化因素的關係。上述「文化因素」如此錯綜複雜，是人類社會結構本身的錯綜複雜所致。從研究對象的基點來說，人屬於不同的群體、不同的族群、不同的民族，還屬於不同的組織和不同的國家。而其所屬每個單元都形成自身文化，就是說，由於人是社會關係的總和，也就屬於不同圈層的文化。跨文化傳播從不同的角度，針對不同圈層的文化，對人的文化屬性及其對資訊的影響進行研究。

　　仔細研究人的傳播，就會發現傳播的「牢籠」：人不能不傳播，而人的傳播是不自由的，無論人自己是否意識到。在文學作品包括影視作品中，對於好的作家、編劇來說不管是英雄、主角還是小人物、配角，其語言、行為都是不自由的。所以有的跨文化傳播學的書名有的也很有意思，如「是橋不是牆」、「拆解文化的圍牆」等。人是文化的產物和承載物，其傳播受文化的制約。在人類相當長的歷史時期，受傳播範圍的影響，文化對於人的傳播制約並不明顯，但在全球化時代的今天，由於技術的快速發展，人的傳播範圍以令人暈眩的速度擴大，高節奏的社會生活導致人們追求有效傳播的最大化。而在追求有效傳播過程中，文化對傳播的制約日顯突出。

三、跨文化傳播的研究領域

跨文化傳播的研究領域主要是指其研究對象的所屬範圍。有學者指出：

截至 1990 年代早期，跨文化傳播學的研究已經分化為上述四個大的部分：（1）主要從人際傳播的角度看待不同文化背景的人與人相遇時的相互作用，所謂人際跨文化傳播；（2）主要從文化規範的角度進行不同文化背景下的比較，所謂跨組織文化傳播；（3）主要從國家官方層面的文化接觸，也有稱為國際關係的，所謂國際傳播；（4）主要從不同文化背景下對大眾傳播媒體的使用進行的比較，所謂比較大眾傳播學。它們都共同置於跨文化傳播研究的大的範疇之下，但又因為各自的側重點差異而各自發展。這樣的分野一直延續到當下，直到 2008 年。

這是國內對美國傳統為主的跨文化傳播學研究領域的系統梳理。

但是這幾個部分並不平衡，尤其是很難說都是嚴格意義上的跨文化傳播學研究領域。首先，對於跨文化人際傳播來說，正如美國跨文化傳播研究史學者溫迪在對美國跨文化研究歷史深入研究之後得出的結論一樣：來自不同文化背景個體的相互作用，仍然像當初一樣，是跨文化傳播公認的核心。所以以上四個領域中，跨文化人際傳播仍然是當前跨文化研究的主要內容。事實也是這樣，今天遍布美國各大學的跨文化教學與研究，流行的教材或專著大多是跨文化人際溝通的。

其次，所謂跨組織文化傳播應當指的是以企業文化為主的組織文化傳播。企業文化學是從 1970 年代開始新興的邊緣學科，它要培育以特殊經營理念為核心的、以多種形式體現的文化個性，並透過形象傳播等途徑表現出來。但是企業文化本身是屬於現代管理學，被視為自古典管理學以來管理理論的第四個發展階段。

　　第三，國際傳播，主要是指傳播者透過大眾傳媒向外傳播的資訊。有廣義和狹義兩種界定：廣義的國際傳播包括跨越國界的大眾傳播和人際傳播。狹義的國際傳播僅指跨越國界的大眾傳播。中國國際傳播主要還是指狹義的跨越國界的大眾傳播。國際傳播的確有很多跨文化傳播的內容，但它與國內傳播相對。國際傳播學作為傳播學的一個分支學科，在學科歸屬上應當是與跨文化傳播並列的傳播學子學科。

　　第四，關於比較大眾傳播學。「比較大眾傳播學」可能是一個新興的學科，關於比較大眾傳播學的資料不多，按照蔡尚偉、黃順銘的研究，「比較大眾傳播學」是這樣一個學科：

　　「比較大眾傳播學」是介於「比較新聞學」與「比較傳播學」之間的一個層次的學科，其涵蓋範圍比「比較新聞學」要寬（除新聞比較外，還包括對大眾傳播媒介如報紙、廣播、電視等的一切傳播現象的比較），比「比較傳播學」要窄（限定在大眾傳播所及的範圍，而不包括群體傳播、人際傳播等領域），可以說是對「比較新聞學」的一種學科層次的提升。這種學科層次的提升，不是為了簡單地擴大地盤，而是因為這樣的提升更有利於將新聞與傳播學的很多問題的討論引向深入，更有利於從傳播內容、傳播形式、傳播制度、傳播理念（包括系統化的新聞與傳播學和非系統化的支配性精神）等各個層面全方位地對包括新聞在內的各種大眾傳播形態進行更學理化的研究，從而更有利於解決比較新聞學的一些瓶頸「問題」。

　　這使我們很難弄清其學科特性和學科歸屬。由於學科的互相滲透，借用其他學科方法進行跨學科學研究究在當代成為一種潮流。「比較大眾傳播學」也完全可以借用比較文學的研究方法，特別是「中國學派」的跨文明研究與跨文化傳播的確有所契合，但「比較大眾傳播」首先還是在「比

較」，而跨文化傳播本質上不是比較性的學科。我們相信跨文化傳播學的深入發展，完全有可能滋生新的學科，但至少目前「比較大眾傳播學」與跨文化傳播學的關係還需要進一步論證，甚至「比較大眾傳播學」的學術合法性也應當還有認真論證的空間。也許傳播學從二十世紀受到人們廣泛關注以來，其分支學科急遽發展，但它發展得如此之快，以至於學術的嚴謹性往往得不到足夠充分的論證。

但是，跨文化傳播學作為一個成熟中的理論，作為一種研究視角和方法，確實與很多學科有著天然的密切連繫，它和傳播學產生、形成和發展一樣，都要借助其他學科的研究方法，但我們認為至少在目前還是作為一種理論關照更為妥當。有關問題我們將在後面的章節作一介紹。

所以我們認為，跨文化傳播學的主要研究領域應當是跨文化人際傳播和跨文化媒介傳播。前者已經取得巨大成就並成為當代美國傳統的主流，而後者是本書主要關注的對象。

四、跨文化傳播學的任務

如前所述，跨文化傳播學的任務總體說，就是指導跨文化傳播實踐。按照吳予敏的具體說法就是：

（跨文化傳播）它的中心課題是要研究那些來自不同的文化背景、有不同的觀念信仰的人們在互動的過程中如何說明和理解意義。這一研究的目標有三個：1. 描述特定文化之間傳播的性質，揭示文化的異同；2. 基於對文化異同的理解，研究消除人們由於文化屏障造成的傳播差異的途徑；3. 最終更好地理解自己的文化，理解文化的創造和分野的進程。

作為傳播學的分支，它恪守傳播學「互動」這一根本特點，著重研究不同文化背景的傳播者、傳播社團所屬文化對資訊傳播的積極作用和消極

作用，研究他們在具體傳播實踐中如何避免文化帶來的隔閡和誤解和可能引發的文化衝突，研究不同文化系統在傳播中互動如何構建意義系統，從而達到有效傳播。

在具體任務上，作為跨文化傳播發源地的美國，其跨文化傳播無論是理論還是實踐上都堪為翹楚。大多數美國跨文化傳播研究都是實踐型的，他們的研究以人際傳播為主，十分注重量化研究方法，並滲透到從大學到企業，從商務、管理到市場營銷各個主要的社會層面，以培養跨文化傳播能力和技巧為主要目的。因此他們的研究往往以經驗主義為基礎，過於強調以實踐經驗為依據的研究。

但是，跨文化傳播作為傳播學的一個分支學科，「互動」是其根本特性。在全球化時代，人們跨文化的互動範圍遠遠超出了人際互動、語言的跨文化互動、文學作品等文本的跨文化互動，影視、廣告、設計等視覺符號的跨文化互動，甚至音樂舞蹈等等各種不同形態傳播媒介的跨文化互動，可以說「地球村」的人們無時無刻不處於全方位的跨文化互動中。因此在我們看來，跨文化傳播學的任務要應對的絕不只是不同文化背景的人際互動，而應當對當代各種形態傳播媒介的跨文化傳播現象進行研究和解釋，以系統的跨文化傳播理論指導和觀照這些跨文化傳播實踐。透過研究不同形態媒介跨文化傳播的特性，以促進多元文化的發展，順應和加速全球化的歷史進程。我們認為這是跨文化傳播研究的應有之義，甚至應當是主要的任務。直截了當地說，跨文化傳播學不應當是一套外派人員的培訓方案，跨文化傳播學著作也不應當是培訓手冊，而應當是一種思想方法、一個理論，是一種跨文化傳播分析方法，是當代「跨文明對話」的理論體系。這也是我們這本小書的撰寫初衷，同時也是我們關注的重點所在。

第三章　跨文化傳播研究的學科基礎

第三章　跨文化傳播研究的學科基礎

　　跨文化傳播作為一門新興學科，主要與哪些學科密切相關？古迪昆斯特認為，跨文化傳播的理論來源大致有三個：一是擴展傳播學的理論而形成跨文化傳播理論；二是借助其他學科的理論形成跨文化傳播理論；三是在對跨文化傳播進行特定研究的基礎上發展的新理論。這實際上是從跨文化傳播理論形成歷時角度看待問題。孔德認為跨文化傳播有民族志、民族中心主義和公平三種傳統。這是從跨文化傳播研究方法和現實切入來分析。吳予敏認為跨文化傳播研究主要來源於社會學、文化人類學、心理學和修辭學的學術傳統。這主要是從研究視角看待跨文化傳播學。孫英春認為與跨文化傳播接壤的學科很多，其中影響較大的有社會學、人類學、語言學、符號學、心理學、文化學、哲學、歷史學、管理學等等。孫英春認為這是從傳播學視野分析，但我們認為這是從跨文化傳播研究的相關理論角度分析，即學科基礎的角度分析，接近於古迪昆斯特所說的借助其他學科的理論形成跨文化傳播理論。

　　任何學科都要借鑑其他學科的研究成果，根據特定的研究對象，從特定的研究角度形成自己的學科特性。從學習、理解和運用跨文化傳播學的角度出發，從層級關係來看，我們認為跨文化傳播學的學科基礎主要有四個方面：一是最為密切的傳播學，這是跨文化傳播學的基礎理論和基本出發點。二是文化學。從本質上講，跨文化傳播不是文化傳播，跨文化傳播學研究的不同文化背景下的人們在資訊傳播過程中文化因素對於互動的影響及其控制。在跨文化傳播中文化及其影響是主要研究對象，但它肯定不是傳播的主角，它是在追求有效傳播框架內的研究對象。借用現代通訊理論的視角，就是社會通訊中的文化「噪音」的結構、方式和控制。而不同的文化及文化關係的研究，要借助文化理論。三是哲學，這裡主要還是指

人類認識論從主客觀二元對立走向主體間性的統一的哲學思想。四是社會學、文化人類學等相關學科。

第一節 跨文化傳播學與傳播學

　　一般認為，跨文化傳播是傳播學的一個分支學科。如前所述，根據國際傳播協會的分類，傳播學研究主要有 18 個學術分支：資訊系統、人際傳播、大眾傳播、組織傳播、跨文化傳播、政治傳播、教育 / 發展傳播、健康傳播、傳播哲學、傳播與技術、流行傳播、公共關係、女性與傳播、傳播法律與政策、語言與社會互動、圖像傳播研究、新聞學研究、全球傳播與社會變遷。

　　對於跨文化傳播學的學科歸屬似乎沒有多少爭議，但作為一門分支學科，跨文化傳播學是運用傳播學的基本理論，以有效傳播為前提，對於資訊傳播動態過程中，文化因子的影響及其互動的研究。因此決定了跨文化傳播學在傳播各個環節獨特的研究視角。

　　跨文化傳播學對傳播學基本理論的運用，重點在跨文化傳播的「互動」關係上。從根本上說，和其他人文社會學科一樣，傳播學是對人和社會現象的一種特殊研究視角。同樣是社會現象，當代語言學從語言角度研究語言與社會的關係，文學從以語言文字為符號的藝術形象角度研究文學與社會的關係，美術從以線條、色彩、構圖為符號的藝術形式角度研究藝術與社會的關係。傳播學是研究人類如何運用符號進行社會資訊交流的學科。人是社會性動物，而這種社會性的主要表現形式就是互動，從人的社會性意義上講，可以說人類一切行為都在互動中進行，包括人自己的自我

互動。因此瓦茨萊維奇深刻地指出「人不能不傳播」。傳播學正是討論研究人的本質特徵，並以此為切入點廣泛地涉及人類社會活動的各方面。傳播學是從人與社會互動影響的角度研究人與人、人與社會的關係。所以互動是傳播學的根本。這樣我們就可以理解為什麼眾多中文的傳播學著作總是首先要討論 communication 的「互動」本質。嚴格地說，傳播學在介紹到中國時，把 communication 翻譯為「傳播」是不準確的，至少不妥當。在中文裡，「傳播」一詞並沒有雙向互動的含義。因此在不同的領域對 communication 有不同的翻譯和使用，如語言學、外語學界多稱為交際，企業培訓常稱為溝通，拉里·A. 薩姆瓦 Communication Between Cultures 一書儘管多譯為「跨文化傳播」，但也有譯為「跨文化傳通」，似乎都是在為漢語翻譯「傳播」一詞糾偏。這也表現出跨文化傳播學作為一門新興學科，來自不同學科背景的學者對其不同的理解和切入角度。

霍爾指出：「文化即傳播。」這是描述文化的動態存在方式，但也說明了文化與傳播的密切連繫。廣義的跨文化傳播存在於一切傳播活動中。反過來，從文化差異的角度說，一切傳播都是跨文化傳播。只要人們互動溝通就會有文化關係及其影響。在全球化時代，「地球村」的「村民」們也「不能不傳播」，這導致學者們更加關注不同民族在傳播互動中文化的影響，以及導致這種影響的文化關係等各種因素。

因此跨文化傳播研究主要還是在傳播學理論框架內，對傳播各種構成因素進行研究，其至少包括以下一些方面：傳播主體的文化屬性、傳播客體即資訊結構與文化結構研究、傳播對象的文化屬性、傳播媒介特性、傳播方法以及傳播環境等。

由於跨文化傳播研究傳播中文化的影響及其控制，對以上這些內容都主要從文化角度切入。如傳播學對傳播主體的認識往往是資訊的發出者，

與傳播對象相對。在跨文化傳播理論中，傳播主體當然也是資訊的發出者，但也是傳播的接受者，與對象互為主體。更重要的是，複數的傳播主體被看作是一個相互有差異的文化集合中的文化個體。又如傳播載體也即資訊，在跨文化傳播研究中是作為資訊的文化附加，其中包括個人或群體在特定傳播中的文化變異、資訊結構方式等，而且更多地是作為多維意義空間來研究。

　　跨文化傳播對傳播中主體的文化關係至少有三種理解，這從跨文化傳播的英文表述可以反映出來，即 Crosscultural communication、Intercultural communication 和 Transcultural communication。這三個詞組在漢語中都是「跨文化傳播」，但在具體語境中有不同的偏重意義。前綴 cross- 的實詞 cross 在英文中是十字架、十字形、交叉、越過、跨騎等意，Crosscultural 是指跨越不同形態文化，Crosscultural communication 側重不同文化型式的交叉溝通。inter- 是一個前綴，意為之間的、相互的，intercultural 指在不同文化之間的。Intercultural communication 目前被傳播學、文化學普遍採用。側重於不同文化內部或內在的結構層面的溝通對話。前綴 trans- 表示橫穿、橫斷、透過、在（到）……的另一邊、超越。Transcultural 指在多種文化之間的超越。Trans Cultural Study 多從宏觀的哲學層面研究，從不同文化深層結構出發，融合貫通，從而獲致新的文化理論。Transcultural communication 偏重於透過平等對話，不同文化溝通、再創造一種新的文化。

　　傳播學是人類利用符號進行溝通並體驗意義的基本理論。跨文化傳播學作為一門分支學科已經深入到人類傳播的各個具體領域，並反過來深刻地影響到傳播學的基本理論。建立傳播學理論是為了說明傳播的基本原理和方法，從而指導人們更好地進行傳播。但是建立在大眾傳播基礎上的傳

播理論隨著各分支學科的研究，總在不斷地豐富、修訂甚至改變。例如關於傳播一詞本身，國內比較權威的解釋是：社會資訊的傳遞或社會資訊系統的運行。資訊是傳播的內容。傳播的根本目的是傳遞資訊，傳播是人與人之間、人與社會之間透過有意義的符號進行資訊傳遞、資訊接受或資訊回饋活動的總稱等等。這的確比較適合於大眾傳播。誠如德國哲學家克勞斯所說：「純粹從物理學角度而言，資訊就是按一定方式排列的符號序列，但僅此一點尚不足以構成一個定義。毋寧說，資訊必須有一定的意義……由此可見，資訊是由物理載體和意義構成的統一體。」但是跨文化傳播研究證明，資訊所承載的意義是傳播者和受眾共同建構的，傳播當然要傳遞資訊，資訊的意義儘管蘊含傳播者的意圖，但並不是僅僅由傳播者單方面賦予，而是被共同建構而成。在這個意義上說，傳播就是傳播者雙方的意義建構的過程。經典的傳播學理論看重傳播的雙方互動，但更多地還是理解為資訊的授受和回饋，而非意義建構本身。尤其是認為傳播成立的重要前提之一是傳受雙方必須要有共通的意義空間，「共通的意義空間，意味著傳受雙方必須對符號意義擁有共通的理解，否則傳播過程本身就不能成立，或傳而不通，或導致誤解。」這在同一文化內部都不一定如此，更不要說跨文化傳播了。而且傳播中的所謂誤解是一種很正常的意義建構方式，且不說「一切閱讀都是誤讀」。所謂誤讀，論者認為是指與傳播者企圖傳遞的意義有偏差甚至相反。不能否認傳播者傳遞意義，但所謂誤讀是相對於「正讀」而言，事實上，所謂正讀並不存在。

除了傳播學基本理論外，跨文化傳播研究也與傳播學其他分支學科有著密切連繫。例如人際傳播對於語言的社會性研究，有些甚至直接來源於其他分支學科的研究成果。如查爾斯·伯格對於人際傳播的不確定性削減理論，這項理論關注自我意識的對他人的了解。客觀的自我意識表現為自

我控制，在人際傳播中透過回饋情況控制自己的行為以適應對方。而對他人的了解是不確定性削減理論更為關注的。人們在遇到陌生人時會對對方的交際能力、行為方式、交際目標和策略規劃等產生不確定性，同時產生削減這些不確定性的願望和傾向。於是在交際中根據自己的目標和所獲取的對方資訊制定交際規劃，並採用積極的吸引力、歸屬感等實現規劃，主要的還是透過獲取與不確定性有關的內容的資訊，不斷對交際可能的結果進行評估，最終消減不確定性。不確定性與交際雙方的距離成正比例，削減不確定性程度與吸引成正比例。古迪昆斯特把伯格人際傳播的不確定性削減理論引入跨文化傳播研究領域，發展出焦慮 —— 不確定性管理理論。古迪昆斯特等人發現幾乎所有的文化在關係之初都進行削減不確定性工作，而且不同文化在削減不確定性時採取不同的方法。古迪昆斯特還對文化歸屬感的程度與焦慮情緒的關係，對交際前景的評估與焦慮情緒的關係，以及對對方文化的了解掌握狀況與焦慮不確定性的關係等進行了深入研究。在此基礎上他還對跨文化傳播涉及的自我概念、動機、對陌生人的反應、社會分類、情景化過程等作了詳盡的理論闡述。其他如從布朗、列文森等人際傳播語用研究的禮貌原則和戈夫曼等人的「自我展現」理論中，由汀·圖米發展出的「面子 —— 協商理論」等。

　　不過總體說來，跨文化傳播學作為傳播學的一個分支，它在基本原理上與傳播學一致，並主要在傳播學研究的理論成果上豐富和發展，是共性與個性的關係。學習研究跨文化傳播學，要具備較好的傳播學基礎。

　　跨文化傳播學是傳播學的一個分支，這也意味著它與具體傳播活動有更加密切的連繫，相對於傳播學的抽象來說它更加具體。特別是由於全球化在社會生活中的深刻影響，當代跨文化傳播除了在傳播學理論中獲得源泉外，在當代哲學社會科學其他領域也直接得到啟發和教益。

第二節　跨文化傳播學與哲學

　　傳播是傳播者之間的社會互動，而跨文化傳播更加強調傳播者的對等理解。文化根本地關涉價值觀、本體論問題，文化之間的理解在根本上也就自然是價值論、本體論的問題了。跨文化傳播的理解不是主體對客體的理解，而是主體之間的理解，不是主體性，而是主體間性。上節所討論的對於跨文化傳播無論是 Crosscultural communication 或者 Intercultural communication，還 Transcultural communication，其共同之處是對於文化關係的對等理解前提。

　　起源於大眾傳播的經典的傳播學理論中，把傳播主體分為傳播者和受眾，其間實際上潛隱了主客觀二元對立的意蘊。受眾理論起源於大眾社會理論，它把大眾看作廣泛的接受傳播資訊的大眾，受眾規模龐大，異質而分散，但作為接受對象可以忽略其異質性而看作同質的群體，並且有流動性和無組織性；與大眾相對的是少數居於支配地位的權力精英。在傳播學或者準確地說，在大眾傳播學中，受眾就是大眾，他們居於話語權力之外的被動地位，是「被傳播」對象。所以早期傳播研究中的傳播效果研究理論就有「子彈論」、「皮下注射論」和「靶子論」等。雖然傳播學的受眾觀後來發生了變化，但無論是群體觀、市場觀還是權利主體觀，乃至於使用滿足理論、說服理論等，對於傳播關係的二元對立觀並沒有發生本質的改變，都是以主客觀二元對立哲學觀為基礎的。

　　一般認為，古代哲學注重的是本原論／本體論，近代哲學注重的是認識論／知識論，到二十世紀（現當代），哲學注重的是語言。西方哲學史上所謂三個向度、兩大轉向的說法非常流行。西方哲學每個階段的研究方法和研究重點不盡相同。本體論階段哲學研究從人的視域之外探討客觀世

界的本原問題；近代認識論哲學以主體的認知視角看待客觀世界，試圖統一主客二元對立的世界；到了語言論即語言哲學階段試圖運用邏輯分析方法透過語言來透析人的概念結構，進而認識客觀世界。

　　認識論／知識論是關於人類認識的本質及其發展過程的哲學理論。主體與客體是認識論的一對基本範疇。主體是實踐活動和認識活動的承擔者，客體是主體實踐活動和認識活動指向的對象。主體與客體的關係，是一種為「我」而存在的關係。馬克思和恩格斯指出：「凡是有某種關係存在的地方，這種關係都是為我而存在的；動物不對什麼東西發生『關係』，而且根本沒有『關係』；對於動物說來，它對他物的關係不是作為關係而存在的。」因此，要關係作為關係存在，就要以「我」的存在為前提，主體和客體的關係才存在。當然這種存在是作為社會關係意義上的存在。以「我」的存在為前提，這就意味著主體對客體具有「邏輯先在性」，即主體在邏輯上（而不是時間上）先於客體存在。這才能理解人與世界、主體與客體的關係。主體以實踐活動為基礎，以精神活動、文化活動為仲介而構成的主體對客體的關係，溝通主體與客體，其中最重要的仲介就是語言活動。人類以語言把握世界，以語言連繫主體和客體。我們都有過，並肯定會繼續有這樣的經歷，即我們第一次對沒聽過沒見過的東西的反應總是：「這是什麼」、「這叫什麼」，當別人告訴你後，語言這個仲介就把你和這個客體連繫溝通起來。又如你在黑暗中行走時，有人提醒你「小心前面的桌子」，透過語言仲介把主體的你和客體的桌子連繫起來；如果沒有人告訴你，當你撞上桌子後，感覺器官透過感知產生「障礙物」的觀念，這個精神活動同樣把主體的你和客體的障礙物連繫起來，也就是由觸覺而不是聽覺被告知「小心前面的桌子」。過去的傳統教科書把思維的精神活動與存在過於對立，簡單強調存在先於意識，弱化了實踐認

知活動的重要意義和作用。

　　主體性是現代性的一個重要特徵，傳播的現代性，也在傳播關係中反映著這種主客關係。以大眾傳播為基礎發展起來的傳統理論把傳播關係看作一種「主體──客體」的二元對立關係。它只承認一個主體，即傳播者。把傳播看作是一個傳播者作用於受傳播者的過程，是以一定媒介為仲介對受傳播者客體施加影響的過程，受眾是傳播過程中的客體。傳播者與受眾之間的互動交往關係被變成「對象化關係」。這種對象化關係導致把傳播理解為主體把自己的目的、意識、能力等人的本質力量作用於客體對象，以便塑造和改變客體的過程。

　　跨文化傳播研究以主體間性為哲學基礎。

　　主體間性超越了傳統認識論的主客二元對立關係，它不承認主體與客體的區別，強調主體間的統一性。釋家經典中有一個流傳甚廣的文本可以幫助我們理解主體間性：

　　吉州青原唯信禪師，上堂：「老僧三十年前未參禪時，見山是山，見水是水。及至後來，親見知識，有個入處。見山不是山，見水不是水。而今得個休歇處，依前見山只是山，見水只是水。

　　30 年前未參禪時的「見山是山，見水是水」，山水與人無涉；期間初修佛學的「見山不是山，見水不是水」，人的主觀觀照了客觀的山水；30 年後頓悟所見的「見山是山，見水是水」，當不是 30 年前的回覆，山水與人有關而又「自在」，山水自有佛性。有詩佛之稱的王維也用《山居秋暝》藝術地詮釋了「見山是山，見水是水」的境界，特別是「隨意春芳歇」，更是道出人與山水自然的互為主體的理解。

　　傳播是人類普遍的交往活動。哈伯瑪斯在他的《交往行動理論》中提出關於行動與合理性的四種行為：目標取向的工具性行為、一個群體所受

共同價值約束的規範調節行為、在一個觀眾或社會面前有意識地表現自己主觀性的戲劇性行為和行動者個人之間的以語言為媒介的互動交往行為。四種行為側重於世界的不同方面。工具性行為主要關涉客觀外在世界，規範調節行為對應於社會世界，戲劇行動偏重主觀及外部世界相適應，交往行為「同時涉及客觀世界、社會世界和主觀世界中的事物，以研究共同的狀況規定」。因此，他提倡交往行為，以建立互相理解、溝通的交往，以達到社會的和諧。可見交往行為的內核是交往理性。交往理性是隱含在言語結構中並由言語者共享的理性。哈伯瑪斯堅信傳統意義的理性是一維的，是作為個體的主體思想和行為依據，而交往理性是二維的，涉及不同主體之間對話關係。這些主體透過對話和行動，處於對一個非自我中心化的世界的理解之中。哈伯瑪斯在《社會科學的邏輯》中提出，交流的經驗，緣於把至少兩個主體結合在一起的交往行為的關係，它發生於透過語言建立起來的對於穩定意義的理解的主體間框架中。而交往理性的核心，用哈伯瑪斯的話來說，就是要讓理性從「以主體為中心」轉變為「以主體間性為中心」，概括地說就是「主體－仲介－主體」。也就是說交往中的主體是互為主體，作為主體的人們在交往中表現出來的主體間性，實際上是一種交互主體性。這種交互主體性是透過如語言行為和其他行為的符號互動而定義的。

　　德語的 kommunikativen 與英語 communication 是同源詞，習慣上把 kommunikativen 翻譯為交往，但也可以譯為交際、傳播、溝通等與英語 communication 相近的詞。所以實際上可以說哈伯瑪斯討論的也是以語言為仲介的傳播問題。而在哈伯瑪斯那裡，「主體」涵蓋極為廣闊，包括個人、家庭、集體、民族甚至國家，實際上這就涵蓋了傳播學的人際傳播、群體傳播、組織傳播和國際傳播等各個方面。馮煒認為哈伯瑪斯交往理論

對傳播學模式有著積極的啟發意義：

　　主體間性的「主體－主體」認識圖式與傳統的「主體－客體」認識圖式之不同，促使我們重新審視既有的傳播模式，重新闡釋傳者與受者的關係。

　　雖然西方傳播學理論通常並不明示自己的認識觀如何，但是，從理論的形成過程和結果來看，基本上是遵循近代認識論的宗旨的。申農的線性模式，顯然是從主體（信源）到客體對象（信宿）的過程。1954 年發表的奧斯古德——施拉姆模式，雖然有了傳受之間雙向互動的意思，但從大多數當時以及後來的學者的解說和應用來看，本質上把受者方發出的資訊作為回饋，是一個交際環節的後半程，很難說是等價共時主體際的交往。讓一步說，即使承認奧斯古德 - 施拉姆模式具有某種個體形式的主體際的特點，也無法用這一模式說明主體間性實質上強調的多極主體的「主體奧 - 施模式主體」之交往。其他諸如賴利模式、馬萊茨克模式等，在哲學認識的境界上，都沒超越奧 - 施模式。

　　主體間性為跨文化傳播研究主體關係、符號互動和符號意義共建理論以及文化關係甚至跨文化傳播模式等提供了堅實的哲學基礎。它在承認差異的基礎上，為跨文化傳播倫理也提供了可取的價值觀。交往理性重新評價各種價值，合理地解決社會文化衝突，而且盡力改進它的從中產生的整個社會秩序。在米德看來，人際交往無可避免的衝突有作為個體的「主我」性格和內心不同方面衝突，和不同個體自我的衝突，由於人的社會整體性，這兩種衝突實際上是一個社會整合的過程。這種整合是衝突合理解決的結果，而這種合理解決需要在以上兩個方面重建新的價值觀，這些新的社會價值觀構成新的社會秩序。

第三節　跨文化傳播與符號學

　　符號學是一門龐雜的科學，說其龐雜是因為今天的符號學已經演變成為一種無所不包，且學派林立的科學。皮埃爾・吉羅在他著名的《符號學概論》的序論中開篇就說「符號學是研究符號系統（語言、編碼、信號等）的科學」。這個定義雖然簡潔，但顯然是模糊的。接下來他指出，由於語言有特殊和獨立的地位，所以被他排除在符號學研究範圍之外，符號學就被他定義為「對於非語言學符號系統的研究」。李幼蒸是這樣說明符號學的經典定義的：

　　今日關於「符號學」的詞典式定義是：有關記號（sign，signe，zeichen），或有關記號過程（semiosis），或有關記號功能的研究。這樣一種同語反覆的定義卻被人們廣泛採用。

　　他不主張用這樣一種嚴式的定義建立符號學理論體系，而是把符號學諸領域的重要問題加以討論，並在討論中建立相關理論。也就是說不是從符號學的內涵入手進行研究，而是從外延進行歸納。他歸納符號學有這樣一些研究內容：

　　1. 一般符號學理論，如莫理斯、西比奧克、艾柯、格雷瑪斯的研究；2. 具有明顯符號學傾向的語言學家的研究，如索緒爾、雅克布遜、葉爾姆斯列夫的研究；3. 具有明顯符號學傾向的哲學家的研究，如皮爾士、卡西勒等人的研究；4. 歷史上對符號學有過較多探討的哲學家的有關論述，如奧古斯丁、洛克、弗雷格、胡塞爾、維根斯坦等人的研究；5. 現代具體學術領域中專門用符號學方法從事的研究，如巴爾特、托多洛夫、熱奈特等的文學符號學；麥茨、貝洛爾等人的電影符號學；塔拉斯提等的音樂符號學；以及當代眾多的戲劇、建築、繪畫等藝術符號學。

符號學的主要學派有索緒爾符號學、俄國符號學、蘇聯符號學、法國結構主義符號學、美國符號學以及義大利符號學等。李幼蒸認為，當代最為通行的一般符號學理論體系共有四家：美國皮爾斯理論系統、瑞士索緒爾理論系統、法國格雷馬斯理論系統和義大利艾柯一般符號學。

但是現代符號學的主要來源之一是瑞士語言學家德·費爾迪南·索緒爾。他在其對現代語言學發生深遠影響的《普通語言學教程》中預言將有一門專門研究「符號系統」的學科出現，並為其做了初始的理論準備。不僅如此，索緒爾還為符號學研究的基本內容甚至基本理論思想打下了基礎。《普通語言學教程》是索緒爾的教學講稿，由兩位學生組合編輯而成。現代符號學（semiology or semiotics）的詞語語源也是索緒爾按希臘語的「符號」衍生出來的用語。索緒爾建立的符號學是作為一種對人類社會使用語言符號的法則進行研究的科學。與傳統語文學對語言的歷史演變進行歷時性分析不同，索緒爾注重對語言符號的共時性研究。他把單一符號（sign）分成能指（signifier）和所指（signified）兩部分。能指是符號的語音形象；所指是符號的意義概念部分。由兩部分組成的一個整體，稱為符號。索緒爾指出，能指和所指兩者之間的關係是任意性，沒有必然關連。任意性成為符號最基本屬性。

事實上，索緒爾對符號學的貢獻並不僅只於此。特別是他在《普通語言學教程》中詳細闡述的語言符號價值觀，對於符號的系統性有很強的指導意義。

一般認為，儘管索緒爾把語言符號切分為「能指」和「所指」，但後來的人們更加關注的是意指。所謂意指是研究能指 —— 所指的關係模式，也即以整體的方式看待能指與所指。如現代的法國符號學研究者們就認為符號是一種已經建構的對象，而不是可供觀察的對象。他們更看重能

指和所指的結合模式，努力探討意指方式和意指作用，認為符號學應該成為一種有關意指系統的理論，他們研究的領域是作為意指實踐結果的各種文本。於是「巴黎符號學學派」看重的是意指分析，格雷瑪斯就認為符號學就是意指系統的一種等級分析學說。但是，索緒爾第一次把符號進行了切分，這對於符號研究的可操作性是極大的貢獻，而且啟發了後來的研究者對語言外的符號研究。例如羅蘭巴特在《服飾系統》一書中，就採用了對時裝的描述性文字進行分析的做法，而不是對時裝本身進行分析。杜梅澤爾在《神話與史詩》中以相近的術語解釋了印歐宗教中眾神的「三種等級功能的意識形態」。格雷馬斯也認為：「能指的視覺類包括面部表情、手勢、文字、實物畫、雕塑、交通號誌等」。皮爾斯也把符號作為是圖像、標誌和象徵的東西。而懷宇認為：「符號學，顧名思義，是有關符號的科學；其實，更準確講，應該是研究符號意指作用的科學。隨著人類認識的發展，符號的概念已不再限於人類言語活動的一些標誌，它已經擴展到人文科學所有對象的社會 —— 歷史實踐。神話、宗教、文學等等，都被視為符號系統。」正是由於後來的符號學對所指或者意指的重視，符號學與意義及意義系統，符號所指與闡釋學建立起密切的連繫。米歇爾・福柯說：「讓我們把那些能使符號講話並揭示其意義的全部知識和技巧，稱為闡釋學；把那些能使人們區分符號的場所、限定把符號構成為符號的一切並知曉符號是如何以及依據什麼規律而連繫在一起的全部認識和技巧，稱作符號學；十六世紀以相似性為形式，把釋義學與符號學重疊在一起，探尋意義，也就是闡明相似性。探尋符號的規律，也就是去發現相似的事物。」福柯。

　　我們認為，符號學當然重視的是意指，但索緒爾對符號的切分對於文化研究有著同樣重要的指導意義，文化研究不僅要研究文化的內容，也要

研究其形態，或者說文化的形式。能指和所指的任意性關係，可以闡釋文化的同一性和文化的多樣性。文化形式對於任何民族來說，產生之初是約定俗成的，經過漫長的歷史累積而成為一種規約，正如語言產生之初的約定俗成，而一旦形成就成為「語言的牢籠」。何況對於文化的任何研究都是從文化形態觀察入手的。比如格爾茲的「深描」，就是以社會行動為切入點，以行動者為導向進行文化研究。在當代文化研究中，任何文化差異的分析，在思想方法上都建立在文化的同一性，建立在人類共通性基礎之上。準確地說，文化分析中，文化共通性是作為一種符號或者符號系統的理論假設，以此出發去考察這種所指與能指的結合狀態。

　　符號學對於意指的研究，核心的是指出三種不同的模式，即直接意指、含蓄意指和主體間的互動。

　　直接意指是指能指和所指的同一性關係。能指和所指的結合是任意的和約定俗成的，在文字這類符號中，在我們認識它前，能指和所指就先於我們存在。而像圖像符號，所指已經把意義承載其上。含蓄意指，在巴特爾看來，能指並不能完全囊括符號意義，符號意義的產生是由其所指移位的無限性所致。即符號能指與所指的第一個關係確定後，以第一層符號外延的意義為基礎，並將另一層意義附加其上，構成另一個所指。這種附加從理論上講似乎是沒有限制的。概括地說，直接意指、含蓄意指兩種模式是指一個形式或者能指對應一個或多個所指，這就導致符號單義和多義的區別。科學術語往往是單義的，而藝術和其他社會科學的術語則一般都是多義。顯然，符號學關注的是含蓄意指。含蓄意指的能指和所指不同的對應關係，在吉羅看來是外延和內涵。首先，他認為外延是客觀構想的所指構成的，內涵是表示與符號的形式和功能有關的主觀價值。其次，內涵具有開放性，與主觀價值有一定對應關係。第三，外延和內涵之間有流動

性，理論上說，內涵多義的所指都有機會和意願流向外延。顯然，斯圖亞特‧霍爾在《編碼，解碼》中批評的是傳統語言學意義上的外延和內涵，但他與符號學視角對語言符號外延和內涵的區分和理解完全一致。不同的是，霍爾從傳播學角度，指出處於傳播狀態的符號內涵的多義性和流動性，正是體現了「語言中的階級鬥爭」。

主體間的互動在巴特爾看來，是指符號的編碼者和解碼者「彼此可進入性」、「心靈的共同性和共享性」。他認為雙方對符號意義的感知並不因人而異，因為他們屬於相同的文化群體，是共享的文化為他們提供了互相影響的意識。當然，主體間的互動性並不限於同一文化群體，不同文化背景的人也能夠互動。因為絕大多數直接意指為人類共有，至少是透過傳播成為人類共有。而含蓄意指的外延，用霍爾的話說，是高度自然化了的意義，這種自然化了的意義自然不能成為不同文化背景溝通的障礙；而含蓄意指的內涵本身就有多義性，只是多義性的結構有所不同而已。可以說，符號學所關注的含蓄意指，對於同一文化群體和不同文化群體，在傳播結構上完全一樣，不同的只是內涵意義的結構和數量，而這正是跨文化傳播的研究核心。總之，主體間的互動存在於傳播之中，不因文化的異同而異同。有人曾經作過調查，把一幅龍的圖片在德國漢堡和中國北京進行過街頭隨機調查，所有的被調查者都說出是想像中的動物。而絕大多數中國被調查者還告訴調查者，是吉祥的動物，是中國的象徵；德國被調查者認為是兇殘的動物，也有部分人知道是中國的象徵。

符號學與傳播學有著內在的學理連繫。符號的功能是靠資訊傳播意義，這就要求有傳播的事物或指稱對象，事物或指稱對象透過編碼成為有蘊含意義的符號，並透過一定手段進行傳播，再透過解碼獲取意義。如霍爾所說，任何事件不經過編碼不能傳播。反過來，不存在不用於傳播的符

號。符號存在的唯一理由就是傳播。跨文化傳播是一種特殊編碼的符號，這種特殊主要表現之一就是在非共享意義系統中進行編碼和解碼。但是它對於符號學的基本原理則是一致的，所以也是跨文化傳播學研究的基礎學科之一。

第四節　跨文化傳播學與其他學科

如前所述，跨文化傳播學與眾多學科有著廣泛的連繫。下面再簡略介紹幾個與跨文化傳播研究有較密切連繫的學科，它們也從不同側面幫助或啟發跨文化傳播及其理論的建立和完善。

一、跨文化傳播與社會學

社會學利用經驗來考察和批判分析人類社會活動，從而研究社會穩定與變革。因此西方社會學有兩大基本主題，一是社會秩序或社會穩定，二是社會變遷或社會發展。社會學的研究範圍涉及社會現象的各個方面，從宏觀社會系統、社會組織及制度，到微觀的社會群體、人際關係等。不僅從理論上對其進行分析研究，更重視對現實社會問題進行綜合研究，提供解決方案。傳統社會學研究對象一般是對同一社會從共時或歷時方面研究其穩定與變革。全球化時代社會的開放性，決定了社會學的研究對象範圍更加廣泛，小到幾個人面對面的日常互動，大到全球化的社會趨勢及潮流。因此社會學與傳播學，包括跨文化傳播學發生了密切連繫，社會學研究方法和理論有助於跨文化傳播研究。

全球化導致世界各國各民族利益在全球範圍內的調整和重新分配，形成新的多元利益格局。這種多元利益格局及主導性發展趨勢促使各國各民

族在政治、經濟和社會文化諸多方面既相互溝通，相互滲透，又相互摩擦，相互衝突，使得人類社會不斷在平衡、變革、再平衡、再變革中交替並螺旋式發展。冷戰結束後，地緣政治和意識形態弱化，多元利益的訴求上升為文明的衝突和全球價值系統的重構。文化之間的衝突與溝通，價值的普適與多元，在人類歷史上從來沒有像當代這樣意義重大。但是無論文化間衝突與溝通如何消長，價值觀的普適還是多元，從社會學觀點看，都是全球化時代新的社會形態下社會穩定與變革的表現。按照社會學價值共識理論，需要各民族、各國家和各利益主體之間形成一定的價值共識，並建立新的價值規範，使全球化秩序無限逼近公正與合理。當代社會的開放性和互相包含使價值共識成為全球社會所面臨的重要的現實問題。

我們看來，杭亭頓在《文明的衝突與世界秩序的重建》中正確地指出了當代世界文明的多元和文明成為世界衝突主要形式下需要重建文明的新秩序。當代世界幾乎所有國家都是多元文化的社會，同樣需要重建文化新秩序。這樣，價值共識是當代人類社會穩定與變革的基本主題。跨文化傳播的基本主題也是文化關係，在這個意義上說，社會學價值共識理論與跨文化傳播學的基本主題重構。

社會學的價值共識是指不同主體對以公共價值為主的價值體系基本或根本一致的觀點和態度。價值共識理論認為，人類在追求價值的差異、多元和個性的同時，也追求價值的一致和統一；價值的多元和統一不可分割地連繫在一起的；價值多元和統一的最佳結合是公共價值，它是指同一價值客體或同類價值客體能同時滿足不同主體甚至是公眾（或民眾）的相同需要這種效用和意義。與公共價值相對的是私域價值，屬於個人所有的、不能公開和共享的價值，具有隱蔽性和私密性。私域價值具有排他性，而公共價值具有普適性、公眾性、社會層面性等特徵。價值共識理論指出形

成不同主體價值共識的途徑主要有意識形態的教化、文化交往、思想交流、外交談判和利益協調等。也即不同的主體以交往、交流、對話、商談、合作等方式達成價值共識。哈伯瑪斯認為，人們透過語言交往活動所達到的一種具體的共識，達到共識就是一種理性化過程，即「交往的理性」。顯然，交往（也即傳播）主要透過語言進行，所以交往就是人類主體「透過符號協調的相互作用」。從文化的視角看，交往是跨越文化衝突、溝通不同文化主體的重要途徑。不同的文化主體，包括個人、民族或國家，透過語言溝通，對有差異的私域價值適當調適和平衡，形成公共價值，最終形成價值共識。

如前所述，哈伯瑪斯的交往就是傳播，交往就是互動。價值共識透過語言為主的符號互動形成。社會學理論對符號互動有相當深入的研究，形成符號互動理論。美國社會心理學家米德主要從心理學層面研究符號互動。她認為符號是社會生活的基礎，透過各種符進行互功，人們可以借助於符號理解他人的行為，並借此評估自己的行為對他人的影響。自我是人們在與他人的互動過程中逐漸獲得的。人的思維過程很大程度上是主體的我（I）與客體的我（Me）之間的互動過程。就好像他人是一面鏡，我們在他人那裡看到了自己，並且認為那是真正的自己。庫利把米德的理論發展為「鏡中我」，自我是社會的產物，人的思想意識和行為規範是在社會互動中形成的。在符號互動論那裡，符號是指所有能代表人的某種意義的事物，比如語言、文字、動作、物品甚至場景等，他人也是符號，人們可以透過他人這個符號解讀和認識自己，並根據符號修正自己，從而不斷地社會化，所以說自我是社會的產物。威廉·伊薩克·湯瑪斯更進一步指出，情景對符號定義。而情是指人們在行動之前所面對的情況或場景，包括作為行動主體的人、角色關係、人的行為、時間、地點和具體場合等。因為

人們可以將上述因素進行組合以表達自己的意義或者闡釋對方符號的意義。阿爾溫‧托夫勒在《未來的衝擊》中承認對於情境，現在還沒有簡潔的定義。而且，情境和情境之間的界限可能也不清楚。但他認為每一個情境本身又有某種「完整性」和某種「同一性」。他把任何一種情境都分為五個組成部分並加以分析：包括由天然或人造物體構成的物質背景、行動發生的舞臺或地點；一批角色，這就是人；社會組織系統的場所；概念和資訊的來龍去脈。符號互動理論實際上認同了人是文化的產物，是文化的個體形態，在人際傳播中，文化對符號和個體行為進行闡釋。

二、人類文化學與跨文化傳播

　　人類學是研究人類本質的學科。二十世紀初，文化人類學作為廣義人類學屬下與體質人類學相對應的分支被劃分出來。它研究人類各民族創造的文化，以揭示人類文化的本質。使用考古學、人種志、人種學、民俗學、語言學的方法、概念、資料，對全世界不同民族作出描述和分析。二十世紀以來人類文化學形成眾多的理論流派，根據郭志超的研究，這些理論流派大致分為歷時的人類文化演進和共時的人類文化結構、功能及其解釋的研究方向。作為後一種理論奠基人的法國人類學家迪爾凱姆率先提出社會整體論，他認為社會並不是許多個人的總和，而是個人經過組合而形成的體系，研究和解釋社會現象要從社會整體來考察，而不能只考察社會的局部。迪爾凱姆和 M. 莫斯還提出在側重研究社會制度、社會組織和社會結構的時候，社會就是文化。整體觀成為現在文化人類學最基本的理念和對社會文化的功能、結構的分析和象徵的深度解釋的基本前提。

　　鮑亞士和 C. 威斯勒對傳播學派關於文化圈和文化層概念的揚棄後，提出文化區和年代 —— 文化區這兩個重要概念，並作了結構分析：文化

的最小單位即文化特質，若干文化特質結合在一起，構成一個功能相系的文化叢。每個文化叢都有與之相適應的地域，即文化區。C.G. 列維 - 斯特勞斯把結構主義語言學對音位結構分析方法運用到文化研究中，提出社會結構觀。文化人類學對結構的分析不是指社會學意義上的結構，而是文化結構，即是文化區的「無意識結構」，它是人類的心智產物，具有客觀性。

　　儘管文化人類學對文化研究是整體性的，但也十分關注文化之間的差異。C. 恩伯和 M. 恩伯透過對單一的或多邊的文化行為作經驗性的考察，進行文化的變異分析。指出人類文化在語言、食物獲取、經濟體系、社會分層、性與文化、婚姻家庭、婚後居處和親威關係、社團與利益集團、政治組織、心理與文化、宗教與巫術以及藝術等眾多方面普遍存在的文化差異，並從自然條件和社會環境等方面闡釋這些差異。

　　文化人類學研究的終極目的是跨文化理解。「文化是人類生物進化的因素之一。但是人類總是囿於自己獨特的文化世界中，難以正確地了解自己的本質有時更難免發生誤解。認為其他民族的世界似乎也和自己的一樣，人類文化學將尋求一個最佳基點，從內部來看其他世界，從外部來看自己的世界，或者把內部與外部世界加以比較研究，區分彼此的普同性和獨特性，並描寫各種不同文化的特徵以及這些群體所特有的穩定、變異、發展的各個過程，這就是人類文化學的主要內容和中心任務。」「（文化）人類學可以使人變得更寬容。人類學研究能告訴我們，為什麼其他民族的人在文化上和體質上會呈現他們現在這個樣子，他們的一些習慣和行為，在我們看來好像不太合適，甚至使我們感到不快，但這些習慣和行為可能是為了適應某些特定的自然環境和社會條件而產生的。」在學科人文關懷的具體目標上，文化人類學與跨文化傳播重合。而且，闡釋的目的是「理

解」，這與當代闡釋人類學「在解釋之上的理解」宗旨完全一致。而闡釋人類學認為，理解可以察知並重塑別的個體的精神世界並發現別人主觀世界的概念以及其行動的原動力，可以在你中再次發現我，置你入我，設身處地。在這個意義上說，當代人類文化學的闡釋理論突破了對行為、語言等的觀察、記錄界域，進一步對觀察記錄的意義進行文化闡釋，使行動者分享或感知到了別種文化的意義，使行動者和觀察對象建立起溝通、理解和信任，從而實現跨文化傳播。

　　當代文化人類學在進行文化闡釋中，最時尚的方法是格爾茲的「深描」。深描是格爾茲繼承人類學科學主義的民族志傳統，從田野調查方法中發展出來的。他在《文化的解釋》開章提出「深描說：邁向文化的解釋理論」，明確地把「深描」定位於文化闡釋理論。格爾茲借用賴爾的「深描」一詞指出，對文化的描述有兩種，一種是「深描」，一種是「淺描」。他還沿用賴爾的例子來說明這兩種描寫：設想有三位正在眨眼睛的少年，其中一個是無意的眨眼，一個是使眼色的眨眼，一個是在惡作劇似地模仿眨眼。他們的眨眼動作相同。在「淺描」的民族志中，如照相機拍的照片一樣，我們區別誰在無意識地眨眼，誰在使眼色的眨眼，誰在排練似的眨眼。而「深描」式的民族志則感知、闡釋這幾種行為之間的文化層次，建構一個分層化等的意義結構。從而使民族志成為一種具有深度的描寫。格爾茲主張透過對某一文化對象的深描，展露出個人經驗與群體經驗之間的密切互動關係，從而反映出研究對象潛隱的文化意義和價值體系。深描作為一種描述方法，實質上是把民族志或田野工作作為一個論述的過程，在這樣的過程中，觀察者逐漸接近和掌握我們觀察對象的文化脈絡，使雙方達成溝通、理解並共享意義。深描作為跨文化傳播闡釋的特殊方法，顯示了與主流傳播研究的不同方法。

三、現代修辭理論與跨文化傳播

　　傳統修辭學把修辭看作是一種美文辭的形而下的語言技巧，這源於十六世紀西方的所謂「修辭學革命」，把自古希臘以來就已經存在於修辭學領域中的論辯研究分離出去，只留下文體和演說技巧，而修辭學作為一門話語藝術，透過論辯解決重大問題的古典傳統消失了。二十世紀以來，現代工業社會帶給人類進步的同時，也帶來一系列社會矛盾衝突，這導致了思想家和社會學家對解決社會矛盾的人文回歸。對於諸如侵略、戰爭、種族主義、剝削以及階級兩極分化等問題，人類需要一種解決有關價值與道德問題的手段，人們把注意力轉到論辯結構方面來，試圖從傳統修辭學中發掘出符合人類價值觀的「新修辭學」，如 1930 年代，英國當代著名文學家理查茲就提出把修辭學作為研究交際中產生誤解和衝突及其糾正方法的一門學問。而美國修辭學家伯克更認為，修辭是連結人類隔離狀態的橋梁，能增強社會的內聚力，創造和平。新的修辭理論把修辭作為溝通、理解和解決衝突的重要方法，在這一點上，現代修辭理論與跨文化傳播有異曲同工之妙。

　　西方現代修辭批評理論認為修辭是一種傳播行為，人在本質上就是修辭性的，真理從哲學本體意義上說不是人們邏輯思辯和形而上思辯的產物，而是與人的活動，與人對世界的理解和交往相關的。肯尼斯·博克在《動機修辭學》中，把修辭定義為人使用來形成態度和影響行動，認為人總會象徵性地對他所生存的環境作出反應，所以人從本質上就是象徵或修辭的動物。任何有意義的行為組成為連串的修辭，因而也可以將修辭看作傳播行為的分析。伊格爾頓則明確地把修辭學稱為話語理論，是社會整體中的話語實踐行為。

　　修辭批評的戲劇主義範式是當今最流行的範式。該範式把人的言語行為看作戲劇並對其進行評論，試圖解釋為什麼在某種場合下人們用什麼方式做了什麼事。戲劇主義批評著重從哲學、心理和社會各種層面發掘言語行為的意義，研究言語行為的動機、行為和現實等方面的關係，分析人們是如何用言語改變別人的態度，從而引起某種行動。

　　博克的修辭戲劇批評理論的核心是戲劇五要素，是用以理解人類行為和動機的基礎。他把世界比喻為戲劇舞臺，這正與人們常說的舞臺小社會，社會大舞臺暗合。博克認為，任何人對環境的描述都可以歸結為五個方面的問題：誰、為了什麼、什麼時候或什麼地方、用了什麼手段、做了什麼。即人物、目的、場景、手段和行動。但是，對五要素的運用，或者說對某一要素的重視，不僅反映不同哲學流派思想，而且反映對不同處境的看法。戲劇五要素的分析方法可以用作話語或行為內容分析的工具，以說明行動者看待世界的方法，也可以反映他對環境作合適的反應的看法。比如對於工業汙染，演說者如果把它描繪成為國家或企業本身不重視，他會要求增加投入以改善環境影響；同樣的環境，如果另一個演說者把它描繪成夕陽工業的代價，他會要求取締這些工業。演說者對現實的描繪反映他對現實的看法，並決定他的行動。就是說，五要素在修辭學上的意義是，一個人面對他的說服對象，會根據需要轉換五要素，如將屬於場景的內容轉換為動機以轉換注意力，或把屬於人物特徵的內容轉換為場景的性質，從而轉移對動機的關注等等。戲劇修辭學認為語言是人的行為模式，模式的選擇是由動機驅動而創造意義的過程。博克用戲劇模式來切入修辭很有意義。日常生活中的戲劇本來也是用語言行為創造意義，用表演程式來說服觀眾。只是傳統戲劇的「第四堵牆」使觀眾，也是日常的人們把戲劇和生活斷然隔絕而已。

　　修辭戲劇理論模式為跨文化傳播提供了一個可資參考的分析框架。每一次跨文化傳播都是在特定場景下，同樣由人物、目的、場景、手段和行動構成，這五個要素實際上構成一個五維空間，也是廣義文化的變體集合。而實際的跨文化傳播行為都會根據傳播的需要在五維空間的變體中選擇具體構成，並透過五維空間的轉換達到交際目有。從微觀上說，修辭戲劇理論模式是互動傳播中有文化意蘊符號的編碼結構方式。人物、目的、場景、手段和行動是符號編碼的組合序列，現實中的語言或行為序列根據需要形成可以轉換的「句法結構」。而每個符號根據組合需要在各自的空間聚合的集合中選擇合適的「詞法結構」，從而構成現實的、每次都面貌不同的言語行為。

第四章　跨文化傳播原理和模式

　　跨文化傳播在傳播主體、互動以及主要術語方面與理論傳播學基本原理一致，但它又有其獨特的研究視角，它把傳播主體看作是文化的集合而不是實體的個人，把傳播互動看作是不同文化對資訊進行編碼／解碼的過程。這就是跨文化傳播的基本原理，在這一原理基礎上對跨文化傳播實踐的共性進行抽象就構成跨文化傳播模式。

第一節　索緒爾的傳播模式

　　語言與傳播的關係密切，幾乎所有的傳播學者都不同程度地研究過語言，以至於語言傳播模式在某些時候成為傳播學的基本範式。

　　結構主義語言學是現代語言學的開端，它影響並帶動了本世紀前半葉的語言研究。直至今天，它的某些思想還深植於普通語言學中。本節不是對它進行全面述評，而是簡述與評價其中一些語言觀點。至於其他，在各種教科書中都不難找到。

　　結構主義思想的開創者和代表人物是瑞士語言學家費爾迪南德·索緒爾，其代表作品為《普通語言學教程》。這部標誌著現代語言學誕生的巨著闡述了一系列影響巨大而深遠的語言思想，如能指和所指、語言和言語、句段關係和聯想關係、歷時與共時以及語言的價值觀等。

　　首先，我們來討論語言和言語的問題。索緒爾把說話者的語言能力和語言的實際現象區分開來，前者稱為語言（Langue），後者稱為言語（Parale）。語言是社會的，言語是個人的。用索緒爾的比喻，二者猶如詞典和把詞典發給每人使用。語言是代碼（Code），而言語是資訊（Message）。他明確指出且強調，語言學家真正的任務是研究語言而不是言語，語言是語言學研究的「唯一對象」。雖然他指出二者的研究都可以稱

為語言學，但更強調絕不能混淆二者的界線。這樣，在其後的數十年中，包括喬姆斯基在內，語言學家都偏重於描寫和研究我們語言系統的自身結構，這是索緒爾給語言學研究帶來的「人為的跛腳」。

其次，討論語言過程，或者說傳播過程。索緒爾在《普通語言學教程》的《語言在言語活動事實中的地位》一節中，具體闡述了語言傳播過程。其基本觀點是：

1. 言語活動至少要有兩人參加；
2. 發生過程為心理—生理—物理—生理—心理的循環；
3. 這一過程的作用與社會事實有關。

這樣，甲乙之間不可能傳播。問題不在於語言所表達的內容是否荒謬或風馬牛不相及，而在於傳統上把語言過程看成是：「聲波＋傳播主體」。事實上，任何傳播都是在特定的時間、空間、話題，在不同身分、性格、教養、地位的主體之間進行的，正是這些隱形的物質決定傳播表達、理解、調整等等，但這些都被索緒爾排除在外。

索緒爾在這裡的表述有明顯的行為主義色彩，因此，隨後美國語言學家布隆菲爾德在他著名的《語言論》中舉了一個著名的傑克和吉爾關於蘋果的例子來闡明行為主義語言觀。他從「言語行為」角度依時間序列把言語過程分解為：

A. 言語行為以前的實際事項；
B. 言語；
C. 言語行為以後的實際事項。

這裡，結構主義強調語言的作用（或用途），把語言看作是透過物理方式（聲波、肌肉、刺激）達到自身目的的行為。這樣的分析不免流於表

面化甚至機械論，對潛藏於言語資訊中的集團基因或社會因素，對於語言代碼作用的本質（即能「刺激」），對於言語外一切因素都缺乏深入分析。由此，索緒爾一開始就強調言語行為至少要在兩個人之間發生。諸如此類，都緣於結構主義把語言和言語看作是壁壘分明的兩個範疇。

其三，關於非唯物的語言價值觀。結構主義對語言系統中語言要素的價值觀有獨特的理解。它認為物質形式是不重要的。它強調語言是一個系統，抽取這一系統中任何一個哪怕是細小的構成因素都沒有意義，要素之所以獲得價值是因為它處於語言系統之中，並與其相關的要素構成某種關係（相對、相反、相近等）才獲得價值。索緒爾說：「任何要素的價值都是由圍繞著它的要素決定的。」這裡要特別指出的是，索緒爾把「意義」和「價值」看作是不同的概念，語言的意義較為容易理解，例如詞的意義是用聲音形象表示某個概念（實詞而言），某個詞可以與整個概念相同或交換。但只討論意義還不能闡明語言系統的獨立性，用索緒爾的話說就是「會把語言歸結為一個分類命名集」。意義之外，語言還有價值，而價值總由兩個因素構成：

1. 一種能與價值有待確定的物交換的不同的物
2. 一些能與價值有待確定的物相比的類似的物。

如一張 100 元的臺幣，它能交換一定數量的不同的東西，如一盒香菸；它還能與同一幣制中不同幣制的類似的價值相比，如兩個五十元的臺幣，或 6.7 美元等等。前者近似於獲得意義，後者就是獲得價值。還可以看到，這時紙幣（或金、銀幣）本身無價值，或其價值小得可以忽略不計。

由此可以看到：

（1）結構主義認為價值是由語言外異質內容與語言內其他相關內容決

定的；（2）有意義並不等同於有價值；（3）語言的物質形式不重要，更不能決定語言的價值。

　　結構主義的語言價值觀對我們有積極的啟發意義，使我們明確要開放地討論語言的價值，要在語言系統外討論各種語言單位如詞、句子甚至話語的真正含義或價值。索緒爾在同一地方明確地說：「語言是形式而不是實質。人們對這個真理鑽研得很不夠。」重點號為原書所加的。遺憾的是由於結構主義把語言系統作為「唯一真正研究對象」，使其語言價值觀除在音位學等局部研究應用外沒有能深入普及應用，乃至於至今仍是「鑽研得很不夠」。

　　語言是最主要和最重要的傳播手段，語言交際過程也就是傳播過程，語言交際原理也就是傳播原理。具體來說，從傳播的角度看，首先「言語活動至少要有兩人參加」，不管傳播主體是一對一還是一對多，和語言交際相同，傳播都是雙向的和交互的；其次，「發生過程為心理－生理－物理－生理－心理的循環」，傳播的過程是作為心理現象的概念，透過生理行為進行編碼，符碼透過物理方式進行傳遞；接收者用耳朵（聽覺）或眼睛（視覺）或其他生理方式接收符碼，然後以心理活動方式進行解碼，從而完成一輪傳播過程。這是從外部觀察傳播過程，與通訊過程完全一樣。關鍵問題在於傳播者如何編碼，接收者根據什麼解碼？這就是一個核心機制的問題。索緒爾對此的答覆是「這一過程的作用與社會事實有關」，具體說就是「要加上一個聯合和配置的機能」，他從語言形式的角度分析出「語言和言語」、「句段關係和聯想關係」。而從傳播的角度分析，這一過程的作用與「社會事實」的關係要複雜得多。

第二節　自然場簡述

經典力學曾成功地為人們解釋了許多自然現象，它把物質世界解釋為力加實物的自然圖景。它對自然界的一切現象，如物理的、化學的、生命的現象，似乎只要找出它背後的力和這種力起作用的規律，就會像力學那樣對這些現象予以成功的說明，這就是所謂超距作用。它認為，不相接觸的物體間發生的相互作用，如地面物體所受的重力、兩電荷間的吸力或斥力等，與存在兩物體間的物質無關，而是以無限大的速度在兩物體間直接傳遞的。如牛頓就認為，透明物質（即不依賴於媒介物質）的超距作用使光線折射、反射的彎射，「而光線則又超跨地激動這些物質的各個部分，使它們發熱起來，這種超距作用和反作用很像物體間的一種吸引力」。笛卡爾反對「透明物質」的不依賴性，用物質間的「以太」否定虛空，也同時否定超距作用。即使牛頓在光學中贊成超距作用，在引力世界中也反對它。當人們觀察到物體非接觸狀態作用需要時間，而且媒介的不同與時間也發生關係，更堅定地否定了「虛空」和超距作用。法拉第首先明確指出，不接觸物體間相互作用不是直接傳遞，而是透過中間媒介以有限速度傳遞的，這種形式的相互作用稱為媒遞作用。這就是自然場的起源。法拉第堅信物質無處不存在，為了解釋電和磁的作用，他於 1884 年引進了場和力線的概念，他認為所謂虛空實際上是布滿力線的場，而場是帶電體（或電流）或磁體周圍的以太介質的一種存在狀態。而力線則是把帶電體或磁體連繫起來的一種實體，即電磁場或場是一種物質性客觀存在。英國物理學家馬克斯韋爾繼承和發揚了法拉第思想，刻畫了電磁場轉化和電磁波傳播規律，並推算出電磁波的傳播速度為 C（光速）），預言了光波就是電磁波。1888 年德國物理學家赫茲用實驗證明了馬克斯韋爾的預言。

到十九世紀末，電、磁、光的統一性理論，這一革命性思想已為物理學界普遍接受。1916 年，愛因斯坦提出廣義相對論，指出：「就目前能判斷的而論，只能將廣義相對論看成一種場論，如果堅持一種看法，認為實在世界是在相互作用力影響下作運動的質點組成的，則廣義相對論就難以成長」。

1897 年發現基本粒子後，場的理論獲得長足進步。人們發現基本粒子有波粒二象性，並存在四種基本作用，由此產生了四種基本作用場：引力作用場、電磁作用場、強作用場和弱作用場。它們構成自然界的存在基礎及深化的基本規定性，而這四種場就被稱為自然場。

現代乃至當代物理學對這四種場有著不同程度的完善，人們有理由研究可以描繪這些場的基本理論——統一場論。這一研究的焦點就是力和場或實物和場的關係問題，也即力和場統一的問題。這一思想早在本世紀就由愛因斯坦提出：「把實物和場看作彼此完全不同物質的兩種東西是毫無意義的。我們不能想像有一個明確的界面把場和實物截然分開。」從能量的觀點看，所謂實物只不過是場中能量密度特別大的地方，場是能量密度最小的地方。這就是我們在中學物理課本上見到的電磁場兩極不是實體，而是密集的點。因此，「在我們這種新的物理學中，不允許有場和實物兩種存在，因而場是唯一的實在」。量子力學的先導之一，德國的海森堡也明確指出，不能再在物質和力之間劃一條清楚的界線，因為每一種基本粒子不僅產生某些力並受力的作用，它同時還代表某種力場。量子理論的波粒二象性使得同一實體既以物質的形式出現，又以力的形式出現。到目前為止，統一場仍是當代物理學的前沿課題之一。

第三節　跨文化傳播原理

在上一節我們簡要地介紹了物理學自然場的一些基本情況，只是想運用自然場的思想來傳播原理，說明傳播過程中編／解碼「這一過程的作用與社會事實有關」。

用自然場的理論來分析社會科學現象源自於勒溫。勒溫在研究群體動力學時運用物理場的思想提出「場論」，強調環境中複雜的因素和變量相互之間的影響，後來發展成為社會科學的一種研究方法。他認為，某些心理能量，或者說產生於意志或需求壓力的心理緊張系統，是心理事件發生的必需條件。而心理緊張系統發生於所謂的「生活空間」中。生活空間是人的心理活動和行為動力產生與表現的場所，它包括一定時間內決定個體行為和心理活動的所有事實。按照類別來分，這些事實包括準物理的、準社會的和準概念的事實，即生活空間雖然可以包容物理的、社會的和概念的三方面的事實和因素，但都必須以對行為主體實際發生影響者為限。所以加一「準」為標誌。生活空間也以對人的行為發生實際影響者為存在標準，將主體與客體融合為一個共同的整體，並表現著整體所具有的格式塔性，即其中任何一部分的變化都必將引起其他部分的變化。場的意義充分體現在生活空間中。

如索緒爾所闡述，語言傳播也是一個心理活動和個體行為過程，這個過程的作用與社會事實有關，出於對語言形式研究，索緒爾理解的「社會事實」是其所在的社會語言（形式）系統，而根據勒溫的理論，這個「社會事實」就是所謂「生活空間」，包括物理的、社會的和概念的三方面的事實和因素。這個解釋對於我們來說更加接近所要探討的對象。根據勒溫的場論，我們還進一步知道，這些物理的、社會的和概念的事實和因素由

於與心理和行為發生關係而是顯性的，是可以考察和解釋的，但它們是眾多隱性的因素的集合，所以勒溫用了「準」這一前綴。在這一點上勒溫與索緒爾頗有點異曲同工，雖然索緒爾的「社會事實」指的是語言系統（或許可以稱為「社會語言空間」），但交際傳播中形成的言語事實是受語言系統句段關係和聯想關係作用的結果。索緒爾對此這樣說明：「句段關係是在場的：它以兩個或幾個在現實的系列中出現的要素為基礎。相反，聯想關係卻是把不在場的要素聯合成潛在的記憶系列。」（著重號為作者所加）運用場的思想來解釋傳播原理，比較權威的是德國學者馬萊茨克。馬萊茨克於 1963 年在其《大眾傳播心理學》一書中提出一個傳播模式，如下：

來自接受者的自發性回饋

　　馬萊茨克的模式所解釋的傳播原理更加接近我們討論的內容。這一模式以勒溫「場論」思想為基礎，從社會心理學角度對大眾傳播加以研究，強調大眾傳播在心理學上是一個非常複雜的社會過程，受到多種因素的影響。該模式在描述傳播過程時，將重點放在分析人際傳播者和接收者受到的各種影響。大眾傳播場就是大眾傳播過程中諸種社會關係的集合，他認為無論是傳播者還是接受者的行為，都是在一定的「社會場」中進行的，而在與社會的互動中顯示其傳播的性質和作用。馬萊茨克最突出的貢獻是把傳播的人際互動擴展到與社會互動，並且影響傳播的社會因素也包含具體內容，並且是一種系統結構。馬萊茨克進一步列舉了影響傳播者行為的有關因素：

❖ **社會環境的作用**：社會道德規範、社會文化規範和法律起著控制和制約傳播者的作用。

❖ **接收者的作用**：輿論反映出受眾對傳播者的態度。

❖ **媒介組織的作用。**：各種大眾媒介組織的宗旨、所有制形式和政策不同，而所有這些，對傳播者個人來說都是重要的環境因素。

❖ **工作群體的作用**：大眾傳播者總是在一個群體中工作，在某種程度上他的自由受到工作群體行為規範和價值觀的限制。

❖ **傳播者的個性結構和自我形象的作用**：傳播者都有自己的人格意識和個性結構，要考慮自己的行為準則在公眾中的影響。這些都是制約傳播者選擇和製作資訊的社會因素。

　　由於馬萊茨克的模式是針對大眾傳播的，儘管比較細緻嚴謹，也考慮了傳播者個性結構和自我形象對傳播的影響，但主要還是側重傳播過程中外在的社會作用對傳播雙方的影響。我們認為，第一，無論是人際傳播、組織傳播還是大眾傳播，在原理上都共性多於個性；第二，大量事實，包括「話不投機半句多」之類的經驗表明，傳播雙方本身的屬性對於傳播的影響不亞於社會環境因素；第三，更加重要的是，馬萊茨克模式在原理上運用了自然場思想，但解決一些具體問題並不徹底。比如傳播主體屬性與社會屬性的關係，即個性結構和自我形像是屬於社會制約因素，還是自我因素？社會共性與個性之間關係，在自然場思想中是如何看待和處理的？

　　我們也認為用場的思想來說明和分析傳播原理更加準確。下面從幾個方面來說明傳播場及其特性。

　　任何傳播都是在不同的時間、空間由不同身分、教養、性格的傳播主體間進行的。說話人的語言方式一方面受制於特定的時空、身分、教養及性格等無形因素，另一方面，也即受制於對方的身分、教養等無形因素。從傳播效果來看，語言的效果基本上取決於或很大程度上取決於語言外的這些無形因素。總是選擇那些對方能接受的語言方式是一種潛藏於大腦的

語言方式，它們瀰漫於現實傳播之外，間接卻確實參與了現實傳播。傳播雙方之間並不是索緒爾圖示那樣的真空，而是布滿各種潛在語言方式。所以我們認為：

傳播場是指存在於有效傳播空間的，包括傳播主體在內的，有形和無形，卻又有序排列的語言形式。任何語言傳播都是透過這種語言形式發生和進行的。一但傳播發生，它就是一種客觀存在。

下面我們根據場的基本特徵討論傳播語言場的客觀性。

傳播場的基本存在。從物質形式來看，用語言進行傳播無非有這幾種進行方式：最常見的傳播是由兩個單獨的傳播主體進行，這是基本傳播狀態；第二種是一個傳播主體與數個傳播主體同時進行傳播，例如某個人召集一個部門的人開會、傳達指示或者向他們進行某種諮詢，或者是相反情況，如數人向某一個人請示工作；第三種情況是數人與數人進行傳播，如各種談判。從傳播形成的「極」來分析：一對一的傳播當然是兩極交談；一人對多人如果是傳達、作指示實際上是把這多人視若一個傳播主體，也是一對一的傳播，如果是諮詢、匯報由於多是分別進行，實際上也是一對一的傳播；至於多人對多人的交談一般都是雙方都視對方為一個整體，結果也形成一對一的傳播。當然，一對一的傳播並非完全不存在，例如國際上的多邊談判，但這種情況畢竟很少。由此我們要說明的是，就傳播的基本態勢而言，無論物質形式如何，生活中的傳播一般都呈兩極特徵。兩極特徵是自然場的基本特徵，傳播語言場也是如此。

有了兩極並不就是場的存在，正如有了兩個磁極，如果相隔太遠，磁場力太弱以至於其場的存在為零。而傳播語言場的存在還取決於雙方是否進入有效傳播空間。有效傳播空間不是一個物理學概念（當然也不排除必要的物理空間或一定的物質連繫形式），這裡是指交談慾望、企圖和嘗

試。這就是傳播雙方要直接或間接發生傳播關係，一個人冥思苦想時，把坐在身旁的人視若無物，不會產生交談的企圖，就不會有有效傳播空間。這一點是跟自然場以自然空間為條件的不同之處。一個人如果同對方產生交談的慾望，具有傳播動機，他馬上就會考慮跟對方說什麼、怎麼說、何時說等等，這就處於有效傳播空間了。有效傳播空間實際上是實現現實傳播語言場的臨界點，它實質上已經形成了傳播語言場，我們將在下面的場的結構分析一節詳細闡釋。現實傳播最後構築了整個傳播語言場，傳播主體，也就是交談雙方的語言行為和具體語言方式都受到場的作用，也就是場力的作用。

場力問題。語言場也存在著力，即傳播語言場力或者簡稱場力。它是指傳播過程中雙方各種主客觀因素對雙方語言的具體制約。

在現實傳播過程中，人們並非隨心所欲，常說的「暢所欲言」也不是說無任何限制，事實上也自覺不自覺地受到種種因素的制約。例如對方如果是一位有教養的女性，說話人就會迴避粗俗的字眼；對方如果是一位地位低下者，談話人會選擇不傷害對方自尊心的說話方式；對方如果是個外國人，會盡可能地用對方的語言進行交談，有修養的人還會在交談中對大國沙文主義和民族自卑感小心迴避；如果你要辱罵對方，就會選擇對對方說來（而不是對你自己）最難以接受的字眼和語言方式。總之交談中，雙方都盡量使用「對方可接受」的語言方式，從而使傳播順利進行下去或產生好的傳播效果。這種「對方可接受」就意味著對說話人的限制。這些限制有些是自覺的，有些是不自覺的。無論自覺不自覺，也無論是語言方式還是非語言方式，都客觀存在，我們就把這種制約稱作傳播語言場力。

傳播語言場力的大小取決於有效傳播空間的大小。同樣，這裡的空間也不是指自然物理空間，而是指雙方的傳播密度。一般說，場力與傳播空

間的大小成正比。假設兩個傳播主體進入傳播空間，二者可以是熟識或陌生，可以是有好感、惡感或無先入之見，一旦進入有效傳播空間，就受到傳播語言場力的作用，當縮小有效傳播空間，二者之間一般都是呈現互相吸引或排斥的關係，這說明了場力的作用。

　　點頭之交一般總是說些無關痛癢的話，空間密度不夠，場力的作用小，語言方式只受到一般社會規範制約，知心好友間的交談雖不太受一般社會規範制約，但對對方個性、思想特徵等深層次因素制約更大，只是表現得更隱晦，更不自覺，實際上受到的場力更大。這和磁場一樣，磁極間物理空間距離與磁場力成正比。

　　場力線問題。場力線是指場力的基本指向，是各種構成場的因素在場中的動態軌跡，我們稱為傳播語言場力線即簡稱場力線。在有效傳播空間內，場力線一般有相吸引和相排斥兩種基本情況，這和自然場如磁力場的場力線同構，如：

　　場力線的指向取決於種種複雜因素，如傳播主體固有關係或臨時關係、傳播動機及時機等等，並且是一個變數，隨著傳播的進行，其指向可能加劇或改變。如戰爭雙方談判代表的和談，傳播主體間的關係決定場力線的指向排布是排斥的，雙方的誠意透過語言的作用可能使其指向趨於吸引，而缺乏誠意在語言上的表現會加劇場力線的排斥趨向。場力以場力線為表現顯示語言發生的作用，反過來，傳播主體又透過語言對場力並同樣以場力線為表現顯示能動作用。

　　同質特徵。在傳播語言場中，傳播主體和語言是什麼關係？也就是說，說話人和他所說的話是什麼關係？語境學認為語境存在於言語者（傳播主體）之外。而我們認為，傳播語言甚至傳播主體與傳播語言場沒有本質區別，是同質的內容，傳播主體和語言無非是語言場這種物質密度最大

的地方。這裡我們有兩個理論根據：一是量子力學關於場與實物同質關係的觀點，二是沃夫假說中的合理內容。前者上節已經闡述過了，這裡談談沃夫假說的有關部分。

　　總之，在一元論前提下，傳播主體只是場中語言密度最大的地方。場與傳播主體同質，不同的只是密度，只有場的存在，沒有其他實體。

　　二象性。從社會學的觀點來看，人作為社會關係的產物具有二重性。一方面，世界上沒有完全相同的兩個個體。每個人都有他的個性特徵。這時單個的傳播主體是獨一無二的，主體傳的語言帶有明顯的個性特徵。另一方面，「人是社會關係的總和」，人的個性特徵總是社會關係的一種體現，總可以從傳播主體的社會屬性的某一方面分析其社會生活普遍規律，他的傳播語言又不屬於個體所有，而是社會某一現象的普遍特徵。共性和個性，是社會學對人分析的基本框架。人的社會經歷，先天素質等都有不同，同一社會現象對不同個體的作用也就不同，造成了形形色色、千差萬別的藝藝叢生。人性中某些超階級、超時代特點，同一社會空間或時間、基本相同的社會環境又使人有很多共通之處。二者是辯證統一、缺一不可。這跟量子力學的波粒二象性很相似，任何微觀粒子有時顯示波動性（這時粒子性不顯著），有時顯示粒子性（這時波動性不顯著），這種在不同條件下分別表現粒子性和波動性的特徵，被稱為波粒二象性。粒子的質量或能量大小與波動性成反比，所以日常見到的宏觀物體主要體現粒子性，在傳播過程中，泛泛之交印象模糊，人喜亦喜，人怒亦怒，實際上是傳播有效空間不足或力場不足，表現得更多的是社會性（波動性）。縮小有效傳播空間或強化力線，傳播主體的傳播語言（有聲、無聲、身勢）就主要表現為個性特徵（粒子性）。在一種語言場中表現較多的社會性，在另一種語言場中可能表現較多的個性，甚至與其社會性相反的個性特徵。

例如莫泊桑作品謳歌美好愛情，引起強烈的社會共鳴。但據俄羅斯《共青團真理報》載文說，生活中的莫泊桑貪淫好色，他發病時曾口出狂言說自己奸汙了全世界的女人，並要上帝染上天花而一命嗚呼。也是條件環境（場）的不同表現主體的二重性。人是社會關係的總和，傳播主體是社會共性和個性的結合，其語言也表現出這二重性，在不同的傳播場合這二重性有不同表現，並隨傳播場合諸因素的變化而呈動態變化特徵。

最後我們來討論傳播場與跨文化傳播原理。就傳播模式而言，本身是對傳播原理抽象和理論化的結果。人類傳播模式經歷拉斯韋爾、香農為代表的單向傳播模式，到以奧斯古德 - 施拉姆、丹斯為代表的循環傳播模式，再到賴利夫婦、馬萊茨克為代表的系統模式，應當說對傳播的基本原理把握得越來越準確，表現得越來越充分，模式本身也越來越精緻。從傳播學角度來說，跨文化傳播原理與一般意義上的傳播原理並沒有什麼特別的不同，只是更加關注傳播中文化對於編／解碼的作用和影響。從嚴格意義上講，由於每個人個性的特殊性和文化一詞的廣泛性，任何傳播都是跨文化傳播，或者說，任何傳播都可以從跨文化傳播的角度進行分析。

第四節　跨文化傳播模式

跨文化傳播模式與一般傳播模式沒有什麼本質區別，唯一的不同是角度上有所側重。跨文化傳播理論認為跨文化傳播普遍存在於所有的傳播，只不過在其內部研究中被放大了，於是就有了薩姆瓦的跨文化傳播模式。此外由於研究側重不同，跨文化傳播研究以文化衝突與調適為核心課題，用以反觀傳播過程及相關問題，如不同文化背景的人和群體是否可以傳播，如何傳播，傳播中的異種文化如何「跨」，重點在傳播過程中文化與

編碼的關係是什麼，不同文化背景的人或群體對原符號如何解碼等。

　　常燕榮圍繞提高跨文化傳播能力，提出跨文化傳播的三種模式是：跨文化傳播的行為模式、認知模式和理解模式。

　　在行為模式方面，他認為擁有行為模式中的跨文化傳播能力，主要體現在熟知不同文化中的傳播規則。而熟知或者研究的方法，一種是民族志研究方法，即「先描述某一社區中的傳播模式，再試圖向本地人解釋它們的意義，也就是說，他們旨在從本地人的角度對傳播模式進行文化闡釋」；另一種是比較的方法，即採取旁觀者的視角，將一種文化作為分析另一種或多種文化的參照物並進行比較。

　　之所以稱之為行為模式，是指這些提高跨文化傳播能力的方法都是從外在的、可觀察的行為來進行的。與之不同的是跨文化傳播的認知模式。認知模式不是把傳播作為行為過程，而是作為一個認知的過程，由於文化的核心是信念和價值觀體系，跨文化傳播實際上是不同文化信仰和價值觀的文化之間衝突，在傳播中，對陌生人行為的認知偏差造成焦慮、猶豫、偏見等心理因素，從而出現傳播的不確定性，影響跨文化傳播的實現。要提高跨文化傳播能力，就要能夠預測和控制焦慮和不確定性。這就是古迪昆斯特的「減少不確定性理論」。認知模式中的跨文化傳播研究多採用定量的實證研究法，並發展出一套可操作的分析程式。

　　跨文化傳播理解模式把跨文化傳播定義為來自不同文化背景的人協商建構意義的象徵性過程。它以意義建構為重點，強調傳播者清楚自己在跨文化處境中所扮演的角色，願意接受對方的視角進行合作，遵從雙方對於行為與闡釋的規則，透過相互合作產生雙方都能接受的意義。按照理解模式，跨文化傳播能力的提高要求確定以意義的闡釋為中心，用民族志研究方法，直接觀察、深入闡述、系統分析，從參與者的角度對意義進行解釋等。

　　常燕榮是從提高跨文化傳播能力方面來闡釋跨文化傳播模式的，其中可以看到對跨文化傳播過程的理解，但重點還是在跨文化傳播學習者而不是解釋者。相較而言，薩姆瓦的跨文化傳播模式更加系統、全面和準確。

　　按照薩姆瓦等人的解釋，這個模式說明了這樣幾個問題：

1. A、B、C代表屬於三種文化的傳播者，由三種不同的圖形外輪廓表示，並用圖形的相似度和相互距離表示文化間的遠近關係。顯然，文化 A 和文化 B 是比較相近的文化，而文化 C 與文化 A 和 B 有較大的差距。

2. 每種文化圖形的內部，各有一個與外圖形相似的另一個圖形，它表示受到該文化影響的傳播者。內外圖形稍有不同，這說明在文化之外，還有一些其他的因素影響個體的形成；而且儘管文化對每一個人來說都是有主導性影響的力量，但對個人的影響程度不同。

3. 跨文化傳播的編碼和解碼由連接幾個圖形的箭頭來說明。箭頭表示文化之間的資訊傳遞。當一個資訊離開被編碼的那個文化時，內含編碼者所要表達的意圖。這在圖中由箭頭內的圖案與代表編碼者個人的圖案的一致性來表示。而這個資訊到達它將被解碼的異文化時，解碼文化的影響變成資訊含義的一部分，也用圖案的一致來表示。由於文化的差異，編碼者和解碼者所擁有的溝通行為及其意義在概念和內容上也是有差異的。

4. 文化對跨文化傳播環節的影響程度是由文化間差異的程度決定的。在圖表中用箭頭裡面的圖案變化程度來表示。文化 A 與文化 B 之間發生的變化遠比 A 與 C、B 與 C 之間的變化要小。這是因為文化 A 與文化 B 之間有著較多的相似性，所以，兩者之間在傳播行為及其意義在概念和內容上更相似，解碼的結果與原始資訊編碼時的內含

　　意義就更接近於一致。而在文化 C 方面，由於它與文化 A、B 之間有相當大的差異，解碼結果也就與原始資訊有較大的差異。

　　從薩姆瓦模式可以看出，他更多地是強調跨文化傳播中，文化間的差異性及其對傳播的影響。和普遍的傳播模式的兩極性不同，薩姆瓦是要說明文化差異的廣泛性和多變性，這使跨文化傳播可以在文化差異極大的人之間，也可以在同一主流文化中的不同亞文化群體的成員之間發生，可以有跨人種的溝通，也可以有跨民族和國際間的溝通。同時，資訊的傳播在這個模式中以三角箭頭的圖形表示，傳播前後圖形沒有變化，變化的是圖案。這表明薩姆瓦認為跨文化傳播中資訊本身並沒有變化，只是所蘊含的文化不同，這不符合實際。

　　多德的模式有幾點值得注意：一是這個模式比薩姆瓦的模式更加突出跨文化傳播始於「感知文化差異」，這也是跨文化傳播的出發點和前提，也是構建跨文化傳播模式的基礎；其次，這個模式既能夠全面完整地抽象跨文化傳播全過程，又能突出主要環節，比如由於感知文化差異導致的焦慮和不確定性，在傳播行為上就必然會指向消極策略和積極策略兩種可選擇項；第三，這個模式明確提出積極的傳播策略有可能產生「第三種文化」，雖然「第三種文化」的內涵在本模式中語焉不詳，但對文化接觸走向的討論中，第三種文化得到不少人的贊同。

　　無論是常燕榮所介紹的跨文化傳播模式，還是薩姆瓦和多德的模式，總體說都強調跨文化傳播的整體性和全面性。而跨文化傳播除普通意義上的傳播過程的各要素外，更加強調的是傳播過程中文化因素對編／解碼的影響。而對於這一點，這幾種模式都略顯單薄。

　　伯明翰學派的精神領袖斯圖亞特·霍爾並不主要研究跨文化傳播，他的《編碼，解碼》一文雖然研究的是電視節目資訊傳播，但其中對於傳播

符號與文化的關係分析可以說精細入微，少有人可以與其相比。

一、編碼過程

　　斯圖亞特・霍爾在《編碼，解碼》中運用馬克思主義經濟學原理分析資訊的傳播過程。他提出電視節目資訊的「生產、流通、分配／消費、再生產──生產並維持這個結構」的傳播模式，也被稱為「霍爾模式」。他認為電視節目資訊傳播與商品生產一樣，生產出的只是產品，只有進入流通領域，並被消費，資訊才成為商品。

　　霍爾認為，在電視節目的製作中，傳播者利用一定的技術設備，按照組織起來的生產關係規定和自己在特定社會中的知識構架進行編碼，形成「作為意義話語的節目」。傳播者在這一過程中已經建構了意義（編碼意義1），思想介入寫作過程中，這些思想是開放的，與特定社會相關聯。霍爾認為：「這種生產本身也不乏『話語』的側面：它也是自始至終以意義和思想為框架的。與日常生產有關的實用知識，歷史所限定的技術技能，專業的思想意識，關於這些機構的知識、定義和假設，關於受眾的假設等等，都是透過這種生產結構來限定節目的組成框架的。」可見，首先，作者在生產過程中不是隨心所欲的，作者的思想與特定社會相關聯。按照馬克思主義的觀點，即人是社會關係的總和，作家、詩人也不例外。其次，生產過程中，受眾介入資訊來源。這裡有兩層含義。一是這與產品生產中用戶需求資訊來源的原理是相同的。這通常被理解為受眾定位；二是由於生產的作品有被「理解」的需要，詩人或作家必須服從語言的話語規則進行編碼。而這種編碼必須有一個被需求、可解碼的「意義」。

二、符號結構分析

　　作為符號結構，霍爾提出一個外延／內涵的概念。在對當時語言學界對外延／內涵使用後提出的批評，他定義外延是符號的字面意義，內涵是符號的聯想意義，二者是符號上的差別，不是現實世界的差別。外延的字面意義是自然化了的，即具有「近乎普遍認可的意義」；而內涵沒有被自然化，內涵的意義具有不確定性，透過其聯想性可以被利用和轉換。符號的開放性就表現在內涵的開放性及外延和內涵之間的流動性。更重要的是，這種開放性使意識形態可以介入話語，並爭奪自然化。這就是語言中的階級鬥爭。在特定的語境中，「外延」和「內涵」這兩個術語作為有用的分析工具就不是用來區分語言中意識形態的在場／缺場，而是僅僅用來區分意識形態與話語相交叉所處的不同層次。就是說，意識形態的鬥爭在內涵中進行，被強制或獲勝的意識形態自然化後進入相對封閉的外延。

　　霍爾進一步分析內涵的結構的開放性，認為內涵的結構與特定社會的文化結構有關係。內涵是相對開放的和有多義價值層次的。但這些多義層次之間並不平等。由於符號的全社會性，社會文化透過內涵與社會文化結構發生關係。這種文化結構後來被霍爾的學生莫利稱為「社會文化圖譜」。「社會生活的不同方面似被劃歸於話語領域，按等級被組織為占主導地位的或較受偏愛的意義」。同理，對符號的解碼也是不平等的。這裡，霍爾提出一個非常重要的概念：「主導性話語結構」，即在這些解讀內鐫刻著起特定社會主導作用的制度／政治／意識形態的秩序，並使解讀自身制度化。似乎解碼中主導性話語結構起著決定性作用，但情況沒這麼簡單。文化的開放性說明在主導性話語結構中的主觀化過程和文化涵化的可能性。從文化動態特徵看，內涵的多義性使對符號的任何解碼都存在可能性。

三、解碼過程

對於解碼，霍爾明確表示不同意泰爾尼把解碼看作是把符號放到與其相關的符號之間的創造性關係中的「主觀」能力。他認為儘管在傳播中存在「某種字面上的誤讀」，但真正重要的是傳播者面對的不是他們希望的根據占主導地位的代碼運作，而是「被系統扭曲的傳播」。他既反對編碼與解碼沒有任何必然的對應關係，從而導致完全個人化的解碼；又反對傳播雙方「完全不失真的傳播」。他提出必須把編碼與解碼連接起來考察它們的接合方式，從而建構符號的意義（意義結構 2）。他說：

很明顯，在下圖中，我們標以「意義結構 1」與「意義結構 2」的部分也許並不相同。它們沒有構成一種「直接的同一性」。編碼和解碼的符碼也許並不是完全對稱的。對稱的程度 —— 即在傳達交流中「理解」和「誤解」的程度 —— 依賴於「人格化」、編碼者 —— 生產者和解碼者 —— 接收者所處的位置之間建立的對稱／不對稱（對等關係）的程度。但是，這轉而又依賴於符碼間的同一性／非同一性的程度，這些符碼完全或不完全地傳達、中斷或系統地扭曲所傳達的一切。

由此提出他著名的三種符號解讀立場。

第一種是占主導統治地位的立場，又譯作霸權立場。這就是受眾解碼時按照編碼者使用的代碼進行解碼，也即是在占主導地位的代碼中進行解碼。這是實際能達到的最接近完全不失真的傳播的地步。

第二種是協商式的立場。受眾理解由主導性的定義表達的資訊並承認其合法性，同時又保留運用「本地情形」的權利。

第三種對抗式立場。受眾完全明白符號的字面意義和內涵隱義，但採用相反的方式進行解碼，將用自己的代碼分解資訊並放入另一參照系中進行重新組合。

　　要說明的是，霍爾在1970年代寫作時對這三種立場提出是「假想立場」，而80年代其學生戴衛・莫利透過對英國BBC著名節目「舉國上下」的實證分析，基本驗證了這三種立場。

　　霍爾《編碼，解碼》研究的是作為大眾傳播的電視節目，而且重點是主流文化與亞文化對電視符號的編碼／解碼原理，莫利的驗證也是如此。但是電視符號作為傳播符號，主流文化與亞文化作為跨文化的基本關係之一，使我們看到霍爾模式在跨文化傳播中的應用前景。如前所述，其中我們尤為看重的是這個模式對於符號結構精微的分析。

　　首先，傳播的完整性。儘管研究的是大眾傳播，但霍爾的圖示有著明顯的缺陷，即沒有構成交互的傳播過程。這是霍爾受美國大眾傳播學「信源－資訊－接收者」的影響。所以我們對霍爾的圖示略加改變如下圖：

　　霍爾後來也承認自己考慮不周。他說，我曾經想擺脫那些觀點的起源出處，我們已經身處歷史中，因此話語也是散漫無序的。但是編碼理論並非天外飛來，我曾經犯了一個錯誤，只是把那個圖表畫了上半部分。如果你想閱讀全部內容，你必須畫一個環形圖表示它。因此我必須說明解碼是如何進入記者選題的實踐和話語體系的。和所有的傳播一樣，跨文化傳播是一個雙向、交互溝通的過程。但是很少有人像霍爾那樣從傳播動力學的角度去考慮這個「環形圖」。

　　第二，傳播中的意識形態與文化。由60年代中期的法國結構主義的興起，促成70年代霍爾所在的伯明翰當代文化研究中心發生了結構主義轉向。這一轉向最明顯的就是受阿爾都塞的意識形態理論影響，意識形態理論為文化研究提供了使用最廣泛，同時也是最有力的思想武器。這其中最有代表性的就是霍爾。從他開始，英國的文化研究的核心概念從「文化」轉向了「意識形態」。這種把媒體符號與意識形態連繫在一起，甚至

有些評論家把霍爾後期理論稱為「關聯政治學」（politics of articulation）。雖然意識形態與文化有緊密連繫，但是戴衛・莫利對霍爾模式的驗證，證明了社會文化力量及其分化力超越了階級和社會階層本身。就是說傳播更多地是跨文化而不僅僅是意識形態的。前面我們說過，嚴格地說，任何傳播都是跨文化傳播。

第三，符號結構與社會文化結構。霍爾模式中最令人注目的是符號結構與社會文化結構的關係。受結構主義語言學和符號學影響，霍爾把符號分為外延與內涵，但他對這兩個術語有他自己的理解，這在前面已經介紹。而對於社會結構，特別是符號結構與社會結構的關係，他說：

電視符號所謂的外延層次由一定的非常複雜的（但是有限的或者說是「封閉的」）符碼固定下來。其內涵層次雖然也是固定的，但更為開放，服從於利用其多義價值的更為活躍的轉換。任何已經如此構成的符號都可能轉換為一個以上的內涵建構。然而，多義一定不要與多元論相混淆。各內涵符碼之間並不對等。任何社會／文化都有著不同程度的封閉，都傾向於強制推行其社會、文化和政治領域的分類。這些分類構成一個主導文化秩序，儘管這個秩序既不是意義單一的，也不是無可爭辯的。「主導話語結構」這一問題是關鍵的一點。社會生活的不同領域似乎被劃分為各個話語領地，等級分明地組合進主導的或選中的意義。

「多義一定不要與多元論相混淆」是指同一符號蘊含的內涵之間是多義而非多元關係，強調的是對同一符號的解讀有相通之處，這種相通是溝通的基礎，但另一方麵價值又有所不同，從而構成符號的內涵集合。對於同一文化系統的主流文化與基礎亞文化，往往如此。而對於差異更大的不同文化，在解碼時面臨更多的不同：

新的令人難以捉摸或令人困惑的事件，破壞了我們的期望，並與我們

的「常識建構」、與我們社會結構的「想當然的」知識相牴牾。這些事件必須首先安排進各自話語的領地才可以說「具有意義」。「繪製」這張事件的圖表的最普通的方式就是把新事件安排進現存的「問題重重的社會現實圖表」的某個領地。

符號內涵的多義性使解讀在一定共同的基礎上有多種可能存在，從而使符號編碼與解碼共同建構意義。

總之，用霍爾的觀點來看，傳播是在相同或者不同文化背景的個人或者群體中進行，傳播者不自覺地按照所屬文化的規定性進行編碼，用於傳播的符號以其外延的共性成為解碼的基礎，而符號的內涵的多義特點使解碼者能夠按照自己所屬的文化的規定性進行解碼，編碼者在編碼時提供了資訊，但並不是傳播中的意義。解碼時對於資訊的理解可能一致，也可能不一致甚至完全對立。傳播中的意義，卻正是傳播雙方共同建構的。

第五章　跨文化傳播研究的理論與方法

　　跨文化傳播方法與理論的研究特點是當前受到人們的高度重視，但同時明顯地不完善。到目前為止，還缺乏系統和抽象的研究成果，特別是學術界普遍認可的研究成果。其原因很複雜，其中重要原因之一就是跨文化傳播長期以來遵循美國傳統，十分側重應用性、實踐性和技巧性。但這方面的研究有迅速的進展，目前能夠看到的、值得重視的是美國傳播學家古迪昆斯特的《美國跨文化傳播理論綜述》，本章有關部分主要介紹他的研究成果。

第一節　跨文化傳播學的理論體系的形成

　　1970 年代，美國科學哲學家湯瑪斯‧庫恩在他的《科學革命的結構》一書中提出「範式理論」。範式（paradigm）是該書的核心概念。但全書中這個概念的內涵十分豐富，庫恩在該書的序言中說：「我所謂的範式通常是指那些公認的科學成就，它們在一段時間裡為實踐共同體提供典型的問題和解答。」並進一步指出：

　　亞里斯多德的《物理學》、托勒密的《天文學大全》、牛頓的《原理》和《光學》、富蘭克林的《電學》、拉瓦錫的《化學》以及賴爾的《地質學》 —— 這些著作和許多其他的著作，都在一段時期內為以後幾代實踐者們暗暗規定了一個研究領域的合理問題和方法。這些著作之所以能造成這樣的作用，就在於它們共同具有兩個基本的特徵。它們的成就空前地吸引了一批堅定的擁護者，使他們脫離科學活動的其他競爭模式。同時，這些成就又足以無限制地為重新組成的一批實踐者留下有待解決的種種問題。

　　凡是共有這兩個特徵的成就，我此後便稱之為「範式」，這是一個與

「常規科學」密切有關的術語。我選擇這個術語，意欲提示出某些實際科學實踐的公認範例——它們包括定律、理論、應用和儀器在一起——為特定的連貫的科學研究的傳統提供模型。

　　庫恩認為科學史上科學的發展並不是科學事實的堆積，而是新範式不斷替代舊範式的革命過程。這個革命的過程就是：前科學時期－常規科學（範式）－危機時期－科學革命－新的常規科學（新範式）。而新的範式又會開始同樣的循環過程。

　　借助庫恩的科學發展理論來理解跨文化傳播過去的發展，我們就會對它的未來有更準確的判斷。

　　儘管跨文化傳播古已有之，但一般公認的對跨文化傳播的研究起源於1940、1950 年代潘乃德的《菊與刀》和愛德華‧霍爾《無聲的語言》兩部著作。和所有科學建立的起源一樣，這兩部著作都是來源於實踐的需求，這我們在前面已經具體敘述過了。所以這兩部著作都有很強的實踐色彩，《無聲的語言》本身就是霍爾在美國培訓援助第三世界志願人員教學中使用的教材，這奠定了跨文化傳播美國傳統的扎實基礎。作為跨文化傳播學的專著，實踐指導大於理論貢獻，這是所有學科草創之初的共同特點。但是《無聲的語言》首次提出「跨文化傳播」這一術語，並已經開始對跨文化傳播的一些基本問題進行了比較深入的討論，比如文化與傳播的關係、不同的文化模式、非語言傳播的維度、跨文化傳播的微觀分析等。這裡再次引用海默評價霍爾在跨文化傳播學建立方面的貢獻：「二戰後，來自人類學、心理學、傳播學、社會學和國際關係研究的學者，如馬格麗特‧米德、露絲‧潘乃德、格里高利‧貝特森離開各自的研究領域，短暫地涉足這塊人類當時很陌生的領域：有關文化與人類互動關係的交叉領域。這些人後來都離開了，霍爾卻留下來了，在這塊文化與人類互動的交叉領域安

家，並把這塊領域叫做跨文化傳播學。」這表明跨文化傳播學在建立之初源於人類學、心理學、傳播學、社會學和國際關係學等多個學科，是文化與人類互動的交叉學科。

二戰後，美國開始大規模地移民，到 1980 年代，移民潮更是高漲。國際學生、國際商業人員和跨國公司的興起，民權運動和婦女運動的風起雲湧，美國國內文化多樣性的凸顯以及民族問題、種族問題都催生了跨文化傳播學的發展。冷戰時期西方各國連繫加強，以美國為主的跨文化傳播長足發展，特別是冷戰結束後，全球化成為世界發展的主要趨勢，跨國界、跨民族的政治、經濟和文化連繫隨著當代技術的發展而日趨密切，跨國公司、跨國政治、經濟和文化組織紛紛建立，跨文化傳播成為國家、民族和各種組織的一種生存方式，跨文化傳播研究也由此成為一門「顯學」。

80 年代以後，跨文化傳播研究的代表人物是威廉姆·B. 古迪昆斯特。他是美國跨文化傳播領域中最具有影響力的權威學者之一。而事實上，跨文化傳播理論也主要產生在美國，我們認為美國的跨文化傳播理論在相當程度上代表了全球在這個研究領域的水準。2005 年，古迪昆斯特出版的《跨文化傳播理論化》（*Theorizing About Intercultural Communication，2005，Sage Publications，Inc*）一書，是迄今為止對美國跨文化傳播理論最全面的整理。

該書中，古迪昆斯特第一次把跨文化傳播理論系統化。全書共分為七大部分，介紹了以美國為主的跨文化傳播 18 種理論。

第一部分為「序論」，題目是「跨文化傳播理論化」。第一大內容簡要說明了跨文化傳播理論近幾十年的發展，指明跨文化傳播研究的三個切入點。第一是在傳播理論中文化被納入傳播過程；第二是構架理論來描述或解釋跨文化傳播的差異；第三是構建理論來描述或解釋來自不同文化背

景的人們之間的傳播活動，並說明到目前為止，跨文化傳播理論的建設以描述或解釋來自不同文化背景人們之間的傳播活動為主。古迪昆斯特批評了「許多理論研究者」並不專門研究跨文化傳播，只是把文化作為影響傳播的多種因素之一，把跨文化的傳播與其他傳播，如人際傳播混在一起。他從文化切入，把跨群體、跨文化理論分為五類：有效結果效應理論、調適理論、認知管理理論、傳播網路理論和麵對新文化的移入／適應理論。這部分裡，古迪昆斯特還討論了跨文化傳播理論建構發展中的一些主要問題，包括超理論假設問題、理論外延與適用範圍問題、應用理論改進傳播問題和理論發展中的倫理地位問題。這些內容我們將在後面討論，此處不贅敘。

「序論」的第二大內容是跨文化傳播理論建構的綱要，他把美國跨文化傳播理論分為彼此不排斥的七類，並把相應的理論歸入種類中，經我們整理如下：

一、文化傳播理論

在傳播理論中文化被納入傳播過程，理論中文化與傳播結合：1. 建構理論（Applegate&Sypher，1983，1988）；2. 資訊內涵的同位調整理論（Cronen 等，1988；Pearce，2005）；3. 言語代碼理論（e.g.，Philipsen，1992；Philipsen et al.，2005）。

二、解釋文化變異性的理論

設計理論來描述或解釋跨文化傳播的差異：1. 面子－協商理論（FNT；Ting-Toomey，1988，2005b；Ting-Toomey&Kurogi，1998）；2. 談話制約理論（CCT；Kim，1993，1995）；3. 違背期望理論（EVT；Burgoon，1992，1995；Burgoon&Ebesu Hubbard，2005）。

三、側重跨群體／跨文化有效傳播的理論

1. 文化幅合會聚理論（e.g.Barnett& Kincaid，1983）；2. 焦慮／不確定性管理理論（如 Gudykunst，1995，2005a）；3. 群體有效決策理論（如 Oetzel，1995）；4. 跨種族傳播的整合理論 Y. Y. Kim 的（1997，2005a，）。

四、側重適應或調整的跨群體、跨文化調適理論

1. 傳播適應理論（communication accommodation theory，Gallois 等，1995，2005）；2. 跨文化調整理論（intercultural adaptation theory，Ellingsworth，1988）；3. 共文化理論（co-cultural theory，Orbe，1998b；Orbe 和 Spellers，2005）。

五、側重身分認知管理或協商的跨群體、跨文化傳播

1. 文化身分理論（cultural identity theory，Collier 和 Thomas，1988；Collier，2005）；2. 身分管理理論（identity management theory，Cupach 和 Imahori，1993；Imahori 和 Cupach，2005）；3. 身分協商理論（identity negotiation theory，Ting-Toomey，1993，2005）；4. 有關身分的傳播理論（communication theory of identity，Hecht 1993；Hecht 等，2005）。

六、側重傳播網路的跨群體、跨文化傳播

1. 外群體傳播能力理論（outgroup communication competence theory，Y. Y. Kim，1986）；2. 文化內與跨文化的傳播網路理論（intracultural versus intercultural networks theory，Yum，1988b）；3. 網路與文化移入適應理論（networks and acculturation theory，Smith，1999）。

七、側重對新文化的移入 / 適應的跨文化理論

1. 傳播文化適應理論（communication acculturation theory，Y. Y. Kim，1988，2001，2005b）；2. 互動文化適應模式（interactive acculturation model，Bourhis 等，1997）；3. 關於適應的焦慮 / 不確定性管理理論（anxiety/uncertainty management theory of adjustment，Gudykunst，1998，2005b）；4. 在同化、偏離、疏遠狀態的傳播理論（communication in assimilation，deviance，and alienation states theory，McGuire 和 McDermott，1988）；5. 關於適應的文化要略理論（a schema theory of adaptation，H. Nishida，1999，2005）。

古迪昆斯特指出的跨文化傳播研究的三個切入點即：一、文化傳播理論。在傳播理論中文化被納入傳播過程；二、文化變異性的理論。用設計理論來描述或解釋跨文化傳播的差異；三、異文化傳播理論。用設計理論來描述或解釋來自不同文化背景人們之間的傳播活動。第三類即是嚴格意義上的跨文化傳播理論，即解釋來自不同文化背景的人們的傳播活動。古迪昆斯特的研究大多集中於此。

該書的第二至第七部分是全書主體，分別是「將文化納入傳播過程中的理論」、「側重跨文化變異的傳播理論」、「側重跨文化互動傳播的理論」、「側重互動適應的理論」、「側重身分的理論」、「側重有效傳播和決策的理論」和「側重調適和適應的理論」。

該書的整個構架和「序論」中基本相同，表明古迪昆斯特的跨文化傳播理論基本框架。至此，跨文化傳播理論的第一個系統架構起來了。

第二節　跨文化傳播理論體系的性質討論

如果以古迪昆斯《跨文化傳播理論化》架構的理論體系為參照，我們認為，按照庫恩範式理論，跨文化傳播還不是一個常規學科，還處於前科學時期。

古迪昆斯特出版的《跨文化傳播理論化》一書，是迄今為止對跨文化傳播理論最全面的整理。值得注意的是，雖然這部著作名為跨文化傳播「理論化」（Theorizing），但在古迪昆斯特看來，跨文化傳播還缺乏系統理論。古迪昆斯特在《美國跨文化傳播理論綜述》序言中說：

我讀完博士學位時，美國還沒有形成跨文化傳播的理論。當時，我就深信理論的缺乏會阻礙跨文化傳播研究的發展步伐。時至今日，我依然相信，作為一門研究領域，在美國和其他文化中建構和檢驗理論是跨文化傳播發展過程中必不可少的環節。自始至終，我都堅信我們需要從不同的視角，包括從不同的文化視角，來建立各種跨文化傳播的理論（著重號為本書作者所加，另本引文略去了一些引證說明）。需要說明的是，我對美國以外的發展成熟的本土化理論 —— 如 U.Kim，1990 提出的植根於具體文化的理論等 —— 都不甚熟悉（倘若讀者對任何現有的理論有所了解，方便將材料寄於我一份，將不勝感激）；鑑於此，本文主要著眼於美國跨文化傳播理論的形成與發展。在這些理論中，有些可能適用於其他文化（如一些基於檢驗的理論），有些則不適用。而且即便有適用於其他文化的理論，依然有必要「進行本土化探索」、「建立本土化理論」（該問題將在本文的最後一個部分討論）。

雖然其他地區尚未形成跨文化傳播的本土化理論，但在過去的 20 年中，美國該領域的理論發展卻突飛猛進。早在 1983 年我編撰的首卷《跨

國、跨文化傳播年鑑》中，就收錄了嘗試對來自不同文化背景人們間的人
際傳播進行研究的最初理論（Gudykunst，1983）。等到側重跨文化傳播理
論的第二卷《年鑑》出版之際（Kim 和 Gudykunst，1988），理論的發展不
但更為成熟，而且有些還得到了實證的支撐。在上一卷重理論的《年鑑》
付梓時，理論發展又有了質的飛躍（Wiseman，1995）。而在我編撰的跨文
化傳播理論的最近一卷中（Gudykunst，2005c）收錄的理論就更向前邁了
一大步。今天，諸多理論已然突破了迂迴反覆，並且還獲得大量研究成果
的支持。

　　從這裡我們可以窺見，美國最權威的跨文化理論學者古迪昆斯特顯然
認為本世紀初跨文化理論體系並沒有建立。這段文字中提到「美國以外」
的跨文化傳播理論的「本土化」，這是古迪昆斯特的一個重要觀點。但另
一方面，我們也可以發現，在資訊高度發達的今天，這意味著跨文化傳播
理論在美國以外地區的匱乏。

　　前面我們比較詳細地介紹了《跨文化傳播理論化》的學術框架，儘管
我們認為這是目前最為詳細的理論體系，但嘗試架構該學科結構的還有許
多人，其中包括影響巨大的一些學者，如拉里‧A. 薩姆瓦。他的《跨文化
傳播》（*Intercultural communication*）一書，在美國乃至全球非常暢銷，數
度再版。該書雖然沒有刻意介紹這一學科的理論，但透過全書的結構，我
們也可以了解其對跨文化傳播理論的理解和運用。該書在「前言」的「結
構」中，已經表明這是一本「在傳播理論中文化被納入傳播過程」的指導
和解釋的書。在其「第三部分：從理論到實踐」中的理論，也不是跨文化
傳播的理論，而是相關的語言理論對跨文化傳播實踐的指導。

　　又如賈玉新《跨文化交際學》是一部在國內有較大影響的跨文化傳播
的學術著作。這部書對於指導語言特別是語用的跨文化傳播有很大作用，

在跨文化傳播理論方面也有建樹，但就其跨文化傳播理論的系統性，還是稍顯欠缺。

再如拉里·A. 薩姆瓦和理查 E. 波特主編的《文化模式與傳播方式》收集了大量論文，其中包括一些卓有見識的理論闡述。這部著作在譯成中文時，本身就是「國際關係學書系」中的一種。這部書的封底介紹說：

本書是一部研究跨文化交流的經典之作。本書從最基本的跨文化傳播概念入手，在社會文化背景下，以國際文化視角考察東西方的典型文化；以美國國內為舞臺，展現不同種族與群體如殘疾人、同性戀、聾啞人及老年人的文化樣式；以語境為基礎，考察了不同語言方式對解決問題、認識和翻譯的影響；以多樣的文化規則為參照，探討了商業談判、諮詢、健康和教育的相關背景；並深入分析了跨文化傳播的道德層面和發展趨向。全書視野開闊，話語新穎，既有深刻的理論闡釋，又彙集了生動的案例，本書可以說為廣大讀者提供了國外跨文化交流研究的最新資訊，同時也打開了一扇了解世界各地風土人情、文化特色的窗口。

庫恩在《科學革命的結構》一書中提出的範式理論，在自然科學、人文社會科學等各個領域引起了巨大迴響。他賦予「範式」一詞科學研究新的意義，並從科學哲學和科學社會學的意義上對範式加以運用，以此構架科學發展新的模式。但是，庫恩理論的核心範疇「範式」，在其著作中也有多種定義。按照科學哲學家瑪格麗特·瑪斯特曼在《範式的本質》一文中的統計，庫恩《科學革命的結構》一書中至少以 21 種不同的意義在使用「範式」這一範疇。後來庫恩發表了《必要的張力 —— 科學的傳統和變革論文選》，筆者有刪節。其中對「範式」有了更加明確的說明：

在（《科學革命的結構》）這本書裡，「範式」一詞無論實際上還是邏輯上，都很接近於「科學共同體」（pp.10-11）這個詞。一種範式是、也

僅僅是一個科學共同體成員所共有的東西。反過來說，也正由於他們掌握了共有的範式才組成了這個科學共同體，儘管這些成員在其他方面也是各不相同的。作為經驗概括，對這正反兩種說法都可以為之辯護，但我那本書裡卻當成了定義（至少部分如此），以致出現一種循環論證。得出一些錯誤的推論。要把「範式」這個詞闡述得好，首先必須認識科學共同體的獨立存在。

　　直觀地看，科學共同體是由一些科學專業的實際工作者所組成。他們由他們所受教育和見習訓練中的共同因素結合在一起，他們自認為，也被人認為專門探索一些共同的目標，也包括培養自己的接班人。這種共同體具有這樣一些特點：內部交流比較充分，專業方面的看法也比較一致。同一共同體成員很大程度上吸收同樣的文獻，引出類似的教訓。不同的共同體總是注意不同的問題，所以超出群體界線進行業務交流就很困難，常常引起誤會，勉強進行還會造成嚴重分歧。

　　那麼，是什麼共同因素決定共同體內部專業交流不成問題分、專業見解一致的特點呢？我只想列舉三種對群體認知運作都很根本的成分，它們因而一定特別引起科學哲學家的關心。我把它叫做符號概括、模型、範例。

　　其實即使在這本書中，「範式」這一範疇也不是單一意義的。按照該書的索引，範式與範例同義，分別有標準實例、共同體承諾、一致意見和專業基體四個意思。原文為：範例 Exemplars，又見範式，作為超標準實例的 paradigms，as standard examples 範式 Paradigms，xvi-xxii，178，230-31，233-37，267n，284-88，293-339，350-51；作為共同體承諾的 as community commitments，xix，294，319 又見承諾，共同體 Commitments，community；作為一致意見的 as consensus，xix，231-32，307；作為專業

基體的 as disciplinary matrix，307-19；作為標準實例的 as standa rd exam-
ples，xix，17，229，284，298，306-7，313，318，351。見湯瑪斯‧庫恩
《必要的張力 —— 科學的傳統和變革論文選》，北京大學出版社，2004
年，第 355 頁。所以我們認為，「範式」是一種科學共同體，這個共同體
的成員按照共認的學科範疇、理論框架和實踐經驗開展這一領域的科學研
究。1999 年出版的《梅里亞姆 - 韋伯斯特新學院詞典》第九版（Merriam
Webster's New Collegiate Dictionary，Ninth Edition）對「範式」的解釋是：
paradigm 出自晚期拉丁語 paradigma，而後者來自希臘語 paradeigma，15
世紀進入英語詞彙。有三個義項：① 範例、樣式，特別是很清楚或很典
型的例子和原型；② 表示一個詞在它的所有變化中的變格或變位；③ 科
學學派或學科的哲學框架或理論框架，在這個框架內，理論、定律、概括
以及為支持它們而做的實驗被系統的闡述。這第三個義項即吸收了庫恩對
「範式」所賦予的新涵義。

　　按照庫恩的觀點，成熟的「範式」必須具備範疇系統、理論模型和合
乎規範的實踐，則當前跨文化傳播研究還處於建立和形成之中。

　　作為一個「科學共同體」，跨文化傳播研究者來自於各個領域，如語
言學、人類學、文化學、社會學、文學和國際關係學等。迪恩‧巴德郎對
傳播學科學共同體的概括對跨文化傳播學是有啟發意義的。他說：「許多
學科的研究都得益於對傳播模式的運用；反過來，這些學科也同樣加深了
我們對人類傳播的理解。請記住如果有人自稱為傳播研究的專家，這樣的
稱謂並沒有多少實際意義。他的專業很可能首先是數學、文學、生物、政
治或藝術。」吳予敏在《跨文化傳播的研究領域與現實關切》中比較詳細
地討論了跨文化傳播研究所來自的社會學、文化人類學、心理學和修辭學
學術傳統，可以在一定程度上說明這個共同體的形成過程。

　　來自不同學科背景的科學家對跨文化傳播理論的建立作出了積極貢獻。古迪昆斯特所指出的跨文化傳播研究的三個切入點：即文化傳播理論、文化變異理論和異文化傳播理論，這也是跨文化理論建立的不同來源。從歷時方面分析，基本上可以看作跨文化傳播理論建立的不同階段，它們具有連續性和相承性。文化傳播就是文化的擴散，是對文化擴散的過程、媒介等的研究，這是文化學與傳播學的一門交叉學科。但是廣義文化的外延廣泛性，自然使人們關注傳播過程中的文化因素，愛德華‧霍爾指出文化本身就是傳播，其傳播的互動過程中文化會發生變異。異文化傳播是指來自不同文化背景的人們傳播溝通中受到文化的影響，為了有效傳播而如何協商、調適和理解的行為。作為傳播學的分支，文化傳播理論是傳播學理論對文化學的應用，是傳播學日趨精密化的表現之一，它啟發人們關注文化與傳播，為跨文化傳播學的建立提供了理論前提。文化變異理論是與文化傳播理論平行的理論，它研究資訊傳播中的文化影響，關注並嘗試從文化層面／個人層面的維度來解釋傳播過程中不同文化的變異，為跨文化傳播學提供了基礎理論。跨文化傳播學是對跨文化傳播的本體研究，討論不同文化背景的群體或個人資訊傳播中的文化影響。從共時方面分析，跨文化傳播理論已經開始形成以異文化傳播理論為核心，以文化變異理論為外圓，以文化傳播理論為基礎的理論系統。但是另一方面，儘管古迪昆斯特努力整合不同圈層的理論從而形成跨文化傳播理論體系，但是不是能以此成為跨文化傳播學的「範式」還需要時間來證明，可以毫不誇張地說，成熟的跨文化傳播理論模式並沒有真正建立起來，跨文化研究的成員所共認的學科範疇、理論框架和合乎規範的實踐尚在進行中。

　　目前跨文化傳播學大都集中在第三點，庫恩對它的解釋是「範例則是具體的題解，科學集團一般都承認它合乎範式」。跨文化傳播還是一門以

跨文化傳播能力培訓、跨文化傳播素養培養為主的技能性學科。跨文化傳播能力的訓練集中在跨國公司員工培訓、公關禮儀培訓、出國人員培訓以及眾多的其他跨種族跨文化接觸的人員培訓。當然跨文化傳播素養的培養情況要複雜一些，並開始滲入其他學科之中，如比較文學研究、外國文學研究、影視的譯制和研究以及語言作為外語教學的研究等學科領域。在這些領域我們之所以叫做跨文化傳播素養的培養，主要是由於相較而言，跨文化傳播理論體系還不完善。

　　還有一點很重要，即「範式」的形成或鞏固的標誌：教科書的缺乏。庫恩在《必要的張力 —— 科學的傳統和變革論文集》中說：「當個別科學家可以接受某一種規範時，他的主要工作就再也不需要從起碼的原則開始，證明每一個引進的概念都合理，來重新確立他的研究領域了。這一切都可以留給教科書作者們。而有了一本教科書，科學家就可以從教科書達不到的地方開始研究，從而可以高度集中到科學界所關心的最微妙、最深奧的自然現象中去。」毋庸贅言，教科書本身就是學科範式的一種標誌。不少高校都開設了跨文化傳播學或者傳播理論的課程，儘管現在國內外都出了不少跨文化傳播學的教材，包括數度再版的一些教材或者可以用作教材的著作，但真正權威的或可以通行的幾乎沒有。比較一下國內高校跨文化傳播學課程的教學大綱，更是高度不統一。這種現象與其說是在進行古迪昆斯特所說跨文化傳播理論「本土化」的嘗試，不如說缺乏這一學科的經典著作。正如庫恩所說，如亞里斯多德的《物理學》、托勒密的《至大論》、牛頓的《原理》和《光學》、富蘭克林的《電學》、拉瓦錫的《化學》以及萊伊爾的《地質學》 —— 這樣一些著作，都在一定時期裡為以後幾代的科學工作者暗暗規定了在某一領域中應當研究些什麼問題，採用些什麼方法。

跨文化傳播理論的嘗試已逾半個世紀，已經湧現大量相關理論，系統的理論構建也在探討中，但這個問題至今沒有引起太多人的注意，古迪昆斯特的《跨文化傳播理論化》至今沒有譯成中文傳播，人們討論得也不多。前科學是指還沒有系統理論而眾說紛紜的階段。當一門科學有了系統理論之後，科學就進入了常規科學階段。跨文化傳播正是一門在規範中的科學理論，還處於「前科學時期」。

第三節　跨文化傳播的研究方法

一般說來，研究方法與理論總結總是連繫在一起的，對於中國人來說尤其如此。古迪昆斯特在討論到超理論假設（metatheoretical assumptions，即關於理論的理論）時說，有兩種主要的傾向，即客觀主義和主觀主義。客觀主義認為個人之外存在「現實世界」，因此他們的研究尋求傳播行為規範，認為傳播是由情況和環境決定的；而主觀主義認為個人以外不存在「現實世界」，因此他們試圖了解傳播者個人的視角，認為傳播行為是「隨心所欲的」。在研究目標上，客觀主義認為理論應當能夠解釋和預測研究的現象，而主觀主義則認為理論應當描述研究的現象。古迪昆斯特認為理想的情況是把二者結合在一起，但他也承認很難做到。因此他提出：「個人無意識時，客觀主義假設適用，而當個人有意識時，則主觀主義假設適用（如有意識地注意目前自己的傳播行為）。」

不同的傾向也就側重不同的研究方法。跨文化傳播研究方法有很多介紹，如常燕榮介紹了國外跨文化傳播的行為模式、跨文化傳播的認知模式與跨文化傳播的理解模式，彭世勇介紹了皮爾遜相關、多元回歸、單向方差分析、多變量方差分析、因子分析、確認性因子分析等統計技術在跨文

化交際研究中的實際應用定量數據方法,。還有美國學者提出的跨文化傳播學依賴於心理學的社會科學方法、依賴於文化人類學和社會語言學的描述性方法、運用其他學科的評論性方法等。羅雯、何軍在《跨文化傳播學的發展及研究傳統》仲介紹了約翰·孔德(John Condon)關於跨文化傳播的民族志、民族中心主義和公平三種研究傳統。我們認為這比較切合古迪昆斯特的客觀主義、主觀主義和他關注的以「權力」為題的跨文化傳播倫理問題。這裡主要參考羅雯、何軍文章的介紹作一簡介。

一、民族志研究方法

跨文化傳播的民族志研究方法最早見於愛德華·霍爾《無聲的語言》一書,民族志研究方法是人類學、人種學研究的一種以田野調查為基礎的成熟的研究方法,其代表人物有德爾海默思、約翰甘柏茲、歐文戈夫曼、哈維薩克斯等。最早把民族志方法引進傳播學領域的是格里·菲利普森。他繼承了海默思作為文化人類學家的傳統,重視田野工作,把語言作為情境行動來給予密切關注。和人類學民族志不同的是,菲利普森所研究的人群不是以地理或語言來區分,而是在海默思提出的文化框架中深入討論關於階級和性別等文化因素。他提出在文化與傳播密不可分的情況下,對其中任何一方的考察都不可避免地會涉及到另外一方,因此其傳播實踐也更具有獨特性。最典型的案例是,菲利普森在對美國芝加哥南部一個叫做Teamsterville 的工人階級社區進行長期的考察後發現,那兒的人在進行說服他人的傳播活動中,普通成年男子之間多透過談話來進行溝通、理解與說服,因為他們之間的地位相近;對於那些地位低於他們的人,如婦女、孩子以及一些經濟地位不如他們的人,他們更多地是透過一些動作之類的非語言傳播方式來傳遞資訊或命令;對於那些地位高於他們的上司或經濟

地位高的人，他們較多的是透過第三者來傳遞相關的說服資訊。菲利普森的結論是，同樣的傳播實踐在不同的場景、對不同的群體意義不完全相同，這種差異可以說明傳播實踐所具有的獨特性。

　　民族志方法研究的前提是，人們因為生活在自身文化中而不了解那些文化規則，它們處於人們的意識之外，只有局外人才了解它們。所以只有把文化看作塑造我們的外部力量，去觀察特定文化中人們的行為而不是聽他們闡述他們的所為時，文化載體才能被外部化、客體化。沒有統一的語言，語言都是自我表述，語言是在虛構故事。

　　因此，民族志研究使用歸納研究方法。這種研究方法要求做實地研究，並不斷對研究對象做跟蹤調查；強調參與式觀察，民族志者必須反思，他們的猜測必須透過與被觀察者的交流得到檢驗。在跨文化研究、教學和培訓中民族志方法非常受歡迎，因為它比其他方法中立，較少摻雜個人情感，因而也更專業。民族志傳播學的優點是它具有格爾茲所說的「濃密描述」（thick des cription，也譯作「深描」）的能力，這樣可以獲得真實的、微妙的、潛隱的意義和價值體系。

二、民族中心主義研究方法

　　對跨文化傳播進行主觀主義研究的如所謂民族中心主義的方法。這種方法的假設前提是文化差異，民族中心的傾向是差不多世界所有文化共有的現象。但我們在這裡所說的民族中心的傳播學方法並不意味著文化的優劣或高低，至少不明確表示出這一點，而是強調不同民族文化的差異，它通常是透過比較的方法來研究文化。它以一種文化為參照來研究另一種文化，或以多種文化互相參照來分析其差異，並根據研究出的差異指導跨文化傳播策略。

　　在以多種文化互相參照為主題的跨文化傳播的民主中心主義研究方法中最典型的是霍夫斯泰德《文化的後果：與工作有關的準則的國際差別》和愛德華・霍爾的《超越文化》。前者對全世界包括澳大利亞、英國、法國、南非、義大利、日本、印度、韓國、印尼、委內瑞拉、新加坡、泰國在內的53個國家的文化價值觀進行調查後，歸納出文化差異的四種模式：權力差距、迴避不確定性、個人主義 —— 集體主義和男性化 —— 女性化。這幾個方面足以作為跨文化傳播研究者與學者進行比較的可靠依據。霍爾根據語言符號的意義與語境的關係把世界主要文化劃分為高語境文化和低語境文化。高語境文化意義的闡釋主要依據語境作出，而低語境文化語言符號的意義不太依賴語境，而主要在語言符號本身。英、美等西方國家是典型的低語境文化，而中國、日本等東方國家是典型的高語境文化。這些劃分都直接與跨文化傳播策略發生密切連繫。

　　不同類型的文化成員在跨文化傳播中將會發生文化衝突，汀－圖梅根據霍夫斯泰德和霍爾的研究，並結合文化層面和個人層面的特徵來解釋面子問題、跨文化傳播衝突形式和不同文化類型成員維護面子的行為。「面子」是存在於各種文化的個體期望他人予以其自我社會價值認同的一種需求感，但不同類型文化對面子的保護策略並不相同。汀－圖梅認為集體主義文化成員更多使用他人導向的保留面子的策略，而個人主義文化成員則更多使用自我導向的保留面子的策略；權力差距小的文化成員更多的是維護和要求自己的個人權利，而權力差距大的文化成員則更多的是負責地承擔起一定的義務；權力差距小的文化成員傾向於透過資訊交流將尊敬 —— 順從的差距降到最低程度，而權力差距大的文化成員則更喜歡垂直型上對下／下對上的面子交流。在解決跨文化傳播中發生文化衝突時，高語境文化的策略一般是親切隨和、協商妥協、退縮、避免衝突，也就是

透過不斷的「給面子」來滿足人們的「要面子」的需求，從而化解衝突；低語境文化的策略一般使用支配性或競爭性的衝突模式和獨立性的衝突模式解決衝突。

　　另一種以民族主義中心研究方法，典型的是後殖民批判理論家賽義德《東方學》。與前一種方法類似，二者都是文化比較，不同的是，前者是一種平行比較，後者是以一種文化為參照來描述另一種文化。在這種民族中心主義研究中，本族文化的重要性被放大，其他文化的重要性被縮小甚至忽略。在跨文化傳播中當人們遇到變化、緊張、威脅、不安全時，就會進行以本民族為中心的自我防衛。民族中心主義傳統更多地關注群體，即一個群體是如何被認識的，它的成員問題、身分問題、意識問題、空間暗喻、社會距離、中心 - 外圍、邊緣性、空間的跨越與縮小、加入與脫離、排除與接納。賽義德那句著名的語錄「東方學是東方的缺位」是對這種方法精闢的概括。民族中心主義研究方法一般採用實證法。因此，研究者們往往先從已知的文化差異理論中提出定性的假設，再設計方法進行定量或定性的調查或實驗室研究來證明、修正或者推翻這些假設。

三、公平主義的研究方法

　　古迪昆斯特在《綜述》中說：「目前的許多理論未包括『權力』這一課題。很明顯，權力因素在很多 —— 但不是全部 —— 跨文化和跨群體交往中起作用。比如 Reid 與 Ng（1999 年）就研究了語言、權力和跨群體連繫這幾者之間的關係。應該將權力納入跨文化傳播的理論中。Berger（1994 年）考察了人際傳播中的權力因素，他的分析可以作為在跨文化傳播中觀察權力的一個起點。」

　　在本書第六章第三節中，我們以「角色話語常量和話語權」為題討論

了跨文化人際傳播中的權力問題，這正是跨文化傳播中觀察權力的一個起
點。在跨文化人際傳播中，我們已經看到存在著權勢差異，並一再強調話
語權是社會權勢的投射，也是傳播雙方社會角色的行為規範。事實上，公
平不等於平等。平等指的是雙方對等，而公平指傳播雙方按照一定文化規
範行使了義務。例如在日本文化中，已婚夫妻是不平等的，但是是公平
的，夫妻之間在工作分工、不同的待遇上是不平等的，但按照日本文化的
標準來衡量是公平的。因此，公平主義的研究方法不是，或不應當是跨文
化傳播的平等問題，而是公平問題，即不是研究不同文化在傳播中的地位
是否平等，而是是否符合公平，不是指遊戲，而是指遊戲規則。

　　跨文化傳播中存在權力差異，因此應當研究權力對跨文化傳播的影
響。大致地說，包括人際傳播、跨群體傳播和跨民族傳播幾個主要方面。

　　一般說來，跨文化傳播公平問題與國際社會公正、正義、剝削、壓迫
和權力問題相關。研究者最關注的是傳播中的權力、正義和公平。他們認
為研究中的一個基本假設是交流的雙方享有平等的權力。公平理論在心理
學方面的研究涉及到以下方面的內容：人們如何利用或被他人利用；什麼
條件下人們尋求公平或被給予公平。公平研究不僅針對的是公平問題本
身，而且研究特定條件下人們態度轉變的可能性。跨文化傳播目前的問題
不是文化的差異，跨文化互動過程中的關鍵問題是公平問題。跨文化關係
中的困難並不總是來自於理解對方非語言資訊的失敗。

　　公平問題是跨文化傳播中一個現實而且極其敏感的問題。話語權本身
是大眾傳播的概念，它是指那些掌握著某種政治、經濟或文化等社會資源
的社團在傳播過程中具有的潛在的現實影響力。在跨群體傳播中，公平問
題直指話語權轉換。劉學義梳理了改革開放以來中國媒體言論所表現的話
語權嬗變軌跡，概括了變化的特點，分析其演變的動因和機制，並預測這

一變遷的未來趨勢和結果，提出中國未來的媒體言論話語權實踐模式將是：黨報言論為主導、精英言論和公眾言論積極參與的多聲部媒體言論場。無論劉學義對未來的預見是否可信，但中國媒介話語權的嬗變與中國社會民主進程密切相關這一觀點是不錯的。

在國內學術界，跨文化傳播的公平研究最為集中的還是在國際傳播中。特別是隨著中國對外開放的不斷深化，國際跨文化傳播中的公平問題引起學術界高度關注和警惕。在研究傾向上，對跨文化傳播的公平問題主要有以下兩種不同的取向。

一種觀點認為，從學理上說，跨文化傳播是不同文化的互動傳受活動，因此跨文化傳播不是單向的「文化侵略」，應當以開放的心態認識包括西方文化在內的外來文化的積極功能。論者承認跨文化傳播是「雙刃劍」，異文化的進入可能會「水土不服」，可能與本土文化發生衝突，甚至對國家安全和主權形成挑戰。但西方傳媒制度決定跨國傳媒集團是主要的傳播力量，它們主要追求經濟利益，而意識形態的導向要弱得多。狹義的國家主權讓渡於國際組織，國家文化控制權力分權於國際組織、國內組織和國民個人是一種趨勢。跨文化傳播是在文化多元前提下世界性的文化競爭，而不是文化殖民和文化侵略。在這樣的大背景下，當前的確現實地存在著國際跨文化傳播的巨大不平衡，這種平衡是發達國家強大的經濟、政治、科技、文化、傳播實力以及對跨文化傳播深入研究所決定的。要改變這種不平衡，中國必須在高揚自己的文化理想的同時，努力發展國家軟實力，積極吸納國外，特別是西方發達國家先進的跨文化傳播理論和成功經驗，在全球性文化交流和競爭中把中國建設成為文化強國，成為跨文化傳播的主力軍。

另一種觀點承認跨文化傳播是人類普遍現象。但事實證明，自二戰結

束以來，特別是當前全球化背景下，西方殖民主義裹挾著強勢文化，把強權即真理的邏輯引入文化領域，利用其強大的政治、經濟、科技優勢以及由此構成的不平等的跨文化傳播秩序，推銷、宣揚、傳播西方主流文化和價值觀，並惡意貶損、摧殘發展中國家的歷史文化，力圖使發展中國家的本土文化在全球化進程中失語、蛻色或者邊緣化。論者認為，跨文化傳播的精神實質就是跨文化傳播的話語權的爭奪和重建世界跨文化傳播秩序。針對學習西方跨文化傳播理論這一問題，論者認為跨文化傳播理論本身起源於有濃厚殖民主義色彩有文化人類學，客觀上是為西方國家全球策略服務的。因此，在學習研究中要明確這一背景，並摒棄東西方二元對立思維，回歸不同文化的互相了解、平等交流這一跨文化傳播的根本目標。要積極發掘中國本土的跨文化傳播歷史、理論和實踐，發展出中國自己的跨文化傳播理論，積極倡導和建立一個良性、公平、合理的跨文化傳播機制，從而保持一個和平穩定的國際發展環境。

　　跨文化傳播的公平主義研究常常用實證和統計的方法，廣泛涉及政治學、哲學、經濟學和社會心理學研究領域，其焦點是公平主義與「歷史終結論」、「文明衝突論」、「後殖民主義論」以及經濟、政治、文化、人權「無國界」論等文化帝國主義各種觀點的理解與價值評判。雖然公平主義研究的核心是國際跨文化傳播的話語權和傳播秩序問題，但話語權和傳播秩序本身離不開國際社會政治、經濟、科技力量的對比和博弈。因此我們認為，公平不等於平等。國際跨文化傳播的話語權和傳播秩序問題與人際傳播在基本原理上一樣，其本質都是社會角色的行為規範。只不過前者是在更大範圍，也更加複雜的國際社會中的角色行為規範。不明確這一點，公平主義的研究就容易陷入理想主義。

第六章　文化的認知要素和文化類型

　　從上章我們了解到，跨文化傳播本質上就是對實際傳播中的文化「噪音」，即異文化障礙的克服與超越。有很多因素都參與和決定傳播的效果。按照薩姆瓦的觀點，有三個方面的因素對跨文化傳播環境的改變有著巨大的作用，這就是：認知要素、言語過程和非言語過程。其後三章我們就分別來討論這三個要素對跨文化傳播的影響。

　　本章重點討論認知要素對跨文化傳播的影響。約翰·費克斯指出：「認知是指個體對知識的獲得與使用；透過這個過程使我們得以對事件與關係方面的資訊加以吸收和組織，從而可以被籠統地說成『知曉』這個世界。」而從美國傳統的跨文化傳播學角度，按照薩姆瓦的觀點，所謂認知要素，也是從傳播者個體心理的角度來說的。他指出：多數傳播學家都把認知看作是傳播事件的一部分，但是，為了剝離那些有可能對跨文化傳播構成嚴重阻礙的認知變量，學者們創立了一種普遍認同的分類法。根據這個方法，直接影響認知和傳播的三個主要社會文化因素是：（1）文化價值觀，（2）世界觀（宗教），（3）社會組織（家庭和國家）。

　　可以看出，約翰·費克斯和薩姆瓦都主要從跨文化傳播的個體角度來看待認知要素對跨文化傳播的影響。而從當代跨文化傳播學研究的兩個總趨勢，即宏觀化和理論化來看，同時從個體是某種文化的載體來看，認知要素應當包括宏觀和微觀兩個層面，即個體文化的認知要素和從類文化的類型。

第一節　文化即傳播

　　關於什麼是文化，說法很多。1982 年聯合國教科文組織在墨西哥城召開了有 126 個國家參加的「世界文化政策會議」，會上一致透過的《墨西哥城文化政策宣言》對文化含義做了界定：「從最廣泛的意義講，文化現

在可以看成是由一個社會或社會集團的精神、物質、理智和感情等方面顯著特點所構成的綜合性整體。它不僅包括藝術和文學，也包括生活方式、人類的基本權利、價值體系、傳播和信仰。」

　　國外學者對文化這一概念的界定比較權威的是，1871 年，英國人類學家泰勒在《原始文化》一書中系統地闡述了他對文化的獨到見解。他指出：「文化或文明，就其廣泛的民族意義來說，乃是包括知識、信仰、藝術、道德、法律、習俗和任何人作為一名社會成員而獲得的能力和習慣在內的複雜整體。」這個定義傾向於文化的精神方面的界說，對後世產生了重大影響，業已成為文化學科的經典規定。

　　如果說泰勒的定義有明顯的名詞性的話，來看美國文化學者克羅伯和克拉克洪在《文化的概念》一書中對文化概念的界定：「文化由外層和內隱的行為模式構成；這種行為模式透過象徵符號而獲致和傳遞；文化代表了人類群體的顯著成就，包括它們在人造器物中的體現；文化的核心部分是傳統的（即歷史地獲得和選擇的）觀念，尤其是它們所帶的價值。文化體系一方面可以看作是行為的產物，另一方面則是進一步的行為的決定因素。」這一定義既闡明了文化結構方式、主要表現形式，又強調文化作為決定人類行為的某種因素，其作為價值觀的重要性，特別是闡明了文化作為符號，人類群體對它的習得和傳播。這裡文化不僅是名詞，同時也是動詞。

　　更為明白的是美國文化人類學家 C·格爾茲曾經給文化下的定義：「（文化）是一種透過符號在人類歷史上代代相傳的意義模式，它將傳承的觀念表現於象徵形式之中。透過文化的符號體系，人與人得以相互溝通、綿延傳續，並發展出對人生的知識及生命的態度。」這一界定啟發我們正確認識傳播屬性是文化的本質屬性。

第六章　文化的認知要素和文化類型

　　在作為跨文化傳播學奠基之作的《無聲的語言》中，霍爾明確指出，文化即傳播，傳播即文化。霍爾這句話已經成為名言，以傳播定義文化傳承至今，一直影響著跨文化傳播的發展。

　　從漢語的詞源上說，中國古代文言文以單音詞為主。文，本義是指各色交錯的紋理。許慎《說文解字》：「文，錯畫也，象交叉。」段玉裁註：「《考工記》曰青與赤謂之文。」就是說青色與紅色不同的顏色交錯相畫就是本義。色彩交錯有區別之義，所以段注又說「黃帝之史倉頡見鳥獸之蹄迒之跡，知分理之可相別異也。初造書契，依類象形，故謂之文」。由此引申為文字，並進一步引申為文籍、文章、文學等。化，本義為教化。《說文解字》：「教行也。」段注說：「教行於上，則化成於下。」「文」「化」同用，見《易·賁卦》：「觀乎天文，以察時變；觀乎人文，以化成天下。」此處天文與人文相對，天文是指天象四時，人文是指社會人倫。顯然，「文化」聯用，意指以社會倫常教化天下百姓。在西方，英語中的 Culture 由拉丁文的 Cultura 轉化而來，有耕作、居住、掘墾、動植物培育等動詞詞義。所以荷蘭哲學家馮·皮爾森在其著作《文化策略》中甚至說，「文化」不是一個名詞，而是一個動詞。

　　現在人們發現的一切文化都表明，文化是不斷發展進化的。和古典進化論所認為文化單線進化的觀點不一樣，拉策爾、弗羅貝紐斯等考察了文化複雜多變的現象後認為，文化進化、改變的主要動力和表現，都在於其不斷地在地理範疇內的變動，因此文化研究的使命就是研究文化的地理空間傳播。這個「傳播」就是指文化的擴散、流動和接觸。人類獨立發明和創造文化的能力有限，一種文化透過向四周的傳播擴散，導致文化接觸，引起文化變遷，從而帶來文化的發展。沒有傳播文化就不能進化；沒有進化，文化就不復存在。傳播是文化的本質屬性。一方面，文化的形成和

發展受到傳播的影響。傳播促成文化整合、文化增殖、文化積澱、文化分層、文化變遷和文化「均質化」。傳播對文化的影響不僅是持續而深遠的，而且是廣泛而普遍的。反過來，文化對傳播也有著十分重要的影響，這種影響體現在傳播者對受傳者的文化意義，同時還體現在傳播媒介及傳播過程之中。傳播與文化的互動表明：文化與傳播在很大程度上同質同構、兼容互滲。從這個意義上我們可以說，文化即傳播，傳播即文化。全部人類文化的歷史歸根到底就是文化的傳播史。實際上文化既是名詞又是動詞。文化本身就有一種向外「擴張」和「傳遞」的衝動。「人不能不傳播」是傳播學的一條公理，傳播是人的天性亦是文化的本性和基本特徵，一切文化都是在傳播的過程中得到發展的。施拉姆稱「傳播是社會得以形成的工具」。社會學家查爾斯·科利認為文化傳播是人類關係賴以存在和發展的機制，是一切智慧的象徵。人類學家愛德華·薩皮爾也強調，每一種文化形式和每一社會行為的表現，都或明晰或含糊地涉及傳播。這些描述說明了文化傳播的可能性、普遍性以及在社會發展中的重要性。

文化及其傳播從空間和時間兩個維度展開，相對穩定的文化主要在一定的空間表現出共時性特點，不斷變化的文化透過時間序列表現出歷時性特點。文化總是在特定時期表現出特定的形態，文化人類學中的「文化圈」就是時間與空間、歷時與共時共同作用的某種狀態，就像樹的年輪。

文化就是傳播還可以從以下幾個方面理解：一是人類主體性。文化是人與人、群體與群體之間進行接觸、溝通和交往活動，離開人這個主體，文化不復存在。動物沒有文化。二是社會性，人是社會動物，人際交往、群體之間接觸是人類社會必要條件和基本特徵。由於人的這種社會文化屬性，這種接觸溝通就是文化的動態特徵，就是傳播。三是社會動力學，按照孔德的觀點，人類社會發展的總體特徵是，人身上的動物性逐漸削弱，

其知性、德性逐漸發達，並最終取得支配地位。在這一過程中，文化起著決定作用，社會的發展是由精神、道德等文化的完善決定的。人類社會進化的總方向是：由於文明的發展，人的物質條件不斷改善，越來越求之於社會本能和理性，人的文化本質屬性將得到充分展現。社會進化是由文化決定的，而文化透過傳播體現。四是創造性。在文化傳播活動中，人類對資訊的收集、選擇、加工和處理，處處都包含著人類的智慧，彰顯著人類的創新。

文化即傳播。在這個意義上講，跨文化傳播就是文化之間的溝通。

第二節　文化的個體認知要素

個體認知要素對跨文化傳播存在影響，這實際上是在跨文化傳播中，不同文化背景的傳播者對資訊接受和處理過程中，受自身文化影響的問題。認知就是個體對外部環境刺激作出選擇、評估和組織的過程。透過這個過程，個體把外部環境的刺激轉化為有意義的內部經驗。人的一生始終在進行這種認知，並由此不斷累積人生經驗。文化的形成和累積、修訂和改變都是如此。

具體說來，按照湯瑪斯‧奧斯托姆等人的觀點，認知包括符號、結構和過程的認知系統三個層面。史蒂芬‧李特約翰從線性角度歸納為互為關聯的三個部分，即第一，符號的闡釋，理解和意義生成的過程，即意義是如何產生和發展的，人們如何理解資訊的內容與交流者的意圖，如何評估行為產生的根本原因；第二，資訊的管理，即資訊如何被整合到認知系統中，如何影響傳播者的態度，以及一致性如何成為人們組織資訊的原則的；第三，傳播者如何做出判斷，即人們如何把獲得的資訊與已有的知識

和期望進行比較，資訊與期望的偏離，以及如何評估資訊的價值。

　　可以看出，個體認知要素對跨文化傳播的影響實際上反映在整個傳播過程，或者說它本身就是一個過程。近幾十年來，國外學者在這些方面形成了一系列相關理論。

一、符號的闡釋

　　關於認知的理論非常多，這裡我們注意到約翰‧格林的「行動集合理論」，這一理論力圖對人們的傳播行為過程進行闡釋。這一理論認為，人們具有兩類知識：內容性知識和程式性知識。前者是指有關世界或者某些事物的知識，後者是指能夠調集這些知識的知識。如果說前者是相對靜止的知識的話，後者就是相對動態的知識，格林特別強調後者的重要性。程式性知識，「程式」格林用的是 procedural，英文中是手續、程式、方法，尤其指法律上的規定性的程式。這些程式知識是由大量的記憶節點緊密聯結的知識網路，主要是與一定行為、後果有關的節點。當受到環境刺激時，根據具體情況需要程式性知識調動有關內容性知識，啟動有關聯程式採取行動，進行反應。

　　雖然是一般傳播的認知理論，但根據我們所持的觀點，即嚴格說任何傳播都是跨文化傳播，這個認知過程也是文化交往和溝通的過程。

　　文化是複雜的，文化結構更加複雜，即使是個體，也難準確表達。按照格林的理論，個體文化結構的外層是社會主要制度，制度就是規定性甚至強制性的程式，也就是 procedurl knowledge。中層是在制度規定下的相關活動規則，比如「文化角色」，就規定了特定社會個體行為方式必須符合這個社會的規範，這些規範就是文化角色。這兩個層次都屬於格林所說的「程式性知識」。最內層是文化的核心層，屬於精神方面的知識，大致

與格林「內容性知識」相當。實際上，任何文化的內容性知識都遠比這龐大得多，多德這裡強調的是核心內容。按照格林的理論，個體在外部世界刺激下，根據自身文化的規定性，啟動程式性知識和關聯程式，調動有關的內容性知識，透過行動進行反應。比如說歐美人路遇熟識的人打招呼：「嗨，你好嗎？」對方也就會微笑回答：「我很好，你好嗎？」歐美文化的規定性讓雙方都知道對方並不真正關心自己的健康，而是一種禮貌的問候語。當路遇熟人，內容性知識發出的指令是需要禮貌性問候，程式性知識啟動，幾乎無意識地調動身體點頭，面部微笑，同時發出問候性言語。如果當這個英美人路遇的是一個傳統的中國人，後者會微笑、點頭、問候：「您吃了飯嗎？」這個「老外」完全可能一臉茫然。因為在他的內容性知識裡沒有儲存吃飯與問候的聯結，程式性知識也無法啟動相關對應程式。這是一次失敗的跨文化傳播事件。儘管這位「老外」第二次遇到類似情況他還會困惑，但是，第三次、第四次以後，他會把這種外部刺激轉化為有意義的內部經驗，在他的內容性知識中把吃飯與問候聯結起來，並與他原有的問候知識形成「並聯」結構，形成可供選擇的內容性知識，再在程式性知識中分別與微笑、點頭和問候「串聯」起來，從而完成一次認知過程。當他今後遇到中國人，特別是用中國傳統方式問候的中國人，他就會應付自如了。僅就這一點來說，我們說他「懂了中國文化」，能夠順利地與中國人進行跨文化傳播了。

二、資訊的管理

資訊的管理，就是指資訊接收後如何被整合到認知系統中。

在跨文化傳播中，幾乎所有的研究者都認為大多數的人在傳播中都有「民族中心主義」，無論你是否察覺到或是否有意識。這種以本民族文化

為核心的意識，在傳播中實際上成為跨文化傳播的一個衡量標準尺度。資訊的管理其實就是以「民族主義」為尺度，把接收到的資訊整合到自己的認知系統中。

而從多德的圖示可以看到，個體的認知要素中，最為重要的是價值觀。

米爾頓・羅凱奇在《有關變化的綜合性理論》中認為，每一個人都有一套包括信念、態度和價值觀的組織嚴密的系統。這一系統對人類的行為起著指導作用。從文化學的角度看，信念、態度和價值觀是文化的核心價值體系。但是羅凱奇的貢獻在於深刻闡述了這些因素之間的關係。他認為信念是人們做出的有關自身和外部世界的「成千上萬」種闡述，就是說信念本身就是一種系統，有具體的信念，也有普遍性的信念，有比較穩定的信念，也有臨時性的信念，有居於核心地位的信念，也有居於邊緣的信念。如相信自己父母的婚姻美滿就是一個中心信念，相信自己留短髮更好就是一個邊緣信念。只有那些居於核心地位的、穩定的普遍性的中心信念最難以改變，對人的信念系統產生根本的影響。這就是為什麼父母離異往往會動搖孩子的信念的原因。羅凱奇對人的信念系統的闡述，特別是所謂邊緣信念的闡述雖然不一定是人們一般意義上理解的信念，但這種分類法和系統性對於理解和說明跨文化傳播的可行性、程度，甚至文化衝突提供了一種可以觀察和度量的參照系統。

態度是有關某個特定事物的信念組合，它預設了人們以這種而不是那種方式對該事物採取行動及其方式。如一個人具有認為園藝「很有意思、可以省錢、可以消除緊張情緒」並能對美麗的植物審美等信念，那麼他對園藝就持一種積極的態度，並一有空閒就喜歡做園藝。不同文化背景的人對於同一事物具有不同的態度其實就是由於不同的信念支撐的。如西方人

和中國人對於「龍」的態度，前者認為龍是邪惡的、令人恐怖的、醜陋的動物，而後者認為龍是威風的、可敬佩的、美好的象徵。羅凱奇對於態度的區分對於跨文化傳播也有著積極意義。他區分兩種最重要的態度：對事物的態度和對情況的態度，前面對於「龍」的態度就是對於事物的態度，而對不同的情況，人們的信念也導致不同的態度。如無度消費，傳統中國人認為節約是美德，過度的消費是浪費，「貪汙和浪費是極大的犯罪」，因此對無度消費持否定態度。當代相當一部分年輕的中國人，受消費時代的影響，認為消費是一種享受，是一種生活時尚，是人生價值的一種體驗，因此對無度消費持相當肯定的態度。在羅凱奇看來，一個人在特定情況下的行為方式是事物態度和情況態度復合作用的結果，要把兩種態度放在一起觀照。如西方人到中國人家中作客，最大的苦惱之一就是吃主人或主婦不停地夾進自己碗中的菜餚。這是事物態度和情況態度衝突的結果：就一般情況而言，西方人對中國菜持肯定態度，而對中國人的「勸食」習俗這一情況持否定態度，而作為客人出於禮貌，還是勉為其難了。

　　羅凱奇強調，在闡釋人類行為的三個概念中，最重要的是價值觀。按照羅凱奇的解釋，價值觀是一種特殊的信念，即是居於系統中心地位的、造成人生指南作用的特定類型的信念。他把價值觀分為工具價值（instrumental value），如勤奮工作、忠誠等指導人類日常生活和行為的信念和人們為之奮鬥的最終目標，如財富和快樂等終極價值（terminal value）。在跨文化傳播中，價值觀是最深層次的、最根本的。從傳播障礙的角度講，價值觀的衝突是跨文化傳播的形式最多樣化而又最根本的衝突，是最難踰越的跨文化傳播障礙。

　　羅凱奇還指出，在信念－態度－價值觀系統中，另有一個具有全局性重要意義的組成因素是人的自我概念（self concept），即對自身的信念。

這種自我信念就是要回答「我是誰」，也即人的自我歸屬感。近些年中國坊間有一句話非常流行：「我是流氓我怕誰？」就是一種心理歸屬的導向。就是說自我信念是對由信念、態度和價值觀組成的認知系統起指導作用的信念。這種導向作用非常強大，在人內傳播中它指引人的整個認知系統向著社會規範確認的認知類型趨同，在跨文化傳播中它造成文化身分的標示作用。這是文化個體認知的出發點。

三、對資訊的判斷

當傳播者接收到資訊，就會把所獲得的資訊與自己已有的知識和期望進行比較，透過資訊與期望的吻合度或者偏離度比較，對資訊進行判斷，並對其價值進行評估。

對資訊的判斷，比較經典的是穆薩弗·謝李維的「社會判斷理論」。這種關於個體對資訊如何做出判斷的理論認為：

首先，人們對在傳播中接收到的資訊有一個意義參照系，接收到的資訊與自己固有的參照系的對比，影響到對資訊判斷的基本起點。如你認為搞陰謀是不道德的，那麼你對為了任何目的非光明正大的做法都會給予負面評估；相反，如果你認為為了「正義」或「正當」的目的，可以採取任何手段，則你對某些文化普遍存在的「陰謀文化」，比如對於《三國演義》會認為可以理解。其參照就在於你認為這是謀略而不是陰謀。這表明意義參照系影響個體認知對資訊作出的判斷。

其次，對資訊的價值評判還涉及個體「自我介入」程度，即個體對特定事物的關聯程度。比如你讀《三國演義》，這是一部小說，與你關係不大，你的自我介入程度低；相反，如果你本身就善於陰謀或者謀略，或者你本身就是陰謀的受害者，你對相關資訊介入程度就高，則你的回應就強

烈得多。這表明個體的自我介入影響對資訊的判斷。

　　第三，對比和自我介入直接關係到所接收的資訊的判斷。當資訊內容或者意義遠遠超出個體認知範圍，資訊被接受的程度低，相反則接受程度高。當然，無論哪種都存在被歪曲的可能。一般說來對完全陌生的文化現象，由於遠離本民族中心或本民族文化尺度，一般會被放到「問題重重」的範圍給予拆拒。但也可能相反，例如西方人對中國「功夫」的態度就是典型，在跨文化傳播中，對陌生文化現象的歪曲判斷是個非常普遍的現象，乃至於專門有誤讀研究變化。

　　判斷還會引起態度的變化。一般說，如果資訊在可接受範圍，則它會促進態度變化。如果在不可接受範圍，則很難帶來態度的改變。

第三節　文化的形態、結構和模式

　　文化是一個整體。為了便於討論，人們對文化從不同方面給予認識，形成文化的結構、形態和模式等，跨文化傳播的理論研究和宏觀研究就是建立在人類文化這種結構類型的基礎之上。文化是由各種元素組成的一個複雜的體系。這個體系中的各部分在功能上互相依存，在結構上互相連結，共同發揮社會整合和社會導向的功能。然而特定的文化有時也成為社會變遷和人類自身發展的阻力。

一、文化的形態和結構

　　文化的形態是從廣義的文化上來講的，著眼於人類與動物、人類社會與自然界的本質區別的獨特的生存方式，其涵蓋面非常廣泛，所以又被稱為大文化。在這個意義上講的文化的形態，有物質文化與精神文化兩分

說，有物質、制度、精神三層次說，有物質、制度、風俗習慣、思想與價值四層次說，物質、社會關係、精神、藝術、語言符合、風俗習慣六大子系統說等等。我們在這裡以四層次說予以介紹。

物質文化。物質文化指人類在長期改造客觀世界的活動中所形成的一切物質生產活動及其產品的總和，是文化中可以具體感知的、摸得著、看得見的東西，是具有物質形態的文化事物。物質文化是人類文化的物化形式，是人的物質性活動及其成果，是人類文化驅動下創製的各種器物，即「物化的知識力量」構成的。物質文化以滿足人類最基本的生存需要——衣、食、住、行為目標，直接反映人與自然的關係，反映人類對自然界認識、把握、利用、改造的深入程度，反映社會生產力的發展水準。物質文化是文化諸要素中最基礎的內容。物質文化是人類的第一需要，它直接體現了文化的性質、文明程度的高低。英國人類學家 B・K・馬林諾夫斯基《文化論》中認為：「文化是指那一群傳統的器物、貨品、技術、思想、習慣及價值而言的，這概念包容著及調節著一切社會科學。我們亦將見，社會組織除非視作文化的一部分，實是無法了解的。」他還進一步把文化分為物質的和精神的，即所謂「已改造的環境和已變更的人類有機體」兩種主要成分。

行為文化。由人類在社會實踐，尤其是在人際交往中形成的約定俗成的習慣性定勢構成的。它以民風民俗形態出現，見之於日常起居之中，是具有鮮明的民族、地域特色的行為規範。用結構功能的觀點來研究文化是英國人類學的一個傳統。英國人類學家 A・R・拉德克利夫 - 布朗認為，文化是一定的社會群體或社會階級與他人的接觸交往中習得的思想、感覺和活動的方式。文化是人們在相互交往中獲得知識、技能、體驗、觀念、信仰和情操的過程。他強調，文化只有在社會結構發揮功能時才能顯現出

157

來，如果離開社會結構體系就觀察不到文化。例如，父與子、買者與賣者、統治者與被統治者的關係，只有在他們交往時才能顯示出一定的文化。法國人類學家 C・列維 - 斯特勞斯從行為規範和模式的角度給文化下定義。在他看來，文化是一組行為模式，在一定時期流行於一群人之中，並易於與其他人群之行為模式相區別，且顯示出清楚的不連續性。而英國人類學家弗思則認為，文化就是社會。社會是什麼，文化就是什麼。他在1951 年出版的《社會組織要素》一書中指出，如果認為社會是由一群具有特定生活方式的人組成的，那麼文化就是生活方式。美國文化人類學家 A・L・克羅伯和 K・克拉克洪在 1952 年發表的《文化：一個概念定義的考評》中，分析考察了一百多種文化定義，然後他們對文化下了一個綜合定義：「文化存在於各種內隱的和外顯的模式之中，借助符號的運用得以學習與傳播，並構成人類群體的特殊成就，這些成就包括他們製造物品的各種具體式樣，文化的基本要素是傳統（透過歷史衍生和由選擇得到的）思想觀念和價值，其中尤以價值觀最為重要。」克羅伯和克拉克洪的文化定義為現代西方許多學者所接受。

制度文化。制度文化是指社會生活的制度、體制、規則、程式等方面的現實特徵。國家制度是制度文化的典型形式和最高表現。一個社會或民族占統治地位的文化內涵，差不多都滲透在制度中。例如中國傳統的宗法文化特質就體現在舊中國的國家制度中：國家按照宗法家族的方式、價值觀念來進行管理。這種國家組織是直接從家族組織演變成的，家族的宗法關係、社會結構、組織模式和運作機制是國家制度的原本。在社會和文化的進化發展中，制度文化往往起著重大的關鍵作用：物質文化的進步成果能否得到確定和鞏固，精神文化的進步成果能否得到體現和落實，人類一切進步發展的努力能否成為人類自身的收穫和財富，最終要以制度化的程

度為標誌，看它們能否在制度化的建設中得到肯定。否則，再好的發明創造、再先進的思想理論，也只能是個別的、一時的成果，而不能成為社會持續發展的寶貴基礎。

　　精神文化。這是由人類在社會實踐和意識活動中長期孕育出來的價值觀念、審美情趣、思維方式等構成的。這是文化的核心部分。心態文化又可分為社會心理和社會意識形態。精神文化層排除物質創造活動及其結果部分，專注於精神創造活動及其結果，又稱狹義的文化或者「小文化」。泰勒《原始文化》中提出的狹義的文化，即是包括知識、信仰、藝術、道德、法律、習俗和任何人作為一名社會成員而獲得的能力和習慣在內的複雜整體。它是以社會意識形態和非意識形態為主要內容的各種觀念要素構成的體系。

　　精神文化主要包括哲學、科學、技術、宗教、文學、藝術、倫理道德和價值觀念等，並可歸為科學文化與人文文化。這兩種文化是最有活力的要素，猶如系統中的「軟體」一樣，它可以外化為制度和器物，內化為價值規範。在文化系統中，精神文化，特別是價值規範，即價值觀念和行為規範，起著核心的作用。

　　文化的形態與結構，是從不同研究視角而言的，實際上是一回事。文化形態是指文化存在、表現，也是可供觀察的方式，文化的結構是指不同文化形態之間的關係。一般說，精神文化是一種文化的內核，是文化系統最深層次的內容，它決定和制約著特定文化的其他文化形態方式。既然是精神的，精神文化就是形而上的，抽象的。它要透過其他文化形態表現出來，又是物質文化、行為文化和制度文化的唯一闡釋和說明。一種文化的精神文化相對穩定，這種穩定也透過特定社會生活的制度、體制、規則、程式等方面的穩定體現出來。與精神文化相比較，制度文化是半抽象的，

它是對行為制約的遊戲規則，而不是具體行為，但很多時候透過文本形式，直接或者間接，明確或者潛藏地表現出來。行為文化是精神文化和制度文化的「具象」，是把文化以動態的方式顯現出來，並傳承下去。物質文化也是精神文化和制度文化的「具象」，是把一種文化以靜態、穩定的方式顯現出來並傳承下去，與行為文化不同的還有，它本身就是行為文化的一種固態形式。

　　總之，一種文化就是以精神文化為特質，以制度文化為框架，以行為文化為經緯，以物質文化為具象的結構體系。

二、文化的模式

「日神型」、「酒神型」和「妄想狂型」文化模式

　　露絲・潘乃德於 1934 年出版了《文化模式》一書，這本被米德讚譽為「字裡行間充滿了晶瑩閃亮的新鮮露珠，對於初次接觸這種觀點的讀者展現了一個新的世界」的著作，是最早系統地研究人類文化模式的專著之一。尼采在《悲劇的誕生》中將文化精神分為兩類，一是日神精神，二是酒神精神。潘乃德認為尼采式或精神病學式的標籤並不適於所有社會。她也不相信能建構起某種適於過去、現在和未來的所有人類社會的封閉體系。她致力於勾勒一幅發展人類文化的圖畫，而對此是無法加以規定的，因為人類文化所可能存在的結合是那樣繁多，那樣變化多端，以至無窮無盡。她在《文化模式》一書中，從文化與人格、文化與國民性等方面，對由一種主導動機支配的三種文化進行了比較研究。在這樣一種框架下，潘乃德向我們展示了不同文化模式中人們心理（人格）特徵的不同變異。

　　新墨西哥州的祖尼印第安人，因其信奉中庸之道，行為節制、中和、熱衷禮儀以及個性淹沒於社會之中而成為日神型（Apollonian）人。潘乃德

借用尼采的名言說，他們甚至在跳舞的洋洋得意之中，也墨守成規，維護公民榮譽。祖尼人、霍皮人這樣的印地安人居住在酗酒成性、濫用藥物的其他印地安人之中，但從不使用酒精和致幻藥物。不僅如此，「無論用藥物、酗酒、齋戒、苦刑和舞蹈，凡超出正常感覺程式，任何經驗都不會為普韋布洛人所追求或容忍。他們與此類分裂式個人經驗沒有絲毫關聯。其文明盛行的對中和的熱愛，沒有這種經驗的地位。」

　　住在美洲西北海岸溫哥華島上的誇庫特耳人是一個精力旺盛而又傲慢自負的民族，他們以其酒神式特徵（Dionysian）與祖尼人形成直接鮮明的對照。他們偏愛個人競爭對抗，嗜好心醉神迷，具有偏執狂似的權威幻想。如在宗教儀式中，領舞人在表演高潮要失去自我控制，進入迷狂狀態，口吐白沫，全身顫抖，做出各種令人恐懼的行為。他們把這種迷狂頌揚為超自然的奇物。誇庫特耳人偏愛個人競爭對抗，其文化中對於這種競爭對抗表現於近於痴迷地炫富，這種炫富成為誇庫特耳人的競爭方式甚至戰鬥方式：「我們的戰鬥不用武器，只用財富。」為此，在盛大的炫富宴會上甚至不惜送掉或者毀掉財富來炫耀。而其獲勝的首領的演講正表現出誇庫特耳人的文化理想：

　　　　我是使人羞愧的偉大酋長，

　　　　我是使人羞辱的偉大酋長，

　　　　我們的首領使他人無地自容，

　　　　我們的頭人引起嫉妒的面容，

　　　　他用自己在這個世上不斷幹出的一切，

　　　　使他人羞愧難當，

　　　　這就是我們的首領，

第六章 文化的認知要素和文化類型

舉辦招待所有部落的盛宴，

四次三番。

……

里奧福瓊在《多布的巫師：西太平洋島上的社會人類學》一書中對美拉尼西亞的多布人有過詳盡的描述，潘乃德正是在福瓊研究基礎上分析多布人的文化特徵。在她看來，多布人 —— 一個伊阿古似的人種，其文化隱祕、無法無天、背信棄義、執拗冷酷、鬼鬼祟祟、反覆無常 —— 在個人與惡劣環境的衝突中看待人生；他們對自然有精神病患者式的恐懼，對鄰人則有病態的懷疑。她借用了精神病學的術語「妄想型」來概括多布人的性格。

潘乃德區分了三種不同的文化模式，並闡述了其主要特徵。但她並沒有認為世界文化模式就是這三種或者日神型和酒神型兩種。只是因為其巨大的影響，使人誤解而已。如李澤厚就說過：「世界的文化類型分為日神型和酒神型。酒神型文化追求的是個人的自由，日神型文化注重的是群體的和諧。」中國文化屬於日神型，中國人一直崇尚中庸之美，所以中國文化缺乏上文所說的劇烈的悽愴之感。雖然沒有說是潘乃德，但意思是明確的。相反，潘乃德認為世界上的文化有多種模式，尼采或精神病學的標籤不能概括所有社會文化。

另外，潘乃德透過對印第安人的日神型文化模式和酒神型文化模式的研究，以及後來對日本民族的恥辱感型文化模式和西方的罪感型文化模式的探討，深刻地揭示了文化模式對個體和民族的行為的決定作用。她指出，「一種文化，就像一個人，或多或少有一種思想與行為一致的模式。每一種文化之內，總有一些特別的，沒必要為其他類型的社會分享的目

的。在對這些目的的服從過程中，每一民族越來越深入地強化著它的經驗。並且與這些內驅力的緊迫性相適應，行為的異質項就會採取愈來愈一致的形式。當那些最不協調的行為被完全整合的文化接受後，它們常常透過最不可能的變化而使它們代表了該文化的具體目標。我們只有先理解那個社會的情感與理智的主要動機，我們才能理解這些行為所採取的形式。」

　　很多文化學者和社會學家都注意到文化模式對個體行為的強製作用。他們認為，由於文化是群體的和共同的，所以它對個體具有強制性，一個人如果明顯背離其所生活於之中的文化時，他的生存就將陷於困難。文化本身是限制個人行為變異的一個主要因素。文化是我們身外的東西——它存在於個體之外，而又對個人施加著強大的強制力量。我們並不老是感到文化強制的力量，這是因為我們通常總是與文化所要求的行為和思想模式保持一致。然而，當我們真的試圖反抗文化強制時，它的力量就會明顯地體現出來了。

霍夫斯泰德的文化模式

　　在世界著名跨國公司 IBM 人事部門從事管理工作的霍夫斯泰德教授發現，儘管公司有一套深厚的公司文化，但是 IBM 遍布世界各地分支機構的員工的文化價值觀卻差異很大。1968 年和 1972 年，他在 IBM 員工中做了兩次研究，調查了 11.6 萬名員工，這是當時針對員工態度的最大規模的研究。這項研究從美國 IBM 公司在全球 40 個國家和地區的子公司的僱員中收集的 116,000 多份問卷。這些國家和地區分布於北美、南美、亞洲、歐洲、非洲、大洋洲，包含了美國、中國、英國、法國、德國、日本、阿拉伯等各種具有代表性的國家文化。在大量的調查數據中，霍夫斯泰德教

授試圖找出能夠解釋導致大範圍內文化行為差異的因素。從而形成像 IBM 這樣龐大的跨國公司跨文化管理的思路。基於這項研究，霍夫斯泰德在其《美國的動機、領導和組織的管理理論適用於外國嗎？》一文中，他從四個方面分析了各國的文化：權力距離、對不確定因素的避免、個人主義／集體主義以及男性化／女性化。形成了關於文化差異的四種維度模式理論。

霍夫斯泰德認為，文化不是個人的特徵，而是包括由相同教育和生活經歷共同造就的一群人的特徵。文化可以是多層次的 —— 家庭、社會、群體、地區、職業環境以及國家。由於霍夫斯泰德把文化界定為「在一種環境中人們的共同心理程式」，因此，與作為人類學家的潘乃德不同，作為 IBM 公司的人事部門管理學家的霍夫斯泰德，其文化模式是指「國家文化」，如美國文化、日本文化、法國文化等等。雖然這種「國家文化」並不意味著該國每個人都具有這些文化特徵，但它代表了國家主流特徵，「大多數國家居民享受一種國家的文化特色」。而區分不同國家文化，霍夫斯泰德按照四個標準並形成以下四種維度。

權力差距。即一個社會成員承認、接受在機構裡和組織裡權力分配不平等這一事實的程度。例如向屬於不同國家文化的管理者詢問，對於其部屬提出的有關工作的大多數問題，給出精確的答案是否非常重要，大約四分之三的印尼和日本管理者回答是，這表明高度權力距離。形成鮮明對比的是，多數不列顛、丹麥和美國管理者相信他們應該是一種資源，是問題解決者，可以提供一種個人支持（表明低度權力距離）。權力差距小的文化認為社會上的不平等應縮小，所有的人都應當相互依賴等。而權力差距大的文化則認為世上存在不平等的秩序，人們的地位的高低由該秩序保護。霍夫斯泰德認為大多數國家都處於這兩者之間。

迴避不確定性。即一個社會對不確定和模糊環境所感到的威脅的程度，並試圖透過對事業提供更多的穩定性、建立更正式的規則、不容忍離經叛道的思想和行為、信仰絕對的真理和專家的學識，來避免這種狀況的發生。在這方面的兩個極端文化的對比是，迴避不確定性較弱的社會，對生活中所固有的不確定性比較容易接受，並把它當作每天都會出現的事。迴避不確定性較強的社會，生活中固有的不確定性被認為是必須要不斷克服的威脅，有較大的憂慮和精神壓力。

個人主義 —— 集體主義。個人主義表示一種組織鬆散的社會結構，在這個結構中，人們應該自己照顧自己及其直系家庭。集體主義以緊密的社會結構為其特徵，在這個結構中，人們對內群體和外群體加以區分，人們期望他們的內群體（親屬、氏族、組織）來照顧他們，作為這種照顧的交換條件，他們對內群體擁有絕對的忠誠。霍夫斯泰德認為，個人主義 —— 集體主義這一價值標準是衡量個人與集體連繫是鬆散還是緊密的一個尺度。該尺度描述的是在一個特定的社會裡個人與集體的關係，反映的是人們在一起生活的方式。它相應地體現在各色各樣的價值觀上。個人主義文化強調的是自我和個人的成就，同集體、社會的關係鬆散，相互依賴程度低；而集體主義文化強調社區或群體的和諧，與集體、社會連繫緊密，相互依賴程度高。在個人主義的文化裡，個人的目標高於集體的目標；而在集體主義的文化裡，則剛好相反。在個人主義的文化裡，人們認為，只要照顧好自己與直系親屬即可；而在集體主義的文化裡，個人屬於集體，有時為了集體的利益要犧牲個人的利益。比較而言，個人主義文化的成員擁有更多的具體團體，如家庭、宗教團體、各種社會俱樂部、職業組織等等，左右著他們在某個具體社交場合的舉止行為。同時，正因為社團的眾多，結果每個團體對所屬人員的影響力較弱。而集體主義文化裡的

成員只有幾個普通的社團，如在亞洲的集體主義文化裡只有工作、單位、學校、家庭等，這些組織對所屬的成員產生很大的影響。個人主義文化的成員傾向於平等對待圈內與圈外人，而集體主義文化的成員卻傾向於採用不同的標準對待圈內與圈外的人。因此，同一種名稱的社團在這兩種不同的文化裡，其勢力影響範圍是不同的。通常是集體主義文化的社團影響範圍大於個人主義文化的團體。如家庭，在個人主義文化裡主要指的是其核心家庭，而在集體主義文化裡往往指的是大家庭。

男性化。這一維度測定的是這樣一種程度：社會中主導價值觀男性化的程度。表現權威和自信、賺錢立業而不顧其他、不管生活的質量、不顧他人等這些價值即被標以「男性化」，之所以這樣命名，是因為幾乎在所有社會「之內」，男性在這一維度上積極意義的價值觀方面的得分，都要高於它在消極方面的價值觀的得分。它對立的極端是「女性化」。

長期取向與短期取向。這是麥克邦德與一些中國同行基於亞洲研究人員所反映的儒家價值觀的問題提出的一種新的調查方法。霍夫斯泰德據此補充了他的學說，提出長期取向與短期取向。長期取向的文化關注未來，重視節儉和毅力。他們認為儲蓄應該豐裕；固執堅持以達到目標；節儉是重要的；對社會關係和等級關係敏感；願意為將來投資；重實效的傳統和準則以適應現代關係，接受緩慢的結果。這種社會考慮人們的行為將會如何影響後代。在短期取向的文化裡，價值觀是傾向過去和現在的。人們尊重傳統，關注社會責任的履行，但此時此地才是最重要的。公司更關注季度和年度的利潤成果，管理者在逐年或逐季對員工進行的績效評估中關注利潤。

霍夫斯泰德研究的是不同文化之間的連繫與差異。他用了「維度」一詞，所謂「維度」（Dimension）是物理學概念。維，在拉丁語中的意思是

「完全的加以量度」。維度就是連接兩個同種空間的通路。例如：兩條平行線可以看作是兩個相對獨立的一維空間，要想從一條線到另一條線就需要建立一條新的直線連接二者，此直線就是維度。霍夫斯泰德的四種或者五種維度都透過圖表的形式包括一些具體的內容，如「權力差距維度」中有「社會上的不平等應當縮小世上應當存在不平等的秩序」，既是有關維度包含的具體指數，也是對維度的測試內容。世界不同國家的文化的區別可以從以上四（五）個維度上具體內容加以量化，並進行跨文化比較，甚至可以透過世界文化地圖表現出來。這裡面其實也暗含了不同文化的共通性。秉承美國實證傳統，霍夫斯泰德的模式可以對世界不同國家文化簡便而精確的予以描寫、表述和分類。

當然，霍夫斯泰德的批評者認為，首先，文化與國家關係問題。霍夫斯泰德把文化與國家看作是一對一的關係，但許多國家有多種文化。霍夫斯泰德的研究過於單一和粗放。其次，元文化的影響問題。研究人員全由歐洲人和美國人組成。他們根據自己的文化視角和所關心的方面來向 IBM 公司僱員提出問題，然後對答案進行分析。因此，有人認為霍夫斯泰德的研究結果只能證實西方的陳舊偏見。再次，研究對象文化代表性問題。霍夫斯泰德的研究對象，不但只是電腦工業單一行業裡的工作人員，甚至只是 IBM 公司這一家公司裡的人員。眾所周知，IBM 公司以自己強有力的公司文化及僱員篩選程式而聞名。因此，很可能 IBM 公司僱員的價值觀在許多方面不同於僱員本國的文化價值觀。最後，要特別小心的是，霍夫斯泰德的工作開展於二十世紀六、七十年代，文化是發展變化的，特別是在全球化時代，文化接觸比歷史上任何一個時代都劇烈，文化之間的界線並不那麼明顯。儘管如此，霍夫斯泰德的研究成果仍舊代表了一種比較成熟合理的、可以運用的文化模式研究框架。

高語境文化與低語境文化

愛德華·霍爾在《超越文化》中根據傳播中資訊交流到底是來自交流的環境還是來自傳播的語言，把文化劃分為低語境文化和高語境文化。這一對概念的提出，對跨文化傳播中的傳播與環境關係的研究頗有啟迪，它拓寬了人們在這一方面研究的視野。

根據霍爾的觀點，在高語境文化中，人們在傳播時有較多的資訊量或者蘊含在社會文化環境和情景中，或者內化於傳播者的心中。傳播中的資訊大部分都是由身體語言、環境語言，或傳播者內在素質來傳遞，相對地講，明顯的語言符號則負載較少的資訊量。這也意味著，高語境文化中的人們對微妙的環境提示較為敏感。低語境傳播則剛好相反，絕大部分的資訊由明確編碼的語言來完成，只有少量的資訊蘊含在隱性的環境中。這意味著，在低語境文化中的人們習慣側重用語言本身的力量來進行傳播。高語境背景的人與低語境背景的人在交際中有很大不同，在高語境系統中長大的人比在低語境系統中長大的人懷有更多的期望。當談論他們心中的苦惱與憂慮時，來自高語境的人會期望對方明白是什麼在困擾著他，但又不想做具體的說明。結果是他會在交談中環顧左右而言他，除了關鍵的一點什麼都談了。而領會這最關鍵的主旨則是對方的任務。

當然，這樣的比較是相對的比較。高語境與低語境傳播存在於一切文化當中，當然只有一種傳播（或低語境或高語境傳播）在文化中占主導。不言而喻，不同文化中的傳播，對傳播環境的依賴程度可能相差無幾，也可能有天壤之別。譬如，東方和西方在這方面的差異是非常懸殊的。東方文化屬於集體主義文化，高語境文化，其傳播風格委婉，追求和諧；西方文化屬於個體主義文化，低語境文化，其傳播風格直接又明確。這就是為什麼在中國社會中，人們傳播時重「意會」。而美國人傳播時，十分重視

「言傳」的緣故。霍爾認為接近低語境文化的有美國、加拿大、英國、瑞典、德國以及北歐的一些國家；其他一些歐洲國家，如法國、義大利和西班牙及土著美洲人、南美、亞洲、非洲等國家和民族則接近高語境文化範疇；而日本文化被認為是一個由高語境文化向低語境文化過渡的文化。

威廉‧B. 古迪昆斯特根據他關於跨文化傳播的消減不確定性理論，研究了高語境和低語境文化在跨文化傳播中對不確定性消減和具體行為的可預見性，得出的幾項基本結論，也可以看作是高低語境文化的區別。

第一，在與陌生人初次交往中，高語境文化的成員比低語境文化成員更加謹慎。高語境文化主要依靠傳播對象社會文化背景提供的資訊，而陌生人正是缺乏甚至嚴重缺乏這方面資訊，則傳播中不確定性增大，引起的焦慮增多，因此高語境文化成員寧願謹慎，以消減和控制傳播中的不確定性。

第二，低語境文化成員比高語境文化成員有更多非言語行為。古迪昆斯特對此的解釋是：「高語境文化非言語行為相對較少，正好與其在初次交往中顯示出的高度謹慎有概念性的相容性。」

古迪昆斯特的解釋是正確的，雖然有些語焉不詳。我們將在非言語傳播有關章節中討論到，有聲言語的表達能力有限，而非言語行為可以補充有聲言語，而且更加真實。低語境文化主要依靠語言本身，主要是指有聲語言進行傳播，當有聲語言不足以表達時，伴隨的非言語行為自然加入傳播。而高語境文化並不主要依賴於語言進行傳播，與低語境文化不同的是，儘管高語境文化也依賴非言語行為，但它不是有聲語言的伴隨，而是作為語境構成因素獨立地使用。

第三，高語境文化成員比低語境文化成員更加容易從陌生人的背景進行推斷。這證明了霍爾的觀點，即高語境文化成員比低語境文化成員更容

易意識到文化篩別的過程，高語境文化成員對自己人與外人的區分比低語境文化成員更清楚。

第四，高語境文化成員比低語境文化成員更多地詢問陌生人的背景情況。這一點與上一點是一致的。因為他們不了解陌生人，他們就會盡量地了解對方的背景情況，根據其所屬的文化或者亞文化，從而推測對方，以降低跨文化傳播中的不確定性和焦慮感。

嚴明舉例說明高語境文化與低語境文化的不同。他引證跨文化傳播研究學者迪納・R. 萊萬（Deena R.Levine）對非洲埃塞俄比亞的集體主義的阿姆哈拉文化的描述：阿姆哈拉人的傳播基本方式是間接的，並常常是守口如瓶的。阿姆哈拉人的談話充滿了泛泛的、含糊其詞的話語，如說話人並不明確所指之事時，就問：「什麼更好？」；說話人並沒具體說明自己所要之物，就說：「給我。」說話人在打量著眼前之事或自己所要之物，他的回答可能還是沒有透露出他心裡的真正想法。

萊萬還描述了在美國的個體主義文化中的傳播，美國的生活方式恰恰相反，幾乎沒有給模糊傳播的素質培養提供什麼空間。美國人的傳播的主流特徵是清楚和直接的傳播。像以下的言語如「把話說出來」、「不要環顧左右而言他」、「說主要的」，在美國人的傳播中常常可以聽見。通常，低語境文化的人認為委婉傳播風格比較低效。其實，高語境傳播與低語境傳播一樣有高效與低效之別。大部分的高語境傳播是高效的，因為在具體語境裡聽者知道如何解讀說話者的委婉資訊。

當我們說東方文化屬於高語境文化，西方文化屬於低語境文化的時候，我們指的是東西方的主流文化。實際上，東方文化裡也有需要語言明確表達的場合和喜歡採用低語境文化交流模式的人們，例如：教師在課堂上傳授知識。在西方文化裡，亦如此，也有喜歡採用高語境文化交流模式

的人，例如：當人們向別人開口借錢時，或者有什麼不好的資訊需要傳遞的時候，往往都會使用委婉含蓄的語言，而不是直接明確的語言。因此，不能絕對化。隨著全球化的進程不斷加快，世界文化的格局也正在發生變化。遠的不說，目前，中國的高語境文化正在經歷著向低語境文化演變的過程。越來越多的中國人不再注重口頭承諾而是尋求白紙黑字的合約證明，以盡量減少口說無憑的麻煩。所簽的合約、單位的各項規章制度、獎懲條例等也比以前詳盡、細緻，吸取了以往中國人的合約太籠統的教訓（如中國古代的各類契約、現代的一些合約等等行文都比較粗放，留有許多想當然的意味成分，遠沒有西方的合約來得細緻）。如，1980 年代末，中國一位留美女學生找了一份看護一位美國老太太的工作，合約上說明由該老太太提供食宿。中國人一般認為食宿兩字就足夠了。結果，她去了以後，才知道住的房間小得不能再小，吃的更不用說了，有時是老太太從寵物食品店購來給狗吃的東西。後來才明白，當時訂合約時就應該明確住房的大概面積和一日三餐的大致內容與價值，甚至言明三天內主食不重複等等，一定要把合約的每條每款寫得清清楚楚。

第四節　文化的功能

一、文化變遷和文化接觸

　　C. 恩伯和 M. 恩伯在《文化的變異》中指出：「文化是不斷變遷的。由於文化是由習得的行為和觀念的模式所構成，隨著人類需要的變化，既可以放棄舊的文化特質，也可以再次習得新的文化特質。」文化變遷是指一切文化都處在動態的發展和變化之中，都不同程度地經歷著產生、發展、變化、衰退和再生的過程。從文化發展的角度講，文化變遷是一種客

觀普遍的規律，是文化自身運動的必然結果。文化處於不斷的變遷之中，這是由社會發展所引起的一種內在的律動。

恩伯夫婦《文化的變異》按照文化變遷的廣度和烈度，把文化變遷的「源泉和動因」歸結為發明和發現、傳播、反抗與叛亂等，文化變遷的動因之一是文化接觸，或者說是文化的交流與傳播。這種文化接觸的結果就是下面要談到的文化的涵化。文化接觸就是因不同文化傳統的社會互相接觸而導致一方或雙方體系改變的過程。文化的交流與傳播無孔不入，並透過各種媒體從形式到內容逐漸滲透，改變著文化主體並建構一種新的社會文化結構、文化風格和文化模式。譬如發生在二十世紀初中國的五四運動和新文化運動，就是中國近代社會的一次大規模的文化變遷。這次文化變遷完全得益於西方民主和科學思想在中國的傳播和啟蒙。文化傳播造就了一大批新文化運動的傑出人物和領袖。他們接受當時先進的西方現代思想，身體力行，付諸革命實踐，從而開創了文化的新視野和新境界。如果沒有五四運動和馬克思主義在中國的廣泛傳播，中國就不會發生社會主義文化取代半封建半殖民地文化的大變遷。

文化與傳播實際上是動態與相對靜態的不同形態，因此文化的功能是在動態情況下，或者說是透過文化接觸體現出來的。在跨文化傳播過程中，可以從兩個方面考察文化的功能。其一是作為個體認知和同一文化體系中的文化接觸；其二是文化作為相對穩定狀態，不同文化之間的接觸。正是由於文化的交流與傳播，文化的功能得以發揮作用。

二、文化的對內傳播

文化對內傳播的功能是指屬於同一文化社會的人們，作為個體的文化認知，或者作為群體不同的亞文化之間相互作用。文化的功能是巨大的、

多重的，主要表現在以下幾個方面：

❖ **文化傳承**：文化的傳承功能指文化是集認知、記錄和傳播於一體的，起著「前人所以垂後，後人所以識古」的作用。這種傳承功能不僅是超越時間的，而且是跨越空間的。文化自被人類所創造起，就起著記錄的作用。人類在矇昧時期主要透過口耳相傳，將經驗、知識、觀念口耳授受，代代相傳。文明時期文字的出現，極大地提高了文化的記錄和傳播水準。中國的甲骨文、埃及的莎草紙、巴比倫的楔形文字等等，都留下了人類早期社會實踐的記錄。隨著人類進步和科學技術發展，人類採用更多更有效的傳播手段傳承文化。物質文化也有這種功能。如秦朝的兵馬俑展現出秦王朝的風采；《清明上河圖》呈現宋代都市繁華嘈雜的生活圖畫。文化傳承功能就是透過媒介打破時空限制傳播文化。同時，人類的認知過程總是受到文化現象的制約和規範。人類正是透過文化的代代傳承，不斷累積經驗，改進思維方式，提高認知能力，從而逐漸地認識自然、社會、自身、世界。

❖ **文化濡化**：濡化指發生在同一文化內部的、縱向的傳播過程，是人與人的文化習得和傳承機制，本質意義是人的學習與教育。濡化傳統上稱為文化的教化功能，社會學上稱為人的社會化。文化是人所創造的。文化一旦形成，就反過來影響人、塑造人，發揮其教化功能。人從出生開始，就生活在一定的文化環境中。文化不僅自覺地、有意識地教化著人，而且更多的是耳濡目染、潛移默化地影響著人，使之成為社會的人。

❖ **文化凝聚**：文化的凝聚功能是指同一社會群體中的人們，受到同一文化類型或模式中的教化，從而產生相同的思維方式、價值觀念、行為習慣，並且緊緊團結在一起，形成一種集體意識，同時產生巨大的認

同抗異力量。文化的凝聚功能，在民族群體中表現得尤為明顯。世界歷史上，此起彼伏的民族衝突和戰爭的發生，一個重要原因就是外來侵略或外來文化的抵制，其實質就是這種認同抗異力量的表現。

❖ **文化調控**：文化的調控功能主要指透過制度文化、社會行為規範和精神思想文化對人的強制功能。任何一個社會，為了生存和發展，都會在實際運作中，要求其成員必須遵守某些行為準則和道德標準，形成一定的社會規範，使人們明是非、辨善惡，共同趨向某種社會價值觀，以保證社會在一定秩序中正常發展。

文化的傳播功能是同一文化的最基本的功能，其他功能都以此為基礎得以實現。濡化與調控功能是互為表裡的，它們使得文化成為一種尺度、一種選擇和一種框架，使這一文化體系內的人們知道重視什麼、忽視什麼，該做什麼和不該做什麼。人們在這種文化習得中形成共同的東西，表現出文化凝聚力，並透過文化傳承延續下來，成為獨特的文化體系。在跨文化傳播中，可以透過這些功能的表現，共時地考察一個社會的主流文化和非主流文化，也可以歷時地考察一種文化的變遷。

三、文化對外傳播功能

文化涵化

涵化是指當兩個文化群體接觸時，經過長期接觸，相互滲透、影響，使一方或雙方原有的文化模式發生變遷以相適應的過程。涵化過程一般有幾個特點：一是強勢文化的要素被認同並流行而成為主流文化；二是這種主流文化也因借取其他文化模式的某些因素而有所變化；三是文化經過整體融合而賦予更廣泛的意義。一般認為，涵化常常是一民族以政治控制和

軍事征服等手段，對另一民族建立統治時所產生的特有的文化接觸現象。因此涵化多是在外部壓力下產生的，經常伴隨著軍事征服或殖民主義統治。相互接觸的群體，總有一個是強大的，處於支配地位，另外的則處於從屬地位。從屬的群體通常從支配的群體借用的文化因素較多。文化涵化實際上是文化擴張功能，沒有兩種或兩種以上文化發生接觸而相安無事的情況，這時候不同文化總存在對抗性競爭，政治控制和軍事征服，甚至包括經濟壓迫的一方借助文化以外因素，在競爭中占優勢，所以多數情況下也在文化擴張上占優勢，最後成為主流文化。但文化也有自己的發展規律，所以也存在相反的情況，若從屬的群體擁有強大的文化優勢，最終被涵化的將是支配的群體。中國歷史上發生多次少數民族入主中原，但最終其自身的文化被涵化的情況正是如此。

跨文化傳播本身就是不同的文化在不同層次的接觸，考察文化的涵化現象，對於其文化走向有很強的解釋力。

文化同化

同化原為生理學概念，指食物在體內的消化過程。社會學上指不同文化單位融合成一個同質文化單位的漸進或緩慢的過程。在文化學上，同化是指屬於不同文化的個人或群體被融入社會中占支配地位的文化中的過程。最常見的同化是以入侵方式為主的強迫同化。入侵者借助軍事、政治和經濟力量把自己的文化強加於被入侵者。如日本在二戰前和二戰時期中對朝鮮等國家、臺灣等地區的同化。強迫同化是一種野蠻、落後的文化接觸方式，已經被人們逐漸拋棄。透過文化傳播、通婚等方式進行自願同化仍然是主流。目前人們最關注的是移民。一個定型的文化群體或民族，整個遷入某一社區，與其他文化群體或民族平等聚居，遷入者將在很長時期

內保留自己的文化，同化速度很慢。如果遷入者打破原來的文化群體，零散分布在各個地區，與其他民族聚居，他們將很快被同化。例如在美國，土著印地安人和數百萬從世界各地到來的的移民，經過重新安置、學校教育及美國生活中其他因素的影響，在兩三代之內幾乎完全被同化。從宏觀的文化接觸上說，不同體系的文化的同化只能是理論上的，徹底的、嚴格意義上的同化幾乎不存在。在跨文化傳播研究中，我們更多關注的是作為個體，或者作為小規模群體的文化同化。所謂「邊緣人」、「陌生人、」「新移民」等對主流文化不願意、不能夠認同和同化的人，是跨文化傳播重要的研究對象。

文化維模

　　作為文化的「自組織功能」，文化維模是指一種文化對自己文化模式維護的功能。這種功能使一種文化在與其他文化接觸中能夠對異文化進行自我保護性的選擇。當異文化有利於本文化的發展、穩定時，予以接受，從而發展和豐富本民族文化；當異文化損害甚至破壞本文化，或者文化主體認為威脅到本民族文化時，對異文化予以斥拒。因此，文化維模功能對跨文化傳播具有積極與消極兩方面作用。積極的一面，在於它對本土文化的保護與對外來文化的「篩選」；消極的一面是對跨文化傳播的阻隔，使本土文化處於封閉狀態和惰性狀態。

　　作為一種監察力量，文化的維模功能積極或消極作用的發揮，取決於社會內部運行機制的狀況。當一個社會內部協調穩定，社會欣欣向榮，文化本身必然具有開放性，維模功能對外來文化則持積極態度，能夠更多地促使社會接受先進的外來文化，以適應社會和文化發展的需要。而在一個社會內部運行機制已經失調，或者處於惰性的慢變狀態的封閉社會裡，文

化的維模功能會對外來文化就會頑強地拒絕，文化傳播就難以實現。維模功能成為一種保守的力量，久而久之，便產生了一種文化隔閡，使原有文化缺乏活力。這種文化隔閡的時間越長，它對文化交流，尤其是文化輸入的制約性就越強。可見文化維模有一個文化價值評判，這個評判最終取決於社會主流文化對異文化的價值評估。中國歷史上多次廣義的西學東漸，是文化維模的典型。如漢代末年開始的佛教傳入東土，到盛唐形成釋、道、儒三教鼎立，使佛教成為中國封建社會文化內核之一；明末清初以及清末民初兩個時期之內，歐洲及美國等地學術思想的傳入，西方的哲學、天文、物理、化學、醫學、生物學、地理、政治學、社會學、經濟學、法學、應用科技、史學、文學、藝術等大量傳入中國，對於中國的學術、思想、政治和社會經濟都產生重大影響，在相當的程度上改變了中國文化結構。在這兩個時期，文化維模的作用很不相同。漢唐文化被李約瑟視為中國人文歷史的頂峰，根本地得益於漢唐的文化開放。漢唐統治者以空前的政治自信開拓文化疆域，開放意識形態，開放文化政策，開放社會生活，使漢唐文化在寬鬆的社會環境中健康成長，成就了光耀千古的文化偉業。清代中國，傳統文化在許多領域都達到中國古代文化最高水準。同時，此時繼承了明末以來中西文化交流的成果。清初的時候，在許多領域裡，一度將這種交流推向高潮。特別是在康熙統治時期。康熙所領導的所有重要的自然科學方面的活動，幾乎都有傳教士不同程度的參與。但是當時有一種流行的中西文化交流的觀點叫「西學中源」，認為西方自然科學的源頭在中國，是從中國傳過去的，只是後來在西方發展得越來越精罷了。這種思潮本質上是一種虛驕自大，與漢唐時期傳統文化把西土的佛教改造為禪宗很不一樣。因此，其消極影響後來越來越明顯。到後來，由於鴉片戰爭及英法聯軍的刺激而興起的洋務運動，主要採取「中學為體，西學為用」

的態度來對待西方文化，結果是甲午戰爭以後有識之士提出「全盤西化」的文化主張。可以看出文化維模面臨從消極態度到被徹底拋棄的趨勢。

在跨文化傳播視野中，文化維模功能是一個繞不開的話題。其雙向性和價值評判，使它成為跨文化傳播現象理性判斷的一個焦點。

文化適應

與文化維模原理密切相聯，文化適應反映了適應對方文化維模的一種選擇性操作。文化適應是指一種文化傳播到另一文化時，它必須適應這一文化的特色和接受能力。沒有這種適應，傳播便不能正常進行，甚至半途夭折。如果說維模功能是受傳文化對異文化傳播的影響機制的話，文化適應便是傳播者對受傳文化的影響機制。

漢唐時期，印度佛教在中國的傳播就表現出了對中國傳統文化的適應。佛教傳入之初，由於儒學之尊，佛教受到排斥，甚至在法律上規定漢人不許出家為僧。面對中國文化的維模功能，東漢時，佛教是依附當時流行的道術存在和傳播的。為了適應當時的政治倫理觀念，印度教徒或以商人，或以欣賞和研究中國文化的面目出現，高唱佛儒一家論，與儒家文化相妥協。在翻譯經典時，凡涉及男女之間、家庭之間、主僕之間關係的內容，都有很大的改動，甚至關公也被拉入伽藍殿。唐代許多佛教徒專門編造講學的佛經，如印度佛教《盂蘭盆經》，刪略了許多與中國傳統的倫理觀念不相容的情節，結果講得同中國孝經一樣，在中國得以廣泛流傳。同上。如前述清代的文化政策，傳教士也為了迎合「西學中源」這一說法，把西方代數學譯為「阿爾熱巴拉」或「阿爾朱巴爾」（AlSebm），並解釋為「東來法」，大得康熙讚賞。

文化適應無論在宏觀還是在微觀層面都是跨文化傳播的普遍現象。比

如在語言上，電腦在中國開始普及時，沿襲西方英文名稱，簡寫為 PC，即 personal commputer，如果直接翻譯應當是個人電腦，但多數被譯為中文的「家用電腦」，也是適應中國以家庭為單元的文化習慣。

文化整合

　　莊曉東指出，整合原本是一個生物學和心理學的概念，後來引入其他領域，包括文化研究學科。所謂文化整合，就是在文化接觸過程中，一種文化把異文化的要素，按照時代和社會的需要，根據自己的選擇重新建構成一個具有內在的有機連繫的文化整體。文化整合的情況很複雜，美國《社會科學國際百科全書》把文化整合分為構型整合與主題整合、連繫整合、邏輯整合、適應整合或功能整合、風格整合、調節整合六類。文化的整合功能使得文化變遷和發展得以實現，也就是說，文化涵化是建立在整合的基礎之上。文化整合的結果並非形成一個有機的不可分拆的整體，而是一種既融合滲透，又相互衝突，甚至並存不悖的鬆散雜陳但又非完全無序的複合體。

　　在同一社會的發展過程中，由於各種亞文化包括各種異文化現象的存在，導致主流文化不斷地進行文化整合，以強化主流文化的結構和功能。在社會形態更替的過程中，一方面是舊文化的分崩離析，另一方面，是文化在新的基礎上的重新整合。此外，歷史上不同民族之間的每一次大規模的文化交流包括征服、同化等等，都是使整個社會的文化重新整合的過程。文化整合有其客觀的基礎和依據。這種現象在歷史上是屢見不鮮的。中華文化不是一種單一文化，而是「多元一體」的文化體系，它不僅兼容了巴蜀文化、楚文化等不同文化元素，而且還融合了各少數民族文化以及外來文化。這種整合既是社會發展的結果，也是社會變遷和文化傳播的產

物。正如恩伯夫婦把文化整合定義為：構成文化的諸要素或特質不是習俗的隨意拼湊，而是在大多數情況下相互適應或和諧一致的。

文化增殖

　　莊曉東認為，所謂文化增殖是文化在質和量上的「膨脹」或放大，是文化的再生產和創新，是傳播過程中文化的原有價值或意義在生成出新的價值和意義的現象。文化增殖在時間和空間兩個維度展開。在時間維度方面，文化增殖主要表現為由於大量先進的現代電子傳播媒介的使用，使傳播的時間大為縮短，效率大大增加，促進了不同文化的交流與繁榮。在空間維度方面，文化增殖主要表現為文化傳播溢出了民族國家的疆界，衍生出一種新的價值和意義。比如中國傳統文化在向東亞和東南亞傳播中，與那裡的文化融為一體，產生出新的文化形態。日語中的漢字、韓國國旗上的八卦圖等等，均表明中國文化在傳播過程中增殖出來的文化內涵。然而，不是任何一種文化都必然是增殖的。唯有那些開放和創新的文化才會產生新的生長點，才會在文化交流過程中，在「揚棄」異質文化的同時重構出一種全新的文化，從而保持自己旺盛的生機和活力。由此可見，文化傳播為文化增殖提供了條件和可能，但不是任何文化傳播都必然導致文化的增殖。因為文化系統如同人的生理系統一樣，對異己成分有著強烈的拒斥反應。事實上，文化傳播的過程是傳播者和受傳者雙方識別、選擇和消化「他文化」的過程。一種封閉、保守、落後的文化，一種缺乏創新性的文化是不會增殖和再生的，這種文化必然隨著歷史的發展而被淘汰出局。

文化積澱

　　莊曉東說，文化傳播使文化財富承接和傳播開來，成為不斷累積的文化遺產，使文化在歷史長河中得以沉澱和堆積，這種文化的承繼和發展便

是文化積澱。文化傳播的時間越久遠，文化積澱就越深厚。文化積澱促進了人類的進化和發展。正如摩爾根所指出的，人類「是透過經驗知識的緩慢累積，才從矇昧社會上升到文明社會的」。文化積澱還促成了許多文化圈的發展。在學界首先提出文化圈理論的是文化研究中的「文化歷史學派」。此學派產生於十九世紀末，其領袖人物是德國的 F‧格雷布納。他們的理論基礎是新康德主義者李凱爾特的歷史主義。在他們看來，歷史現象是獨一無二的，不可重複的。人類文化也是一次產生的，而且一旦產生出來，便向外傳播。傳播者的文化和受傳者的文化透過交流結合起來，形成某種所謂的「文化圈」。因此，人們把這一學派稱為「文化圈學派」或「傳播學派」。文化圈範疇的設定以及對某種物質文化實體的區域性、穩定性、自足性和時空性的規定，是有科學價值的。斯賓格勒所說的「歷史形態」的實質，就是把人類文化分為八大文化圈，即埃及文化、巴比倫文化、印度文化、中國文化、希臘文化、馬雅文化、西亞北非伊斯蘭文化、西歐文化。湯因比在其巨著《歷史研究》中所描繪的 37 個文明圈，其實就是文化圈。我們看到，域內和域外、族內和族外的不同文化圈之間相互交流、碰撞以及相互融合，從而形成獨具個性的文化內涵。因此，文化的積澱並不是一種封閉的由上一代將文化簡單機械地傳遞給下一代的歷時性過程，而且是一種開放的、不斷吸收外來優秀文化因子的、共時性的創造過程。

第六章　文化的認知要素和文化類型

第七章　語言與跨文化傳播

從傳播學的角度看，語言是人類傳播最主要的工具；從語言學的角度看，語言本身就是文化的重要形態；從跨文化傳播的角度看，語言是跨文化傳播最重要的載體，因此跨文化傳播研究把語言作為最重要的研究內容之一。

第一節　語言與文化

沃夫在他的《論語言、心靈和現實》中指出：

實際上，思維是最神祕的。我們現在所有的關於思維的最好的說明，是由語言的研究所提供的。語言的研究表明：一個人的思想形式，是受他所意識不到的語言型式的那些不可抗拒的規律支配的。這些型式是自己的語言的那些察覺不到的、錯綜複雜的系統化 —— 這是很容易看出的，只要我們把這種語言同別的語言（特別是那些屬於別的語言族的語言）作一個公正的比較和對比的話。思維本身總是在一種語言中，在英語中、梵語中或者在漢語中。每一種語言都是一個龐大的型式體系，而每一個這樣的型式體系又不同於其他的型式體系；在這樣一個型式體系中的那些形式和範疇，都是一種文化規定 —— 我們不僅應用這些形式和範疇來傳播，而且還應用它們來分析自然，來注意或忽視關於關係和現象的某些類型，來引導他的推理和建造他的意識的大廈。

這就是「薩丕爾 - 沃夫假說」，一般簡稱為「沃夫假說」。「沃夫假說」是關於語言、思維和文化關係的學說。李·沃夫本來是一個森林工程師，一次偶然的機會，他看到伐木工人們坐在標有「空桶」的汽油桶上吸菸。作為消防技術專家，他當然清楚汽油分子在空汽油桶裡比在裝滿汽油的桶裡更加活躍，因此也更加危險。由此他認識到工人們危險的錯誤理解

完全是受語言的影響。所以他後來致力於語言研究，特別是語言與思維、文化關係的研究。實際上，後來很少有人全部接受沃夫假說。為了區別，沃夫假說被人們分為強式和弱式。所謂強式，也稱為「語言決定論」，也就是上文表述的觀點，即語言決定思維。在沃夫看來，某種思維受制於某種語言型式，「思維本身總是在一種語言中，在英語中、梵語中或者在漢語中。」這些不同的語言的形式、範疇的不同，本是一種文化規定，不同言語社團的人不僅用不同的語言形式和範疇來傳播，而且用相區別的形式和範疇來分析現實。一種語言作為一種認識尺度、標竿或者濾網，決定這一言語社團的人們量度和過濾客觀存在的自然和社會，從而形成特定的思維方式。沃夫「語言決定論」的偏頗是明顯的。語言的不同是客觀現實，但操不同語言人類在思維的基本方面是相同，至少是相通的。過分誇大語言對思維的作用，難以解釋語言本身的傳播功效，而且也難以解釋語言是如何形成的。所以現在一些學者採用的是沃夫假說的弱式，即「語言相對論」，即不同文化的語言具有結構、意義和使用等方面的差異，人類的思維行為與這些差異有關，不同程度地受其影響和制約。

　　雖然沃夫假說過分誇大語言對人的思維和世界觀的決定作用，但如果考慮到這個觀點在他反駁亞里斯多德以後的泛邏輯主義思維本體論，也就是他們所認為的語言無非用來表達思想，思想本身與語言無關，支配思想的是邏輯和推理，這是人類共有的思維方式、不同的語言無非是表達這些思維方式不同的手段等方面的意義，也就可以理解他的偏激了。何況至今仍然有不少語言學家、心理學家和其他領域的學者仍同意並繼續證明沃夫的觀點。如新浪網曾以《最新研究顯示不同語言導致不同的思維方式》為題報導：

　　美國東部時間 9 月 13 日消息，一項最新研究結果表明，不同語種的

語言不僅僅對世界的描述方法不同，而且導致說話者的思維方式也是不同的。

這項研究結果是由英國布里斯托爾大學實驗心理系博士蘇塔羅－吉塔（Sotaro Kita）發布的。他利用了一個黑白相間的卡通貓作為研究工具，選擇了一些英國、日本和土耳其人來對卡通貓的動作以手勢進行表達，希望以此來研究語言是如何反映在人們的行為當中的。結果發現，不同語種的測試者對所看到的相同動作採用了不同的手勢來表達，這很明顯地反映出他們在用自己的語言結構表述事件時採用的是不同的方式。

比如說，在被要求表達卡通貓「搖擺繩索」這一動作時，英國人選擇了一個弧線手勢，而日本和土耳其人則選擇了直線手勢。吉塔博士認為，這主要是由於日本和土耳其語言中沒有與英語中的不及物動詞「搖擺」相對應的動詞。英語者採用弧形手勢，是由於他們的語言能夠很好地表達位置的改變和弧線的形狀。而日本和土耳其人不能用弧形表達移動的概念，因此他們選擇直線。

吉塔博士稱：「我的研究結果表明，不同語言的使用者對相同的事物在腦海中會產生不同的空間圖像，而這種不同的方式正好與其語言的表現性相匹配。也就是說，語言影響說話者在說話一瞬間的空間想像能力。」

我們對「思維決定於語言」雖然也並不同意，但對「思維以語言形式存在」這一語言學上的公理是贊同的。愛因斯坦對此的看法可能更清楚一些：

使語言和思維具有這樣一種密切關係的究竟是什麼？是不是不用語言就沒有思維，就是說，在不一定需要用詞來表達的概念和概念的組合中，是不是就沒有思維？我們每個人不都是曾經在已經明白了「事物」之間的關係之後還要為推敲詞而煞費苦心嗎？如果一個人構成或者可能構成的概

念時可以不用周圍的語言來指導，那麼我們就可能傾向於認為思維的作用是同語言完全無關的。但是在這樣的條件下生長起來的一個人的精神狀態會是非常貧乏的。因此我們可以下結論說，一個人的智力發展和他形成概念的方法在很大程度上是取決於語言的。

古希臘的柏拉圖也說過，心靈在思想的時候，它無非是在內心裡說話，在提出和回答問題。他認為思想就是話語，判斷就是說出來的陳述，只不過是在無聲地對自己說，而不是大聲地對別人說而已，即內部語言方式。馬克思主義對思想和語言的同一性持肯定意見。馬克思認為「語言是思想的直接現實」，恩格斯在批判杜林「誰要是只能透過語言來思維，那他就永遠不懂得什麼是抽象的和純正的思維」這種觀點時諷刺說：「這樣說來，動物是最抽象的和最純正的思維者，因為它們從來不會被語言的強制性的干涉弄得模糊不清。」對此斯大林闡述得更為清楚：

有人說，思維是在用言詞表達出來之前就在人的頭腦中產生了，是沒有語言材料、沒有語言外殼、可以說是以赤裸裸的形態產生的。但這種說法完全不對。不論人的頭腦中會產生什麼樣的思想，以及這些思想是什麼時候產生，它們只有在語言材料的基礎上、在語言的和句子的基礎上才能產生和存在。沒有語言材料、沒有語言『自然物質』的赤裸裸的思想是不存在的……思想的實在性表現在語言之中。

但是，沃夫指出：一般人儘管可以流利地使用語言，卻不一定有語言的背景知識。任何人在進行抽象思維時，都要使用他自己的語言，都在無意識地運用那些他自己無法控制的背景知識。無論人們是否意識到，在進行抽象思維時都在使用語言。

人在進行抽象思維時要運用語言，這點也為現代語言學所證明。思維是有民族性的，語言同樣如此，那麼，二者之間是否存在某種關係。

　　我們認為，語言與思維是一個硬幣的兩面，很難說誰決定誰，但作為文化內核的思維，與語言之間肯定存在著某種必然連繫。我們一般說的文化模式，如前所述的模式，在一定意義上說也是思維模式，而這些思維模式也是透過一定的語言模式表現和反映出來的。楊永軍認為：「上古文化是人類早期的思維模式 —— 圖像思維創造的。正是由於這種思維模式的消退，才使得許多古代文化現象難以解讀。圖像思維是一種原始、感性、直觀的思維模式，與目前存在的形象思維和抽象思維有著本質不同，在中國古文獻中遺有大量圖像思維留下的痕跡，象形文字是圖像思維和形象思維的主要分水嶺。《山海經》「象物以作圖」，則是古人用圖像思維開創了圖像敘事之先河。」如果楊永軍系統分析中國歷史上神祕的「徽號文字」更會發現，從中國古代圖畫記事到象形文字之間，曾經有過屬於語段文字的「徽號文字」向象形文字的過渡。這也是圖像思維向抽象思維的過渡，更是人類從矇昧走向文明的過渡，中國文化從此有了質的飛躍。

　　人類語言具有多樣性，正如人類文化具有多樣性。在跨文化傳播中，我們應當從兩個方面去理解共性與個性。

　　一方面，目前發現的數千種人類語言，普遍的共性是存在的。如一切語言都至少有由名詞性詞語和動詞性詞語構成的句子；一切語言都有形容詞性詞語修飾名詞性詞語，副詞性詞語修飾形容詞性詞語；一切語言都能把動詞性詞語全部或部分轉成名詞性詞語，把動詞性詞語轉成形容詞性詞語；一切語言都能把幾個名詞性詞語連在一起，把幾個動詞性詞語連在一起；一切語言都有否定句和疑問句，都能夠把某些句子變成祈使句；一切語言的名詞性詞語和動詞性詞語都至少有兩種髮生關係的方式，等等。這是人類可以有效地透過語言進行跨文化傳播的基礎。

　　另一方面，任何語言都有自己的特點，從而表現文化的獨特個性。如

漢語主要透過虛詞和詞序來表達語義。漢語的特點使其具有很強的「意合」性，即語言的詞義、句義意義系統性強，形式系統性弱。一個詞或句子表達的具體意義嚴重地依賴上下文語境，這在中國古代漢語，特別是作為書面語的文言文中表現尤為突出。而英語、法語等主要透過形態和虛詞的詞序表達語義，具有完整嚴密的語言形式系統性，詞語和句子的意義與形式非常一致，相對於漢語的「意合」被稱為「形合」特徵。中、英語言類型的不同，與「高語境」文化模式和「低語境」文化模式的區別應當有著一致性，與中國傳統文化的「集體主義」和英美文化的「個人主義」等也應當有連繫。

語言與文化的密切關係，從根本上說，是由於語言是一種符號系統，它透過記錄、表達人們的認識、思維、傳播，參與文化的形成。《聖經》中亞當接受神的旨意為萬物命名，這是一個隱喻，即人類對自然和社會「給予意義」，如老子《道德經》所說：「無名天地之始，有名萬物之母。」無名與人類不發生關係，有名才有萬物，用語言符號形式把自然和社會現象引入人類的文化體系，這本身就在創造文化。

但是，如何「有名」卻是有講究的。不同的言語社團有不同的文化。荀子說：「名無固宜，約之以命，約定俗成謂之宜，異之約則謂之不宜。名無固實，約之以命實，約定俗成謂之實名。」這裡的約定俗成是一種文化規約，就是我們前面所說，一種語言作為一種認識尺度、標竿或者濾網，決定這一言語社團的人們量度和過濾客觀存在的自然和社會。而文化的形成，正是語言與社會、自然互動的結果。

比如，隨著人類的繁衍，一切社會都存在極為複雜的血緣連繫，從而形成錯綜複雜的親屬關係。但是不同文化對血緣關係有不同認識理解，這些親屬關係在不同的文化系統中有不同的地位和作用。傳統中國社會家族

宗法有著強大的社會文化作用，在上古時期就用語言形式表現出來。如《爾雅‧釋親》把中國人的親屬關係極有條理地分為宗族、母黨、妻黨、婚姻幾大系統，然後用語言編織了一張巨大的家族社會網路，這裡僅以其中的「宗族」一係為例：

> 父為考，母為妣。
>
> 父之考為王父，父之妣為王母。
>
> 王父之考為曾祖王父，王父之妣為曾祖王母。
>
> 曾祖王父之考為高祖王父，曾祖王父之妣為高祖王母。
>
> 父之世父、叔父為從祖祖父，父之世母、叔母為從祖祖母。
>
> 父之晜弟，先生為世父，後生為叔父。
>
> 男子先生為兄，後生為弟。
>
> 謂女子，先生為姊，後生為妹。
>
> 父之姊妹為姑。
>
> 父之從父晜弟為從祖父，父之從祖晜弟為族父。
>
> 族父之子相謂為族晜弟。
>
> 族晜弟之子相謂為親同姓。
>
> 兄之子、弟之子，相謂為從父晜弟。
>
> 子之子為孫，孫之子為曾孫，曾孫之子為玄孫，玄孫之子為來孫，來孫之子為晜孫，晜孫之子為仍孫，仍孫之子為雲孫。
>
> 王父之姊妹為王姑。
>
> 曾祖王父之姊妹為曾祖王姑。
>
> 高祖王父之姊妹為高祖王姑。

父之從父姊妹為從祖姑。

父之從祖姊妹為族祖姑。

父之從父晜弟之母為從祖王母。

父之從祖晜弟之母為族祖王母。

父之兄妻為世母，父之弟妻為叔母。

父之從父晜弟之妻為從祖母，父之從祖晜弟之妻為族祖母。

父之從祖祖父為族曾王父，父之從祖祖母為族曾王母。

父之妾為庶母。

從文化學的角度看，親屬稱謂系統是特定族群的親屬製度所產生的文化符號之網，它以簡單的術語符號形式表現複雜的親屬製度。同時，不同的親屬稱謂反映不同的文化制度。漢語親屬稱謂複雜，英語簡單；漢語親屬稱謂所表達的關係清楚明了，英語籠統；漢語有敬稱和謙稱，而英語沒有；漢親屬稱謂中不可對長輩直呼其名，英語可以。從文化上來說，漢文化比英美文化重視以血緣為紐帶的家庭關係和宗法體制，重視長幼倫常的禮制和等級。如漢語「嫂」譯成英文可以是 sister in law，但中文「嫂」僅指哥哥的妻子，sister in law 表示兄或弟的妻子。從詞源來看，《儀禮·喪服》：「嫂者，尊嚴之稱。嫂猶叟也。叟老人稱也。」可見「嫂」字體現了中國人家庭倫理觀中嚴格區分長幼尊卑，君君臣臣，父父子子，長兄為父，長嫂為母的等級制度。英語中的「sister in law」意思是「從法律角度來講是姐妹」，體現了英語文化從法律角度看待婚姻親屬關係的民族心理。從價值觀來說，中國人對自我價值的判斷通常以自抑的形式表現，也就是說，對自身價值的評論常常是內斂自抑的，這也是中國傳統文化的特點。與漢民族恰恰相反，西方人崇尚的是個人主義，提倡自我表現和自我

肯定，注重個人權益，爭取平等的自由競爭思想意識比較強。這種注重個性，肯定個人和人性張揚的價值觀念使西方人更強調自我價值的實現，強調獨立精神，這和漢民族的價值觀念形成鮮明對比。

又比如，楚辭是中國古代文學的一朵奇葩，以屈原作品為代表的楚辭浪漫主義光怪陸離，螭魅魍魎，鬼神滿目，絢麗多姿，與上古神話時期中原文化的代表《詩經》絕然不同，王逸在《楚辭序》中對此有非常精當的解釋：「昔楚南郢之邑，沅湘之間，其俗信鬼而好祠。其祠必作歌樂鼓舞以樂諸神。」《詩經》雖然也敬鬼神，但心有敬而身遠之；楚辭尚巫敬鬼神，卻心敬而身祈之。文化的形成脫離不了自然地理和社會環境的影響，特定的地理環境造就了特定文化，特定文化反映在語言中特定的表達。

宗教是文化價值體系的內核，不同語言能夠表現所在文化的宗教觀念。英語中很多表達方式則體現了基督教在英國社會生活的重要性，如：

For God′s sake 看在老天的分上！

so help me God 我答應，我發誓

by God 天啊！上帝啊！

please God 但願

Good God 天哪！哎呀！

這些習語反映出英美文化中相信上帝主宰世界並且主宰人類命運的宗教信仰。而傳統中國文化沒有基督教的位置，主宰世界並且主宰人類命運的只有上天，所以《鄘風·柏舟》描寫一個女孩愛上了一個瀟灑英俊的青年，發誓不嫁別人，可是遭到母親的反對，以致發出「母也天知！不諒人知」的埋怨。直到今天，漢語中表達強烈感情也說「天啊」或者「媽呀」，這些都是語言表現文化中的民族心理。

第二節　語言的跨文化傳播

一、跨文化傳播語言差異理論

　　跨文化傳播語言差異理論是建立在傳播主體文化差異基礎上的語言有效傳播策略。

　　傳統的結構主義語言觀把語言看成一個同質的抽象結構系統，並以之為唯一研究對象，因此結構主義忽視對語言實踐、對言語現象的研究。由於跨文化傳播以傳播環境中的語言現象為對象，因此與傳統語言學對語言的認識不同。嚴格地說，在跨文化傳播中，抽象的語言系統只是一種理論存在，具體的言語現象才是它所關注和研究的對象，它所說的「語言」（即索緒爾說的「言語」）雖然也屬於全民族或全社會，而更重要的是屬於個人及個人所在的具體傳播場合，屬於不同或者同一言語社團的傳播主體之間的語言差異。跨文化傳播學反對結構主義對語言形式的過分關注，不承認語言自身繫統的完備性、自足性對語言含義的理解有決定意義，而是認為在傳播過程中，光靠語言及語言的表面意義不能進行完整傳播或者有效傳播。語言形式只是表達和理解也即傳播的諸方面之一。「言在此而意在彼」在傳播中為常見，表達效果好而傳播效果差的情況比比皆是等等。因此，跨文化傳播學著重研究個體間語言傳播和個體自身在不同景況下傳播語言的區別，從而形成跨文化傳播語言差異理論。

　　跨文化傳播語言差異理論認為，凡傳播主體在社會屬性、文化背景、知識教養、心理品質、臨時心緒等諸多方面都有僅屬於自己的特點，因此每一個傳播主體與別的傳播主體都有著不同程度的差異。這些差異導致在傳播過程中語言也有不同程度的差異，所以他們用來傳播的語言是互相差

異的語言。傳播發生時，這些差異會使雙方的語言和言語行為發生不協調乃至衝突，並在雙方心理上都產生一定的投影，從而影響傳播效果。雙方對此一般都會自覺或不自覺地採取一定手段方式調整和改變自己的語言和言語行為，從而盡量協調傳播。正因為如此，任何一次跨文化傳播活動的面貌都會因雙方差異的不同而不同。

　　跨文化傳播語言差異理論如何解釋現實傳播？這裡以《戰國策‧趙策‧觸龍言說趙太后》為例，說明其具體研究內容。

　　趙太后新用事，秦急攻之。趙氏求救於齊。齊曰：「必以長安君為質，兵乃出。」太后不肯，大臣強諫，太后明謂左右曰：「有復言令長安君為質者，老婦必唾其面！」

　　左師觸龍言願見太后。太后盛氣而揖之。入而徐趨，至而自謝曰：「老臣病足，曾不能疾走，不得見久矣，竊自恕，而恐太后玉體之有所郄也，故願望見太后。」太后曰：「老婦恃輦而行。」曰：「日食飲得無衰乎？」曰：「恃粥耳。」曰：「老臣今者殊不欲食，乃自強步，日三四里，少益嗜食，和於身也。」太后曰：「老婦不能。」太后之色少解。

　　左師公曰：「老臣賤息舒祺，最少，不肖，而臣衰，竊愛憐之，願令得補黑衣之數，以衛王宮，沒死以聞。」太后曰：「敬諾！年幾何矣？」對曰：「十五歲矣。雖少，願及未填溝壑而托之。」太后曰：「丈夫亦愛憐其少子乎？」對曰：「甚於婦人。」太后笑曰：「婦人異甚。」對曰：「老臣竊以為媼之愛燕后，賢於長安君。」曰：「君過矣，不若長安君甚。」左師公曰：「父母之愛子，則為之計深遠。媼之送燕后也，持其踵而為之泣，念悲其遠也，亦哀之矣；已行，非弗思也，祭祀必祝之，祝曰：『必勿使返！』豈非計久長有子孫相繼為王者哉？」太后曰：「然。」

　　左師公曰：「今三世以上，至於趙之為趙，趙主之子孫侯者，其繼有

在者乎？」曰：「無有。」曰：「微獨趙，諸侯有在者乎？」曰：「老婦不聞也。」「此其近者禍及身，遠者及其子孫。豈人主之子孫則必不善哉？位尊而無功，奉厚而無勞，而挾重器多也。今媼尊長安君之位，而封之以膏腴之地，多予之重器，而不及今令有功於國，一旦山陵崩，長安君何以自托於趙？老臣以媼為長安君計短也，故以為其愛不若燕后。」太后曰：「諾，恣君之所使之。」

　　首先，跨文化傳播語言差異理論要研究傳播發生前傳播主體的差異及其原因。上文中只有兩個傳播主體：趙太后和觸龍。二人的差異至少有：君與臣、老政治家與新上臺的婦人、骨肉之情為上與國家利益為上並兼顧統治者利益。傳播主體存在差異的原因是封建時代君臣關係、性別及性格形成的歷史原因。此外傳播環境也是特定的：大兵壓境，秦急攻之，國家利益和骨肉之情衝突。而且對於雙方來說，更具體的是將進行傳播實質上會遭到「老婦必唾其面」的惡性結果。這種絕大的差異和特殊惡劣的傳播環境決定了將要進行的傳播十分困難、危機重重，絕大可能是惡性趨向。其原因是傳播雙方處於不平等地位，話題既敏感而不可避，立場誓不兩立，對觸龍來說已有前者之鑑，趙太后已惡相相向。

　　其次，跨文化傳播語言差異理論要研究這些差異對傳播產生什麼影響，從而使這次傳播具備什麼基本特點。在這場傳播中，觸龍處於被動地位。雖說「文死諫武死戰」，他總有幾種諫的方式選擇，如辭官以要挾、正面衝突、勸說等。辭官於國於己都無益而有害，且無濟於事；正面衝突有悖於封建倫常，而且有身敗名裂的危險，還於事無補；勸說也有三種選擇：哀求、討論、智取，為下中上三策。可以想見前兩種選擇定會招來「老婦必唾其面」，因此只有智取一途。結論是這些差異對傳播的影響是只有唯一一條路可走，傳播將沒有靈活性可言。這就使這次傳播具備智謀

特點和戲劇性色彩。

　　第三，跨文化傳播語言差異理論還研究在傳播中這些差異對雙方的語言的支配影響，特別是雙方針對這些差異自覺不自覺地運用語言手段彌補，以追求最佳傳播效果。例如在文中，老謀深算的觸龍是深明其形勢的，始而「入而徐趨，至而自謝」這是他的身勢語言，在於創造一個和緩的傳播氣氛，採用低姿態回答了趙太后的「盛氣而揖之」的身勢語言。「徐趨」、「自謝」一方面針對了「盛氣而揖之」，同時定下君臣之分，並為開口說話鋪墊。果然，觸龍顧左右而言他、繞山繞水、避實就虛，抱怨身體欠安。這是觸龍用求同存異的手段調整前面說到的差異。觸龍、趙太后有君臣之分，她敢「必唾其面」也只因為她是君王，於是觸龍先彌補這一差異，倚老賣老。君王也是人，何況與觸龍有共同之處，都是老人。觸龍觸發了這一點，於是老頭老太太就開始了所有老人常見活動 —— 嘮叨。其結果是「太后之色少解」。但勸說者觸龍並未「少解」，他不動聲色地繼續嘮叨，但已開始悄悄接近目標，從自己談到自己的兒子，與上文暗中銜接得很緊。因為前面談自己的老態就觸發了趙太后同病相憐，也談到她自己的老態，那麼，觸龍談自己的「賤息」也必然觸發趙太后談她的公子。但此時趙太后只是「少解」，警惕性並未完全放鬆，所以觸龍仍小心翼翼地從自家說起，過渡得十分巧妙。老年人全部嘮叨的範圍中，子女是一個津津樂道的永恆主題，何況把骨肉之情置於國家利益之上的趙太后！真是投其所好。而且作為左師公然要求開後門搞裙帶、全無一點廉政無私之狀，表現得愛子心甚切，引起趙太后感情共鳴。於是二人愈談愈投機，終於使「太后笑曰」了，這樣，老太太解除了全部戒備心理。但趙太后的笑聲還沒落地，觸龍又進攻了。走一步算三步的觸龍用「老臣竊以為媼之愛燕后，賢於長安君」為試探，在傳播語言策略上有兩個特點，一

是改稱「太后」為「媼」（對老年婦女的尊稱）縮小了傳播空間，表現親密，強化了傳播密度；二是欲擒故縱，表面上裝男人馬大哈的天真，實際上是在請君入甕，為下面的說理鋪墊和尋找依據。後面的答對就是頗具耐心的老師在給剛開竅的學生上課了。從如何真正的愛子方面一一道來，這時揚言「必唾其面」的趙太后只有「然」、「無有」、「不聞」三句話。最後的結果是：「諾，恣君之所使之。」這場傳播中，觸龍根據情勢，自覺調整改變語言，始而恭，繼而敬，再而親，最後直，分別從緩之以勢，動之以情，明之以理，曉之以利四個方面，把「盛氣而揖」的趙太后說得心服口服，達到最佳傳播效果。

從這段傳播語言還可以啟發我們對傳播語言的研究角度。

1. 注重傳播主體與其傳播語言的關係，即注重主體意識的研究、主體與語言的關係、主體穩定的心理品質和臨時情緒與語言的關係。例如，觸龍托子的話語從後面他分析如何才是真正的愛子可以看出，這是他的語言策略。

2. 注重語言變化與具體場景變化關係、一般場景與特殊場景的差異與語言變化的關係，特別要注意的是具體性，一般社會背景、民族心態、文化氛圍經常作為場景因素對傳播施加影響。

3. 注重語言表達上傳播主體年齡、性別、身分等主觀差異及其原因。

4. 注重語言開端、對接和過渡差異。

5. 有聲語言以外的語言（身勢語、沉默等）運用上的差異。

6. 此外還特別注重動態（互動過程）的差異變化。即要在語言傳播進行過程中研究傳播主體雙方語言的變化和單方語言變化的差異及原因。這種變化指向一般有排斥和吸引兩種，前者可想像「太后不肯，

　　大臣強諫，太后明謂左右曰：『有復言令長安君為質者，老婦必唾其面』」的情景。

7. 最後還要研究利用語言差異的動機、作用的結果。

二、文化模式對語篇模式的影響

　　在跨文化傳播中，由於不同文化在價值觀念、思維方式等方面存在著差異，其語篇組織結構也會因文化而異。按照 Michael Hoey 的說法，英語語篇有三種模式，即「問題 —— 解決」型、「一般 —— 特殊」型、「匹配 —— 比較」型。這是由於英美文化思維模式的基本特點是先概括，後細節；先抽象，後具體；先綜合，後分析。因此總體說來，英語語篇是線性邏輯演繹型式的。作為低語境文化，英語語篇不太依賴語境，在表達語篇意義時更多地依靠大量的言語編碼組成明確而嚴密的邏輯來進行，從而使讀者或聽話人「被他人說服」。而漢文化的思維模式是以直覺和迂迴式為特點，因此中國人說話、寫文章也往往表現出把思想發散出去還要收攏回來，落到原來的起點上，這就使得其文章的段落以螺旋歸納型為主，其思維習慣在書面上的表現形式是迂迴曲折。語篇在結構上習慣於旁及，常常避開主題，由遠及近，往往把要表述的主要內容或關鍵問題留到最後或含而不露，多採用一種逐步達到高潮的方式。作為高語境文化，實際上這種語篇結構並不是有意繞圈子，而是構造言內語境，透過語境的力量使讀者或者聽話人「被自己說服」。下面一個句子比較典型地表現漢語和英語的語篇區別：

Three passions, simple but overwhelmingly strong, have governed mylife: longing for love, the search for knowledge, and unbearable pity for the suffering of mankind.

（渴望愛，尋求知識和對人類苦難的深切同情，這是支配我們生活的三種簡單而又無比強烈的情感。）這個英語句子體現了英語思維先總述再展開的一種直線型思維模式和語言表達上的線性邏輯演繹型式。漢語譯文切合原文。但在句法結構上作了改變，主位與述位的部分變換，體現了不同的思維方式，即先分述後總結的中文螺旋歸納式。

　　卡普蘭對於不同文化的思維圖示與用英語進行寫作時的語篇模式有更加全面的論述。下圖是卡普蘭對不同文化的思維圖示：

Kaplan, Robert.B Caltural Thought Pattems in international Education.

Langage Learnning.1966（16）

　　按照卡普蘭的說法，以漢語和朝鮮語為母語的人，他們的思維方式是迂迴曲線型的，因此他們在用英語進行寫作時總是繞著主題，用與主題無關的其他觀點說明及敘述主題，而不是開門見山直截了當地談論主題。以英語為母語人的思維方式是直線型的，因此寫作時喜歡直接論述主題。以拉丁語（法語和西班牙語）為母語的學生，思維方式是折彎型的，他們用英語寫作時常常圍繞主題，但插入一些與主題關係不大的句子。以俄語為母語的學生思維也是折彎型的，但多用平行並列的思維方式，他們用英語寫作時，許多句子幾乎與主題毫無關係，是一些猜想式的平行成分和一些並列成分。以閃米特語（阿拉伯語和希伯萊語）為母語的學生，似乎用各種各樣的平行式的思維方式。雖然卡普蘭以一些國家學生用英語進行寫作來研究，其結論也並不一定很可靠，但文化與語篇存在一定連繫得到大家認同。

　　文化模式對語篇的影響還包括語篇的大小。

　　跨文化語言傳播還注意到不同文化的語篇結構特點。在這方面荷蘭學者馮·戴伊克有深入的研究。

三、跨文化語用失誤

1983 年英國語言學家湯瑪斯在《應用語言學》雜誌上發表了《跨文化語用失誤》一文，首次使用「語用失誤」的概念，並對「語用失誤」進行了界定和分類，探討了一些語用失誤的導因。從此「語用失誤」這一概念廣泛使用，語用失誤的研究成為語言的跨文化研究和語用學的重要內容之一。

湯瑪斯把「跨文化」定義為具有不同文化背景的人們之間所發生的一切事務。而「語用失誤」主要針對傳統「語用錯誤」。湯瑪斯認為語用失誤是指「不能理解話語的含義，語用失誤可分為語言的語用失誤和社會語用失誤」。她認為，語用失誤現象，就其語言，確切地說，其話語來說並沒有錯誤，而是正確地語言形式沒有達到預期的傳播效果而致的錯誤。湯瑪斯認為，語用失誤是跨文化傳播失誤的重要方面和源頭，可解釋為「不能理解話語的含義」。她進一步解釋說，語用失誤不是指聽話者因不能在語言層面上理解說話者的話語含義而引起的誤解，而是指聽話者不能按照說話者的意圖辨識說話者話語的言外之力。換句話說，就是當聽話者從說話者的話語裡所感受的語言力有別於說話者本來的意圖時，語用失誤就出現了。

湯瑪斯把語用失誤可以分為兩類：語用語言失誤和社交語用失誤。語用語言失誤是指對語言的錯用，特別根據母語的語義形式、語法結構錯誤地使用目標語，具體說就是說話人把母語的會話策略錯誤地遷移到目標語上。例如，中國人有向遠道而來的客人道辛苦的問候習慣。但如果在接待剛到的外賓時，把「您一路辛苦啦」說成「You must have had a tiring journey」，這固然符合英語語法和語義規則，卻不符合英語文化背景裡同樣場合應該說的話「Do you have a good trip」或「 Do you enjoy your trip」之類。

　　社交語用失誤是指違背了語言行為的文化規範和語用原則的言語行為。具體說，是指在傳播中因不了解雙方文化差異而影響語言形式的選擇的失誤，它與談話雙方的身分、會話的語域、話題的熟悉程度等因素有關。社交語用失誤可能出現在日常交流的各方面，如招呼、稱呼、謙虛、道歉、請求、介紹、告別和價值觀等許多方面。比如，一個中國學生路遇他的英國老師打招呼：

　　A：Good morning, teacher.

　　B：Good morning, Mr. Stoneham.

　　其實作為中國人，對 A 應當不陌生，因為這個句子今天在中國的英語課堂上仍然在使用。但在與英美人的交際中如果選擇 A 就會出現社交語用失誤。因為在英文的表達中，一般直呼其名或在其姓氏前加上 Mr/Mrs/Miss 或 Sir/ Madam 即可，只有少數的職業或職務可用於稱呼，如：Doctor Smith，Judge Smith 和 Professor Smith 等。而在中國，對父母尊長一般不能直呼其名，對老師也是如此。

　　言語行為理論是語言語用研究中的一個重要理論。它最初是由英國哲學家約翰・奧斯汀在 1950 年代提出的。奧斯汀本人著作中很少使用這一術語，但他的學說，特別是語言行為三分說人們廣泛地稱為言語行為理論。它主要研究話語中不同言語的排列組合可能性和模式。言語行為理論建立在以下假設之上：人類交際的基本單位不是語言的句子，而是完成一定的行為，如陳述、請求、提問、命令、道歉、感謝、祝賀等。言語行為的特點就是透過話語執行一個或數個上述行為，這些行為的實現還可給能聽話人帶來某些後果。

　　言語行為理論把同一話語分為三種言語行為。一是本體行為（locutinaly），即奧斯汀所說「言之發」、「以言指事」，如 The dog is very terrible（這狗很厲害）。要使聽話者理解，就根據英語的語音、語法、組詞並成句。發生語言並指明此事。從而完成陳述這一行為。二是意向行為（illcutionaly act）。前例 The dog is very terrilbe . 說話人發生言語指明此事完成陳述這一行為，具有一定的目的或稱為意向，這就是奧斯汀所說的「示言外力」、「以言行事」。在此例中說話人或者是提醒聽話人不要靠近狗，或向聽話人推薦這狗有用，即以此言行警告、推薦之事。三是效應行為（perlocutionary act）。奧斯汀稱為「收言後之效」或「以言行事」，也就是前述意向行為產生的效果，或者說是意向行為使聽話人發生的行為。如上例中聽話人聽後害怕、後退或滿意等。

　　以此為基礎，塞爾（Searle）在 1975 年提出「間接言語行為理論」，主要指一個言外之力的實施間接地透過另一個言語行為來實現。塞爾認為，當說話人出於某種原因不願直截了當時，就會採取間接的言語手段來實現某種言語行為，簡言之即使用間接的方式表達言語行為。他指出，間接言語行為理論要解決的問題是，說話人如何透過字面用意來表達間接的言外之力（言外之意）。或者說，如何使聽話人從字面用意中推斷出間接的「言外之意」。後來語言學家們從合作原則、禮貌原則、面子問題等各個不同的角度對這一理論進行了闡釋。在前人研究成果的基礎上，運用維索倫爾提出的順應理論，從以下幾方面對間接言語行為進行闡釋：間接言語行為的選擇是對語言現實、社會規約和心理動機的順應。

　　按照約翰·奧斯汀的言語行為理論，當我們把言語過程看作是一種行為時，對於語言的跨文化傳播就比較容易理解了。正常情況下，任何行為都要遵守社會文化規範，而社會文化規範又屬於特定社會的。跨文化傳播中的文化衝突本質是不同社會規範的衝突。

　　由於語言與文化的關係，一定社會中，一些特定的言語本體行為與意

向行為之間存在某種文化規約，這種文化規約正是語言的本質特徵。比如中國人習慣在介紹某種成功的經驗或做法後說一句「請提寶貴意見」，在發表文章前面或後面加一句「就教於方家」，甚至在發表意見後加一句「不成熟的看法，謹供參考」之類，這是一種姿態，表示謙虛。用言語行為理論來解釋，是本體行為與意向行為之間的漢民族文化規約，也僅存在於本民族。說話人無意對方有無意見，更不刻意要求對方提出「寶貴」的意見，僅僅是姿態而已。在非跨文化傳播中，對方深明其意，如果沒意見，就會禮節性地讚揚幾句，以回應「請提寶貴意見」；如果真有意見，一般也會先讚揚，然後委婉地提出意見，結束時一定會加上幾句「愚見」、「淺見」、「不成熟的看法」等，同樣回應「請提寶貴意見」。這是一種文化規定，說話人完全按照這種文化規定行事，忠實地履行「角色行為」。而在跨文化傳播中，比如與歐美人之間的傳播，如果把第一句話「準確地」譯為「Please give us your valuable opinions」，歐美人多會感到為難，他不知道自己的意見是不是寶貴的，而如果提了意見，就表明自己的意見是寶貴的，就不夠謙虛，於是乾脆什麼意見也不提，這時聽話人只能理解話語的本體行為，不能領會其意向行為。結果顯然是導致傳播障礙，是跨文化語用失誤的典型情況之一。這其實並不是語言的衝突，而是語言負載的文化衝突。文化衝突導致行為衝突。如果把「請提寶貴意見」轉換成為「Your opinions will be appreciated（您提的意見我們會尊重並認真考慮的）」，雖然原文的禮貌和謙虛有所損抑，但意思表達明確了。是的，本體行為和意向行為的文化規約在跨文化傳播中很難完美。在一般情況下，跨文化傳播過程中會犧牲本體行為和意向行為間的文化規約，直接按照意向行為進行傳播。就連同一文化，歷時傳播同樣會遭遇困難，如《晉楚城濮之戰》：

　　子玉使斗勃請戰，曰：「請與君之士戲，君馮軾而觀之，得臣與寓目焉。」晉侯使欒枝對曰：「寡君聞命矣。楚君之惠，未之敢忘，是以在此。為大夫退，豈敢當君乎？既不獲命矣，敢煩大夫謂二三子，戒爾車乘，敬爾君事，詰朝將見。」

　　子玉派斗勃來挑戰，對晉文公說：「我請求同您的士兵們較量一番，您可以扶著車前的橫木觀看，我子玉也要奉陪觀看。」晉文公讓欒枝回答說：「我們的國君領教了。楚王的恩惠我們不敢忘記，所以才退到這裡，對大夫子玉我們都要退讓，又怎麼敢抵擋楚君呢？既然得不到貴國退兵的命令，那就勞您費心轉告貴國將領：準備好你們的戰車，認真對待貴君交付的任務，咱們明天早晨戰場上見。」

　　後面的翻譯應當說是準確的，但確也只是原文的意向行為，原文中的「戲」、「寓目」和「寡君聞命」等等的微妙含義並沒有被翻譯出來。這些外交辭令中的文化意蘊被前賢譽為「行人辭令之美」，而美是難以言傳的。

　　跨文化語言傳播中的語用失誤，學術界內外討論都比較多，意見也大多一致。但當我們按照言語行為理論的基本出發點，即把言語看作是一種行為的話，就會發覺言語行為本身的文化規約性。比如人際傳播中的話語量分配、話語權分布就有著嚴格的社會文化規範。

四、角色話語常量和話語權

　　人際傳播的話語過程十分複雜，受很多因素的支配。但仔細考察，不同的人際關係在傳播中制約著話語量，換句話說，人際傳播的話語權可以透過不同角色的話語常量來觀察。

　　話語權在傳播學中往往是大眾傳播的概念，它是指那些掌握著某種政

治、經濟或文化等社會資源的社團在傳播過程中具有的潛在的現實影響力。但實際上在人際傳播中同樣存在話語權，而且表現更加明顯。對人際傳播話語權的研究可以正確認識人際傳播學的特點，並對豐富人際傳播學理論有積極的意義。

格賴斯把量的準則作為合作原則的首條規則，但他只就具體話語的資訊量作了規定性說明。而傳播中說話人的話語量往往受具體交談者個人關係、交談性質、交談目的、交談氣氛等諸種因素制約，表現出各種複雜情況。儘管如此，也並不表明這其中毫無規則可循。蘇姍·歐文－特立普正確地指出，說話人由於不同場合的不同角色，其話語都帶有個人的常量。講臺上的教師或主席、戴著耳機的接線員，其角色要求他不停地說話，而學生、聽眾、接受任務的士兵，角色要求他少說話甚至不說話，這就是角色話語常量。

《紅樓夢》是一部現實主義作品，其人物話語，特別是人物對話與現實生活十分接近，而且其中的人物及其角色人們一般都很熟悉，因此這裡我們以其為樣本選擇了幾個場景對話進行統計，情況如下表。其中「話語比值」指，設定說話人 A 的話語量為一時 B 的話語量值。

要說明的是，我們統計的資料並不限於這些，但在多次統計中，我們最終發現其結果與卡羅爾·斯柯頓的框架相吻合。因此按照斯柯頓的方法，上述統計情況可以透過場景與角色的關係分為三種類型。

❖ 對等場景對等場景可以解釋為傳播雙方有較多的相同特徵，沒有明顯的地位和各種關係的差異，而共性較多。如表中的 1、2 類，例如同學、同事、家庭成員、同行等。這類場景的話語比值最大，分別是 0.74、0.9，平均值為 0.82。

❖ 事務場景事務場景介於對等場景和權勢場景之間，傳播主體既無明顯的共同性，差異也不很明顯。角色話語常量接近對等場景，話語比值分別為 0.74、1，平均值為 0.87。

❖ 權勢場景權勢場景可解釋為雙方在主要方面，如身分、地位、教養等有較大的差異，如 5、6 類。這類場景的話語比值最小，分別是 0.39、0.34 和 0.37，平均值為 0.36。

斯柯頓在分析傳播中雙語策略時採用了直觀的圖形表示，雖然研究目的不同，但這種表示方式有一定的借鑑意義。韋爾伯·施拉姆認為，參加傳播關係的人，都帶著裝滿一生經驗的頭腦，用以解釋收到的資訊，決定怎樣反應。他用了兩個圓半疊加，疊加形成的橢圓表示「共同經驗區」，傳播就在其中進行。

雖然在複雜的現實話語分配比例中並不絕對，而且對等場景與事務場景十分相似，特別是語量分布、話語比值上更是如此，這表現了斯柯頓分類標準在邏輯上的二元缺陷或模糊，但無疑正確地反映了人際傳播中社會權勢制約角色語量分配比值的基本關係，由此反映了人際傳播中話語權的客觀存在。

此外，角色話語常量圖示不限於兩個傳播者，它可以表現兩個以上傳播者的話語量對比情況。

人際傳播話語權要透過一定形式表現出來。

話語權首先表現在人際傳播中的議程設置權。1972 年，麥庫姆斯和肖在《民意》季刊上發表了《大眾傳媒的議程設置功能》一文，證實了此前科恩等人提出的議程設置猜想的成立。議程設置理論的主要含義是：大眾媒介加大對某些問題的報導量、或突出報導某些問題，能影響受眾對這些問題重要性的認知。在隨後的 30 年中，作為大眾傳播學經驗主義研究

的一個重要命題，在大眾傳播理論中，議程設置權掌握在「符號名流」手上。而在人際傳播學上，議程設置權掌握在權勢者手中，並作為話語權的基本表現形式。人際傳播話語權表現在傳播過程中權勢者決定話語的體裁，確定話題和表達方式，發布命令、提出要求，決定傳播過程中的知識、信念、態度、規約、價值觀、倫理以及傳播內容的具體進行程式。典型的例子是在審訊中的程式完全在警察手中。

　　其次表現在傳播過程中的語閥控制權。語閥是指人際傳播中制約傳播的流量、決定中斷或繼續傳播的話語。在權勢場景中，權勢者由於各種客觀原因並不總是話語量最大，如聽取匯報或申訴、詢問情況、考察對方等。這時往往透過對語閥的控制來行使話語權。語閥的基本作用是控制傳播雙方的話語生產及方式，控制對方的心理趨向，繼續或中斷現實傳播。語閥在形式上往往是一種特殊的話語形式。語閥具有隱形和顯形的不同形式，但都指具有指令性功能的話語。顯性的語閥從語句結構上主要是祈使句型，如命令、要求、威脅等；隱性的語閥可以是任何句式，但在語義上仍然制約著對方的話語生產及其方式。由於語閥決定著傳播過程話語的基本規模和處於劣勢一方話語基本形式，所以語閥成為人際傳播中權勢者基本的傳播控制手段。在上表第 7 類「論賈母喪事」一節中，話語量高達 3.92。王熙鳳雖然話語不多，但其「有話好好說」與「我知道了，你只管放心，有我呢」對處於丫頭地位的鴛鴦話語的制約作用就是典型的例子。

　　第三表現在語境解釋權。語言的主要功能是表達意義，所以在表明語義或語用（包括語篇）特徵的層面上講，形式特徵還是有意義的。媒介價值有兩層含義：一層是指媒介傳播所引起的社會效益和經濟效益，而另一層是指媒介傳播資訊過重中隱含的一些價值觀或社會意識形態。語言學家索緒爾將符號分為「所指」與「能指」。能指是物理形式，所指是與能指

相互聯結在一起的心理上的概念。所指與能指只是由於要分析的目標才被截然分開的。而在現實生活中，它們結合得如此嚴密，以至於它們的關係顯得極其正常與自然。能指和所指的結合是任意的，表面上看具有客觀性，但索緒爾明確指出，能指直接與人的心理有關。語義學家拉科夫（Langacker 1987）更進一步指出：「如果我們把語言當作是形式 ——意義對子的集合，在該集合中意義（meaning）是一個特定概念系統中的概念。」「更具體的講，某一語言的語法應定義為是認知結構的一些方面，在該結構內部有說話者以掌握的既定的語言規約。它可以表述為是規約語言單位的結構性的概述。」就是說，語義學基於說話者對語境的解釋說明而非客觀的真值條件。從語用的角度說，話語含義甚至詞語的含義都要透過語境實現。在權勢場景的傳播中，語義的解釋權在權勢者。例如「研究」一詞，在對等或事務場景中是討論、思索之意，而在當代中國權勢場景中，則是推諉之意了。「幾點意見」並不是詞典意義上的意見，而是「指示」的同義詞。

　　上面我們從量和質的角度說明人際傳播中話語權的表現及特徵。下面我們從靜態與動態兩方面闡明，話語權是人際社會交往角色的行為規範。

　　人際傳播話語權是社會權勢在傳播中的體現。文明社會都是等級社會。等級社會突出特徵就是不同社會距離形成的社會權勢關係。根據道爾、德布南、留克斯等人從社會學和政治學角度進行的研究，社會權勢是群體、階級及其個人與其他社會組織及其個人之間關係的一種性質。即權勢者對被影響者有支配與控制的能力。權勢要有施行權勢或（在違抗情況下）採取制裁的社會基礎，如財富、職位、級別、地位、權威、知識、特權等。社會權勢當然地在社會有形和無形的財富的占有、分配中體現出來，但作為社會關係的範型，更多地是在人際傳播過程中表現出來，並在

維護社會等級中起著重要作用。馮・戴伊克更進一步指出，社會權勢關係典型地體現在交往過程中，社會權勢一般是間接的。它要透過人們「大腦」的操演，比如操縱人們計劃實施行動所需要的資訊或觀點。社會上大多數社會權勢形式都隱含這種「思維控制」。

話語權本質上是一種社會角色行為規範。既然如上所述社會權勢是人際傳播話語權的基礎，那麼，話語權本身就是對角色的一種行為規範。每一個社會成員都根據自己的角色行事。傳播作為一種社會行為，人們總是按照特定的社會角色說話。按照歐文・戈夫曼的「戲劇理論」，在日常生活中人們總是運用符號預先設計或展示在他人面前的形象，即如何利用符號進行表演，並使表演取得良好效果。正如莎士比亞《皆大歡喜》中所說：「整個世界是一個舞臺，所有男女不過是這舞臺上的演員，他們各有自己的活動場所，一個人在其一生中要扮演很多角色。」 任何不能遵守角色行為規範的人都要遭遇傳播障礙。有一個流行於歐美的傳說，英國女王維多利亞與丈夫艾伯特親王吵了架，女王自知理虧想要和好，但丈夫仍然生氣不肯出屋。女王決心主動道歉，於是去敲丈夫的門。「誰？」屋裡問。「是我，女王。」門沒有打開，又敲了幾次，裡面沒有反應。這時女王醒悟了，馬上換了溫柔的腔調說：「對不起，親愛的，我是你的妻子。」屋門立刻打開了。這個傳說是否可靠不重要，重要的是傳說的廣泛流傳反映了社會「集體無意識」，或者說是社會意識認同：權勢與親情不同角色的行為規範。

話語權作為一種言語社團行為規範至少包含三層含義，第一，在各言語社團有普遍性。如果對等談判中一方說了一大堆要求，而另一方只回答一個「是」，或者軍隊中軍官對士兵下達了命令，而士兵還要平等討論一通，簡直是令人非夷所思了。這實際上是特定的角色沒有遵守言語社團對

這一角色認定的話語行為規範，使聽話人心理失衡，這時人們就會直接或間接地用話語或非話語方式維護這一規範。第二，不同的言語社團有特定的規範。東西方上下級之間在普通交談中的話語常量有所不同，美國家庭中父母與子女交談時話語量的分配差異一般較中國家庭小，其根本就是社團規範的不同。第三，人作為「社會關係的總和」（卡爾‧馬克思），在不同的場景中扮演不同的角色，總要求他不斷轉換角色，以適應角色規定的行為規範。維多利亞女王不能即時轉換角色，就是行為失範的例子。

　　話語權在人際傳播的互動中是人的社會化的催化劑。角色話語常量是傳播主體的潛意識行為，是長期社會生活經驗的積澱，與人的社會閱歷程度成正比，是人的社會化程度的一種反映。庫利認為，人的社會性的基礎是「社會自我」。社會自我是一種感覺和意識，是人與社會環境的溝通，但它又是一種社會事實。人的社會交往使得社會自我不斷發展，最終把人的個性融合到社會整體之中。庫利提出的「鏡中我」概念，代表了社會標籤論者對自我概念形成的觀點。他認為，個人的自我概念的形成是在與別人的交往過程中產生的；個體之間互相作用、互相結識對方的姿態，並根據別人的看法認識自己；個人設想他人對自己的評價並從這些評價中攝取自己的形象或自我感情與態度；個人的自我概念的形成是以與他相互作用的人們對他的看法為基礎的，在這些人當中，個人猶如在鏡子中一樣，看到自己的形象。在人際傳播中，人們處於至少是對等場景、事務場景和權勢場景，在不同場景中人們根據不同的角色扮演，形成準確的自我認識，進而塑造自我，這也是人的社會化過程。

第三節　關於文本誤讀

誤讀是存在於跨文化傳播以及各種文化交流中的普遍現象，是跨文化傳播學、當代文化學、比較文學和闡釋學等學科十分關注的一個範疇。在網上搜尋該詞，索引多達 133 萬條，在「中國學術期刊全文資料庫（CNKI）」上搜尋，與之相關的研究論文或文章也有 1,200 百多篇。

誤讀（misunderstand），按照一般的理解，是指一種文化在解析另一種文化時出現的錯誤理解和評估。並且誤讀可能是有意也可能是無意的，不同的意識形態、相異的文化背景或粗疏都可以是造成誤讀的原因。誤讀的後果為遠離事物的本來面目，墮入謬誤泥沼。

按照這樣的理解，「誤讀」相對於「正讀」而言，即正讀是對文本正確解讀。也就是說文本應當有正確的解讀，背離正確的解讀就是誤讀。

實際上，誤讀屬於文本闡釋的問題，是闡釋學重要內容之一。

闡釋學是以解讀行為、文本為主要內容，進而理解與研究的學科。按照史蒂芬・李特約翰的歸納，發源於西方的闡釋學分為對宗教經典的詮釋，即《聖經》詮釋學、對文學性文本即文獻的詮釋和對個人和社會行為的闡釋即社會闡釋學。歷時地看，現代闡釋學起源於基督教《聖經》詮釋學，是對《聖經》這種特殊的文本的闡釋。從西方和中國的情況可以斷定，闡釋產生於有文字產生之後，以及以文獻為載體的文化出現了歷時隔絕之後。釋經學成熟的基礎上進一步發展到對其他經典文獻或文學性文本的闡釋，再到把人或者社會行為作為研究對象的闡釋。出於這裡敘述的集中，我們只討論文本的闡釋。

對於文本的闡釋從古到今就存在不同的甚至針鋒相對的方法。

在西方，中世紀以前釋經的主要方法是寓意解經法，並形成釋經學的

傳統。釋經時期大約分為三個階段：第一是「猶太教時期」。解釋在舊約時代就已經開始，最早有記載的是《尼希米記》第八章記敘的經學家以斯拉的解釋律法經，但沒有記載他釋經的方法。受希臘哲學的影響，這一時期猶太人對聖經的解釋採用的是「寓意式」的解經法。「寓意式」的解經所強調的不是字面上的意義，而是把故事、字面的意思當作一種媒介而引導人去體會另外一層更深的靈性意義。第二是公元二三世紀所謂「教父時代」。寓意解經更是變本加厲。有人形容教父時代的解經學像一團泥，這團泥土不管是要捏成一個人還是捏成一匹馬，都隨釋經者的意思。第三是中世紀直到馬丁‧路德之前，寓意解經發展到了所謂「四重寓意」解經法。即每處經文都有四個意義：字面意義、道德意義、寓意和靈意。如「耶路撒冷」這個名字，字面上的解釋是，「耶路撒冷」是地名，而道德上的解釋就是，「耶路撒冷」代表人的心，因為它是整個基督教的重心。心同時也是人的中心部位，所以人要保重這個部位，在道德上就是要「保守心」。寓意方面的解釋，耶路撒冷代表「教會」，因為教會是從耶路撒冷開始的。靈意上的解釋，耶路撒冷代表天國的城。

　　馬丁‧路德改教後，釋經學拋棄了寓意解經傳統。解經主要包括以下一些方法。一是以經解經。即在解釋某一段經文時，注意與其他相關經文的含意。以經解經的原則包括：藉參照相同主題或類似的經文以明白經文的含意、以比較清楚的經文去解釋比較晦暗難懂的經文、用新約的應驗來解釋舊約的啟示等。二是歷史文化解經。指在解釋一段經文時，要清楚經文的歷史文化背景，從而更透徹地明白該段經文的含意。包括與聖經有關的內在的歷史背景和與聖經產生時代有關的政治、經濟、社會、民生、風俗、地理與宗教等外在的背景。三是文法解經。主要指文本字面的解釋和上下文的連貫、分析。四是神學解經，指用有關神的知識，包括神的屬

性、作為及神和宇宙、人類的關係來解經。馮‧戴伊克指出：「中世紀對《聖經》和其他經典篇章的理解和解釋，導致了所謂的『釋經學』（hermeneutic）。釋經學的特點之一是，從若干層面進行篇章分析。比如，對描寫聖經道義中，分析層面不僅包括字面表達式和語義，而且包括非字面或隱喻的內容，比如對聖經寓言的描寫。除此之外，描寫對象還涉及語篇的超驗意義、超然意義。」

在古代中國，訓詁學的傳統是對儒家經典為主的經學文本的字、詞、章句解釋，並從一開始就有今、古文之爭。由於漢代宗古文經學，後來也把古文經學稱為漢學。宋代宗今文經學，後代也把今文經學稱為宋學。今古文經學和漢學宋學之爭貫穿整個訓詁學史。以「乾嘉漢學」為訓詁學空前絕後的頂峰，江藩《國朝漢學師承記》可以說是對歷史上漢學、宋學之爭的一個了結。當然宋學也有走入極端，如「六經注我，我（安）注六經」之說。以陸象山為典型。他雖也承認六經的權威地位，但更注重道德踐履，強調「自得、自成、自道，不倚師友載籍」。所引《陸九淵集》卷三十五語錄作「六經注我，我（安）注六經」。對六經，他主張「看大概」、「求血脈」，認為傳統的註疏是「好事者藻繪，以矜世取譽」的「兒童之學」。這不僅與漢學傳統大異，甚至比釋經學的超文本解經還過分了。其實宋代理學家也大多透過闡釋六經建構理論體系，其論著也一般採取註疏形式。

可見文本的闡釋歷來是有爭議的。

當代西方最有影響的闡釋學理論家是保羅‧瑞柯和斯坦利‧費希爾。他們代表著文本闡釋的不同觀點。

保羅‧瑞柯認為文本一經產生，就與其創造者即作者和當時的情景脫離了關係，或者說獨立於作者和情景，瑞柯把文本與其產生的這種分離狀

態稱為「疏離」。所以，作者的寫作意圖對讀者的解讀沒有影響，而任何一位讀者也不能窮盡文本要表達的一切，讀者在數量上的開放性決定了文本被闡釋的開放性或者說無限可能性。但是，任何闡釋也不可能是超文本的。文本總是有意義的元素和結構，讀者就是按照這些元素和結構進行解讀的。在具體的文本闡釋方法上，瑞柯認為文本的意義不是構成元素的集合體，而是整體的某種意義模式，因此他提出由解釋和理解構成的「闡釋循環圈」理論：首先對文本進行解釋，即透過閱讀文本各部分，得出文本的意義模式；再進行理解，即從整體的意義模式基礎上對文本意義進行綜合性主觀把握；以此為基礎再對文本進行解釋。對於文本與闡釋者的關係，瑞柯認為後者可以對前者進行開放式解讀，從而把文本「移用」變成自己的東西。

　　與瑞柯完全相反，費希爾認為文本本身沒有意義，意義只能產生於讀者之中。但是這種意義也不是個人隨心所欲的結果，而是由「闡釋群體」共同建構的，是若干個體透過溝通傳播、交流互動而共同認同的。由於費希爾是一位有名望的文學批評家，他的觀點在文學領域引起了強烈迴響。

　　經哈羅德・布魯姆的誤讀理論研究，人們普遍接受了誤讀是一種創造性閱讀的觀點。但真正的問題在於，究竟如布魯姆所說「閱讀總是一種誤讀」，還是如弗蘭克・蘭特裡夏所批評的這是「闡釋的無政府主義」，倡導和反對誤讀這兩大陣營至今還爭論不休。

　　我們認為，在某種意義上講，對以布魯姆《影響的焦慮》和《誤讀圖示》為代表的誤讀理論的評價出現的分歧，關鍵在於對於誤讀產生原理或者機制的不清楚。

　　按照霍爾的理論或模式來觀照布魯姆的誤讀理論，可能對「誤讀」有更加科學的理解。

首先，關於誤讀的必然性。布魯姆堅持誤讀是必然的和有意識的，儘管只在優秀的詩人中發生。他在《影響的焦慮》中用黑體字強調：「詩的影響 —— 當它涉及到兩位強者詩人，兩位真正的詩人時 —— 總是以對前一位詩人的誤讀而進行的。這種誤讀是一種創造性的校正，實際上必然是一種誤譯。一部成果斐然的『詩的影響』的歷史 —— 亦即文藝復興以來的西方詩歌的主要傳統 —— 乃是一部焦慮和自我拯救之漫畫的歷史，是歪曲和誤解的歷史，是反常和隨心所欲的修正的歷史，而沒有所有這一切，現代詩歌本身是根本不可能生存的。」而且他把自己的誤讀理論稱為「對抗式批評」，即「使用平衡或者平行的結構、短語和詞語把對比的思想並列地放在一起」。按照霍爾的觀點，布魯姆的誤讀只是三種譯碼立場中的第三種，即對抗式譯碼立場。但是可以說，鑑於布魯姆的研究對象，霍爾的解讀立場包含了布魯姆，同時也說明其可論證性。更重要的是，無論是哪一種解讀立場，都不再是傳播者本來的意義。因為霍爾明確表示，意義結構 2 可能無限接近意義結構 1，但永遠不可能是意義結構 1。

其次，關於誤讀的產生機制。布魯姆認為誤讀可能是由於文本本身的不確定性和巨大的意義空間造成的。這與霍爾對於符號內涵的多義性，和編碼者建構的意義最終在譯碼過程中非一解式地實現一致。不同的是，布魯姆吸納了德里達「延異」的觀點，認為閱讀是一種延異行為，文學文本的意義在閱讀過程中透過能指之間無止境的意義轉換、播撒、延異而不斷進行意義的滑移。霍爾透過外延／內涵結構關係，和內涵隱藏的社會意義結構具體構建了這種意義空間，並明確指出外延／內涵作為分析工具不是用來區分語言中意識形態的在場／缺場，而是僅僅用來區分意識形態與話語相交叉所處的不同層次。可以說，第一，霍爾與布魯姆對於文本產生出不同闡釋的原理是一致的；第二，霍爾透過搭建意義結構比布魯姆更加精

緻地解釋了闡釋的原理；第三，布魯姆用意義延異解釋閱讀行為的完全不確定性，甚至提出「閱讀總是一種誤讀」。而霍爾透過意義結構 1 與意義結構 2 的非重合性，具體說明了閱讀或者譯碼與原編碼之間在永遠不可能重合的前提下，從比較一致到完全相反的無限可能。特別是透過莫利的驗證使其觀點更有說服力。相對於布魯姆而言，我們覺得更為理性的是斯坦利·費希爾的觀點。同樣是享有盛譽的文學批評家，同樣否認意義在文本中的客觀性，甚至提出不應當討論「文本的意義是什麼」而應當問「文本做了什麼」。儘管如此，費希爾卻明確指出意義的賦予並非個人化行為，不能隨心所欲地把意義賦予文本。他提出「闡釋群體」的概念。認為讀者透過交流和互動，構建共同的意義。例如在文學課上，全班同學會在教授引導下最終對一部作品形成共同的解讀。這個班由於與其他年級「共享」一個教授，從而形成更大的闡釋群體。這位教授與其他大學研究相同領域甚至作品的教授參加同一個學術會議，閱讀同一本專業雜誌，就會形成相當大的一個闡釋群體。費希爾的觀點更加接近實際情況，也與霍爾的觀點比較接近。

　　第三，關於研究對象。我們無可避免的要面對，布魯姆研究的是文學批評理論，霍爾研究的是電視節目。布魯姆認為誤讀理論適用於文學批評。雖然他在其著作中提到的是詩人，但明確表明也適合於其他文學形式的作者。而且布魯姆集中分析的是不同時代的詩人之間誤讀的創造性作用。但是，誤讀不僅僅存在於文學，也不僅僅是歷時的。按照傳播學的觀點，文學作為傳播符號之一種，有代表性而且很重要，但它肯定不是人類傳播的全部，在我們今天所處的視覺傳播時代，它甚至在淪為次要地位。文學與電視節目都是傳播現象，都對傳播符號進行研究，只是符號構成不同而已。而且誤讀隨時出現在共時現象中，到網上稍一瀏覽就能證明這一點。

　　第四，關於「一切解讀都是誤讀」。這一觀點實際上更加流行於國內學術界。多篇文章都提到這個出自於艾柯的觀點。但艾柯本人不承認自己有這個觀點，甚至批評其為「愚蠢的想法」。強調這種觀點，是強調或者過分強調了符號內涵的多義性對閱讀的影響。強調文本的客觀性，是強調或過分強調了符號解讀中主導性話語結構的作用。在我們看來，二者本身並不矛盾，任何偏頗都可能導致謬誤。作者在編碼過程中加入了其所在時代的社會意義，讀者在解讀中受特定位置的影響（據莫利的研究，不是階級地位）從特定角度進行解讀，從而形成多義解讀，但一定有相對統一的解讀，這就是當時的「主導性話語結構」。這是對文本的共時分析。當時代發生變化，穩定的文本面對的是時過景遷的解讀。多義解讀的可能性更大，已經變化了的社會仍然存在新的「主導性話語結構」，但已經是「誤讀」了。這是對作品歷時分析。魯姆本人已經認識到這一點，他說認為，在尼采和佛洛伊德之後，要完全回到尋求復原文本意義的解釋方式是不可能的了。結合共時與歷時分析，我們認為由於文化的傳承性，文獻的解讀在不同時代都存在多義與共識兩種現象。但始終存在對文獻的一些基本認同，否則，人類文化就不能繼承和累積了。

　　關於「誤讀」、「正讀」及其他。誤讀理論實際上是討論文本與闡釋的關係問題。必須回答文本意義的客觀性是否存在？什麼是誤讀？什麼是正讀？現在我們按照霍爾的理論回答這些問題：

1. 如果把文本理解為作者本來的意義的話，文本沒有客觀性。文本的意義是編碼者與譯碼者共同建構的，而譯碼者是一個意義單元。極端一點說，文本的客觀性是一個偽命題。

2. 如果把與誤讀相對的「正讀」理解為旨在尋求復原文本的意義的話，並不存在嚴格意義上的正讀。因為所謂文本的意義，也就是「意義

結構 1」，它只是編碼者的意義，但它並沒有討論意義，因為這個時候的文本還是沒有進入流通領域而被消費的「產品」。

3. 如果把「誤讀」（misunderstand or misread）完全按照牛津辭典解釋為「read or interret (text，asituation，etc.) wrongly」的話，基於前面兩個問題，這個詞的闡述要做重大修改，甚至完全摒棄。

越來越多的人正確地認識到布魯姆誤讀理論已經或正在顛覆傳播的閱讀闡釋理論，但下意識地留戀著與傳統理論緊密連繫的「文本客觀性」、「誤讀」和「正讀」等範疇體系，是對布魯姆理論評價分歧的根本原因。事情總是這樣，新體系從舊體系蛻變而出，臍帶會依依纏繞。畢竟，剪斷臍帶催生新生還是任其糾纏窒息新的生命，完全在我們自己。

第八章　非言語行為與跨文化傳播

　　語言學、傳播學等都常常有一門專門的分支學科，或稱動作語言學，或稱非言語語言學、體態語言學以及非語言傳播（non verbal communication）、超傳播（metacommunication）等。這些概念的外延並不完全相等，嚴格意義上的運作語言並不包括時間、空間等傳播因素，為了相對言語語言，我們這裡暫且稱為非言語行為。從傳播角度看，非言語行為大約分為兩大類，一類是與言語語言本身混合使用的，有些著作稱為「副語言」，主要指語言交談中的語速、音重、各種笑、有意的咳嗽、停頓、沉默等，一類是身體動作、時間和空間距離等。本章只討論後一類。

第一節　什麼是非言語行為

　　我們先來看一段描寫：

　　福爾摩斯從椅子上起身，走到窗前拉開窗簾，往下看倫敦灰暗蕭條的街道。我從他肩後望過去，只見對面人行道上站著一個高大的女人，頸上圍著厚皮毛圍巾，插著一枝大而捲曲的紅羽毛的寬邊帽以德文郡公爵夫人賣弄風情的式樣歪在一邊的耳朵上。雖然身著盛裝，但她神情緊張、遲疑不決地望著我們的窗子。她的身子前後晃動，手指不安地撥弄著手套的鈕扣。突然她像游泳者從岸上一躍入水那樣急速地穿過馬路，於是我們聽見一陣刺耳的門鈴聲。

　　福爾摩斯把菸頭扔進壁爐裡，說：「我以前見過這種現象，在人行道上搖晃經常是意味著發生了桃色事件。她想徵詢一下別人的意見，但又拿來定主意是否應當把這樣微妙的事情告訴別人。即使在這裡也要區分出，當一個女人覺得一個男人有愧於她時，她不再搖晃，而是通常急得把鈴繩都扯斷了。現在我們可以把這個女人的情況看作一樁戀愛瓜葛。這個女人

不怎麼憤怒，而是迷惘或憂傷。好在眼下她親自來解開我們的疑問了。

　　這是愛德華‧霍爾《無聲的語言》中引自《福爾摩斯探案集》的「身案」，用以解釋什麼是非言語行為。文中的女人尚未上樓說明情況，福爾摩斯已從她的一系列身勢動作中讀到了大概情況，這就是非言語行為。那麼，非言語行為應如何定義呢？

一、什麼是非言語行為

　　非言語行為是指語言傳播中具有傳播含義的身勢動作、表情和空間距離等。由於它具有或部分具有語言的表達和理解功能，所以被稱為非言語行為。從人類成長歷史過程來看，如我們在「緒論」中所表述的那樣，它也曾作為人類主要傳播手段存在過較長的時間，而且在今天仍然存在，在今後可能還將存在。在各個歷史時期都起著基本的或輔助的語言作用。此外，從傳播語言學的角度來說，我們看重的是，傳播語言的最小單位是話語，非言語行為是以語段形式進行傳播的，它不能，也沒有必要切分為更小的片段，這使得討論起來更為方便、更符合我們的要求一些。

二、非言語行為的基本特點

　　首先，它就具有語言的一些基本特點，大致包括以下方面：

1. 工具性非言語行為的基本作用是傳播雙方表達和理解。當你要向對方表示不耐煩而又不便明說時，往往用皺眉頭或不停地看手錶、故意東張西望等動作來表示。如果領導找你談話，繞過辦公桌，過來緊挨著你，你就明白他在對你表示親近。非言語行為包括有意識的和無意識的。有意識的非言語行為就像經過考慮說出的話，是純粹的思想表達工具。無意識的非言語行為猶如未經思考的脫口而出，

221

同樣出自內心，含義更真實，有更可觀的理解價值。

2. 民族性不同的言語社團有不同的非言語語言形式和內容，即使相同
形式的非言語行為，不同民族也可能有不同的理解。是的，在不同
民族中的確有共同的非言語行為，如點頭同意搖頭不同意，關係親
密者口頭交談中常常有身體的直接接觸。但有聲語言中也有類似情
況，如不同民族語言中對父母的暱稱很多都相同或相近。只不過非
言語行為比起有聲行為來，民族性相對弱一些。我們認為這主要是
因為非言語語言的歷史更古老一些，更原始一些，人的本能性更強
一些。就是點頭搖頭這一通用性極強的非言語行為，在某些地方如
印度和保加利亞的一些地方表意就與常見的情況恰恰相反。關係親
密的成年男性之間，在美國，除非是同性戀者，交談中較少身體直
接接觸，而在俄國則較多。所以非言語語言的民族性是客觀存在的。

3. 時代性從民族習慣上說，非言語行為比有聲語言穩固。由於它不像
有聲語言那樣可以分解為語音、語法和詞彙，而是像漢語成語那樣
具有語段特徵，基本上屬於民族基本語言方式。但是它也隨社會的
發展而有所變化。中國上古時代的「五體投地」之禮，一直流行於
近代的男人拱手作揖、女人側身道萬福已經消失，當代男女老少通
通握手甚至飛吻正風起雲湧，席捲天下。觀看比賽、聽講演時的熱
烈鼓掌也逐漸勢微，代之而起的是跺腳、吹口哨甚至吹喇叭。仔細
考察，中國的非言語行為近代以來，特別是近些年來，也基本保持
了與有聲語言一樣的發展趨勢，也有一個「西學東漸」、且有愈演
愈烈之勢。

另一方面，既然是非言語行為，它也有一些有別於有聲語言的自身特
點。主要表現在以下方面：

1. 無聲性非言語行為又稱為「動作語言」或「體態語言」，基本特點就是無聲的動作或體態。這種語言依靠空間距離、面部表情、手勢或身體其他部位的動作變化表意和理解。它的無聲特點不像啞語那樣需要專門訓練，而是作為一種文化對言語社團成員潛移默化的起著作用。

2. 真實性和有聲語言不同，非言語行為常常處於一種潛意識狀態。其表達或表現對多數人來說是下意識的，多數情況下以伴隨有聲語言的方式而不是獨立表意形式出現，因此也為多數資訊接收者所忽視，由此也長期為語言學界所忽視而缺乏研究。非言語行為的潛在性表明它基本上是一種未經大腦理性處理的深層思想情緒的直觀表現，從這個意義上講，在人際交往中非言語行為有更大的討論價值，特別是在理解和研究對方時。

3. 語段性和有聲語言相比較，非言語行為估計早於有聲語言成為人類主要傳播工具並一直是人類傳播工具之一，因此其歷史悠久。今天已經很難準確地描述最早的非言語行為是什麼樣子了，但就目前所能考察的非言語行為來看，都具有語段特徵，即某一非言語行為有一個相對完整意義，而身勢動作本身不可再切分為更小表意單位。語段是指大於或等於一個句子的獨立表意的語言單位，如句子、句群。從這個意義上講，傳播語言的最小單位語句和非言語行為的最小單位身勢動作是相等的。據我們研究，早期人類語言文字有可能都是語段性的，這從古埃及《亡靈書》和北美印弟安人咒語語符、中國雲南發現的耳蘇人文字甚至中國金文中的所謂「徽號文字」等都可以得到證明。作為史前人類主要傳播手段的非言語行為具有語段性基本特點完全符合人類文明發展的規律。與有聲語言的語句有

所不同的是，由於非言語行為有很強的語段性，它更難用話語實際切分法切分為主題、述題或新資訊、舊資訊。而其表意的獨立性也使我們不容易就某一身勢動作去討論它的表達技巧。這就決定了大多數關於非言語行為的著述都只能研究如何理解和利用非言語語言。

三、非言語行為的討論意義

由於非言語行為具有以上一些基本特點，在我們討論人際交往的主要手段傳播語言中，它比其傳播工具更有意義，主要表現在以下兩方面：

1. 有助於豐富語言表達手段語言是人際交往的主要手段，但並非唯一手段。未經訓練的非言語行為是人內心真實思想的「泄密者」，但對接收者來說，其作用也同樣直接訴諸於感官，有比有聲語言更大的感染作用力。孔子說：「始吾於人也，聽其言而信其行；今吾於人也，聽其言而觀其行。」當然，這裡的「行」指行為處事，但也可以理解為說話時的伴隨行為。當你聽到對方讚揚你時，他臉上伴隨詭譎的笑或是真誠的笑，你相信哪一種？當有人告訴你某件事時，目光躲躲閃閃，你是否會對他的話起疑心？所以有經驗的人談話時十分留意身勢動作。注意考察歷史上那些著名的演說家，沒有任何一個在演講中不帶著富有魅力的表情和具有強烈感染力的手勢動作。所以後來的政治家除了即興演說外都有專門的動作設計者為之設計。系統地學習非言語行為可以幫助學習者豐富語言表達手段，有意識地利用身勢動作強化有聲語言的作用和效果，從而提高傳播效率。

2. 有助於正確完整理解傳播語言這是從聽話人角度說的。愛德華·霍爾在《無聲的語言》中指出：無聲語言所顯示的意義比有聲語言要多得多，而且深刻得多。因為有聲語言往往把所要表達意思的大部分，

甚至絕大部分隱藏起來。弗洛依德也同樣認為，要了解人的深層心理單憑他的語言是不可靠的，因為人類語言所傳達的意識大多屬於理性層面，它往往不能率直地表露他的真正意向。而說話人的動作表情比理性的語言更直接和更容易透露他的情感和慾望。所以，透過閱讀說話人的表情、動作姿態，甚至注意他與你談話時保持著或變動著的空間位置，就可以真正聽懂他所說的話，甚至可以讀到他不願意告訴你的話。

第二節　非言語行為的基本內容

雖然狹義的非言語行為僅指有傳播含義的動作表情，但幾乎所有的研究都大大超出這一範圍，這就是包括以下三大部分的廣義的非言語語言：一是人際空間位置和基本傳播姿態及其變化的意義，這就是跨文化傳播學的最初研究者愛德華·霍爾的界域學（proxemics）。二是身體動作和臉部表情。美國心理學家 R. 伯特威斯特爾系統解析了人的各種身體動作和臉部表情的意義，他稱之為身勢學（kinesics）。此外還有英國動物學家 D. 莫里斯的肉體接觸五個階段的學說。下面分別作一簡介。

一、姿態和界域的傳播意義

人是社會性動物，一方面要在社會環境中才能生存，另一方面又在社會傳播中本能地占有並維護一定的空間，這與大多數動物的「勢力範圍」是一致的。傳播中，一定的空間像語言的約定俗成一樣就具有相應的傳播含義，並在文明社會中受到共同維護。霍爾根據傳播意義把界域分為四種：

❖ 「**親密距離**」指傳播者之間 45-0 公分的空間距離：0-15 公分屬於緊密接觸距離，是愛撫、保護和安慰等的必要距離，它表現傳播者間處於極度接觸狀態。首先是人際最親密關係，例如愛情和血緣關係。有人認為也可能是最仇視關係，例如雙方廝打鬥毆等，所以稱之為「人體大氣層」，喻之為要麼擁抱，要麼侵入。

　15-45 公分是可用手直接接觸到對方的距離，這是人保持本能防衛和便於很快接觸的距離。

❖ 「**個體距離**」，指傳播者之間 45-120 公分的空間距離：這個距離使自己可以用手摟、抱對方或向他人挑釁。75 公分常常是與人親切握手的距離，關係不太熟稔者經常握完手後退出這個距離再進行語言傳播。格鬥與武打常常是在親密距離與個體距離迅速交替的身體接觸方式。因此個體距離是人的身體支配的界限。

❖ 「**社交距離**」，指傳播者之間 120-360 公分的空間距離：無私人因素的上下級、主人與傭人之間的交談距離多在 120-210 公分之間，正式社交、公務接待，重要幹部向部下交代任務等常在 210-360 公分左右。首長、公司總經理等之所以設置大型辦公桌主要的還不是實際辦公需要，而是在於確保與部下或來訪者之間的這一距離。

❖ 「**公眾距離**」，指傳播者之間 360 公分以上的空間距離：這是人產生勢力範圍意識並互相沒有束縛的範圍中的最大距離。

　　傳播距離對幫助傳播和理解傳播者關係有明顯的應用意義。傳播雙方是何種關係就應主動保持相應的傳播距離以使對方獲得正常的心理感受，可以有利於傳播的正常進行。否則就會適得其反。例如一對男女，在條件尚未成熟時男方即進入緊密接觸距離，就會引起女方不安，造成傳播障礙。有時甚至不得不用別的非言語行為，如打一巴掌迫使男方回到應保持

的距離。另一方面，進入傳播空間時注意對方與你保持什麼樣的傳播距離，有助於理解對方的基本傳播態度。如一向與你公事公辦的人突然以親密距離和你交談，這本身就該使你警覺。如果你曾看到甲和乙不止一次交談時處於親密距離，你可千萬不要冒冒失失地在甲面前批評乙或在乙面前批評甲。

　　傳播中雙方的姿勢也是一種語言方式。誠然，姿態語言的民族性、時代性十分突出，如北方農民喜歡蹲著說話，日本人習慣跪（坐）著說話，中國古代以女性與人交談時挺胸為不雅等，但也有大量的跨文化姿態語言，如權重位尊者常常挺胸凸肚、頤指氣使，低賤位卑者常常低三下四、點頭哈腰；表示尊敬時坐在椅子前沿，腰板挺直；懶散隨意時半躺半坐，深深陷入沙發等。

　　T. 霍爾把人的傳播姿勢分解為六種基本元素，並分別考察其組合的傳播含義。這六種基本元素是：

- ❖ 男性俯臥
- ❖ 男性坐姿或蹲姿
- ❖ 男性立姿
- ❖ 女性俯臥
- ❖ 女性坐姿或蹲姿
- ❖ 女性立姿

　　這兩種性別、三種姿勢組成的六種基本元素以及這些姿勢所占的空間位置的組合表示出三種不同的傳播姿態：

- ❖ 排斥與不排斥
- ❖ 相對與平行

第八章　非言語行為與跨文化傳播

❖　一致與不一致

三種姿勢中俯臥與蹲姿很少是自覺採用的，因此這裡只對立姿和坐姿作一些討論。

非組合立姿。不考慮組合狀態的立姿是傳播者基本性格和傳播態度、情緒的表現。如挺胸收腹、雙目平視表現出開放型者的信心十足和樂觀情緒。如果再加上雙手叉腰，更是表現出精神上的優勢和宏大氣度。而弓腰駝背、兩手下垂常常是封閉型者缺乏信心和惶恐不安的表現。如果再加上低頭、雙手插入口袋，更表現出精神沮喪或苦惱。雙腕交叉，兩腿自然分開，身體略後傾有防衛的意味，表現出一種謹慎的審視態度，常見於領導下基層和女性對待普通異性。而雙腕交叉，兩腿較攏，身體略前傾卻多是尊敬或恭敬的表現。

立姿的組合。兩人並肩站立交談常常是關係平淡者之間的傳播姿勢。這樣的傳播一般維持時間不長，內容不深入。如果其中一個面對對方的肩部，即雙方呈「丁」字型進行傳播，則傳播屬單向意願型。兩人相對站立是最常見的傳播姿勢，這時候的傳播含義主要依靠雙方所形成的空間距離和上述雙方的非組合立姿來理解，其組合情況就不一一討論。要注意的是，在親密距離內雙方的頭部和上身如果呈 A 形，則傳播是雙向意願吸引型的，如果呈 V 形，傳播多半是排斥型的。雙方的立姿如果呈八字形，這是開放性的傳播，即允許第三者加入傳播。這種立姿組合本身表明雙方傳播的深度不夠，三人傳播呈扇形基本與此相同。如果三人傳播的立姿呈三角形，則無疑具有排斥性，不歡迎別的人加入其傳播。

非組合坐姿。不隨座具靠背形狀曲體而腰板挺直的坐姿叫正襟危坐。常常正襟危坐的人一般性格比較刻板，傳播中正襟危坐是態度嚴肅的表現。靠座具外側的正襟危坐說明其拘謹而恭敬，在傳播中處於被動的受控

制地位。常常持這種坐姿的人一般對任何事物甚至包括自己缺乏信心，時常處於缺少安全感的心理狀態。深深坐入椅內的正襟危坐是心態嚴正或有所戒備的表現。女性併攏雙膝或腳踝交叉的正襟危坐更是有一種審慎甚至婉轉拒絕的心理狀態。其他坐姿多是隨意坐姿。身體放鬆的隨意坐姿是一種平和無戒備和持合作的傳播態度的表現，如果架上二郎腿甚至還抖動足尖或腿部則可能是漫不經心。半躺半坐是懶憊的坐姿，它可能意味著對傳播缺乏興趣。如果目光平視或向上常常是傲慢的表現，也可能是一種對對方無須戒備的心理優勢，持這坐姿的人往往自信心強，自我感覺良好，經常能夠或正在有效地控制著談話局面。不斷變換坐姿者多是性格活潑的人，對交談感到不安的人也多以此來掩飾。

　　坐姿的組合。平行、「丁」字形、相對、「八」字形、三角形和扇形的坐姿的傳播含義與立姿組合基本相同。但由於坐姿比立姿有更長的傳播時間和更廣泛的傳播內容，人們對迴避雙方目光直接接觸以隱藏自己真實思想和內心感受更為敏感，因此坐姿呈相對形的不很常見，除非是保持足夠的空間距離。禮節性傳播和一般傳播的坐姿一般取「八」字形較多。就是關係親密者的傳播坐姿也多是緊緊並列而坐，由身體互側來構成相對封閉的「八」字形。

　　不同坐姿的組合更能表現雙方的傳播關係。例如正襟危坐與隨意坐姿的組合，可以明顯地顯示雙方的不平等傳播關係，稍加注意就會從坐姿的對比看出比語言傳播更真實的現實關係。

二、面部表情和身體動作的傳播意義

　　任何無表情或動作的語言傳播幾乎是不可能的，就是說，人在用語言進行傳播時不可避免地有伴隨的動作或表情，只有程度的不同，沒有有無

的區別。重要的是，動作表情與傳播語言基本上只有兩種關係：一致和不一致。而無論是否一致都已經表明，動作表情比語言更能真實地泄漏內心世界。事實上，每個人都本能地能夠「讀」懂對方的基本動作和表情，如看到對方臉上綻出笑容就知道是高興，咬牙切齒就是憤怒，見面握手就是表示歡迎等。不過日常生活、工作和學習中，並非每人都能夠或願意注意觀察對方面部表情和理解身體動作含義，也並非每個人都願意或能夠對自己的表情和動作不加掩飾，而且不少動作表情還十分微妙。如果能系統深入地學習有關知識，無疑可以幫助提高傳播能力。

這裡所說的動作是指有泄漏、傳遞和理解傳播資訊作用的身體各部分的變化。伯特威斯特爾把能夠傳達動作語言的身體各部分分成八個基本部分：頭部、臉、軀幹、肩臂腕、手、臀腿踝、腳和頸，並對各部分的表現功能以及其組合意義進行系統深入研究，構成身體行為學基本體系，也使後來的動作語言的分析研究有章可循。但是，伯特威斯特爾把身體動作的最小表達單位的組合看作是動作語言的「詞素」，併力圖去探討這些「詞素」構詞和成句的語法規則卻有些過分牽強附會，這不但混淆了不同質事物的意識層面，而且由此可能導致混淆人與動物的本質區別，何況這完全抹殺了我們在前面所強調的身勢動作語言的語段性這一基本性質。

前眾多的非言語行為學著述中對動作的傳播含義有非常詳盡系統的闡釋，這裡不必細說。就伯特威斯特爾所說的八個基本部分而言，手、頭和腿的表達功能更為豐富一些，這裡以手為例作一點介紹。

手是人體最靈活的器官，其表現力如此豐富乃至曾作為人類成長時期的主要傳播工具，其表現力之強乃至人類高度文明的今天它可以使先天喪失語言能力的聾啞人能與正常人一樣交流。風行全世界的手勢是握手，它跨國界，跨民族，跨文化。握手的傳播含義幾乎盡人皆知，它表示問候、

友好、禮貌等。握手的「本義」是互相信賴，不戒備。據說它來源於人類野蠻時期表示自己手中無任何武器，對對方既無侵犯之意，也無防備之心。正常的握手是稍微用力，時間大約兩三秒。

握手能得到的傳播含義是，手掌有力的人常常性格剛強、開朗、好動。柔若無骨的人，多半性格懦弱，氣度陰柔，缺乏氣魄。

標準握手是手心向左側。若手心向下，手臂伸得較長的握手被稱為「控制式」，是具有心理優越感並想取得主動和支配地位的表現。若手心向上，被稱為「乞討式」，是性格軟弱者自卑，自感居於被動、受支配地位的表現。手掌張開的程度也表現其態度，大於自然狀態是熱情的表現，半開並不伸直手指或只伸出四指而大姆指下垂，使對方不能完全握住，表明一種敷衍、冷淡或傲慢的態度。

握手時間低於正常值，純碎是出於最基本傳播禮貌，甚至是敷衍的表現。時間長則是熱情或親切、親熱，當然有時太長則會使對方甚至雙方感到尷尬。異性間如久久拉住對方的手，則是有一般含義以外的意思。

攤開雙手，表示什麼也沒有，攤開得很大，則是無可奈何之意，西方人還常伴隨聳肩。雙手疊握並噼噼啪啪地掰指關節的人往往好動或好思考，也是行動前或思考中的伴隨動作。

由於手的高度靈活，動作繁多，在世界各地，手勢含義的歧義也最令人眼花繚亂。德斯蒙斯·莫里斯在他著名的《手勢新探》中就對世界常見的 20 種手勢在不同的地理分布上眾多含義給予了使人信服的描述。例如五指相撮這一手勢的含義，根據在 40 個地區對 1200 人的調查。

面部表情是指由五官組成部分的傳播性分布及變化。人在傳播時始終是有表情的，這裡說的「傳播性分布」，其意指傳播過程中所謂「面無表情」本身就是一種表情。而且常常面無表情的人多是能夠有效地控制自己

的表情，從而使對方難以捉摸，避免自己在傳播中處於被動地位。因而這種表情的傳播含義是城府甚深，性格內向。無表情並非無感情，有時的無表情是為了掩蓋感情的流露，這在東方是氣度不凡的表現。《世說新語》中記載東晉謝玄得知其子謝安淝水大勝時仍神態自若，只是手都掐出了血。《世說新語》對此大加讚賞，可見喜怒不形於色的「名士風度」早在中國古代就已經為人所推崇。西方人覺得東方人「神祕」和難以捉摸，這也是原因之一吧。

面部占人體表面面積不足八分之一，但卻可以表達全部人體所能表達情感的 80% 以上。而且面部表情的跨文化程度高得驚人，大約居非言語行為之最。人的最基本情緒，如喜怒哀樂、驚訝恐懼、憎惡好奇等，全人類的表現方式都極為相近，文化差異頗大的言語社團間成員的傳播交流在這一點上幾乎沒有什麼困難。社會閱歷較豐富者或稍微留心傳播技巧的人不經專門訓練也會自覺地在傳播中注意對方的表情變化。不過，英語中有 to read one's face 的短語，漢語中有「察言觀色」、「鑑貌辨色」的成語，說明讀懂對方表情也不是僅僅依靠本能直覺就能解決問題的。一是由於面部表情如此複雜豐富，很多細微的表情含義十分微妙，大有可究；二是諸如喜極而泣、悲極而笑和皮笑肉不笑等表情與含義錯位在傳播中大量存在，不可「望文生義」。所以非言語行為最基本的技巧就是讀懂表情。

面部表情中最具表現力的是眼睛，常言說「眼睛是心靈的窗口」、「眉目傳神」，就是指眼睛最能傳達和泄漏人的內心。

眼睛表達傳播含義主要有三個途徑，一是瞳孔，二是視線，三是持續時間。實驗表明，人在對對象發生興趣或產生心理震動時瞳孔會放大，就是人們常說的「眼睛都大了」；在憤怒時瞳孔還會外凸，人們形容為「眼睛都鼓起了」；而在審視對方或質疑、考慮時瞇縫雙眼。心理學家指出，

傳播中視線集中在對方臉上的時間大約占談話時間的 30% 到 60%。一般說，超過這一平均值表明他對你的話語資訊接收不足，要麼是他對你本人的興趣大於你說話內容的興趣，要麼他連你也沒有興趣，表面上在與你談話，實際上早已「心騖八極」、「神遊太荒」了。如果低於這個平均值，那麼就是在迴避。人們常據此判斷對方是否「作賊心虛」。曾流行於美國的精神分析理論「交流分析」把人際心理互遞行為中的主觀狀態劃分為 P、A、C 三要素，P 即 Parents，指父母對子女的心理狀態；A 即 Adult，指基於理性思考、冷靜判斷的成人心理狀態；C 即 Children，指純粹以自我為中心的天真爛漫的兒童心理狀態。這三種心理狀態潛藏於每個人心靈深處，在不同的外在環境條件誘發下以不同形式表現出來。有意思的是，在視覺表現上，P 視線向下，A 視線平視，而 C 的視線向上。在社交中，高高在上的大人物總是睨左右，即使對比他個子高的小人物，也常常略抬起頭搭拉著眼皮。平等對待對方的人總是平視對方。以女性為例，撒嬌時經常是眼向上翻，那怕是個子較高的女性，不惜頭部略偏或下傾，就是這種心理在視線上的表現。實際上視線的傳播含義還要複雜得多，《世說新語》記載阮籍待人有「白眼」和「青睞」，倒很符合中國人傳統心理狀態。我們對不喜歡的人或對人表示厭惡時兩眼向上翻，這就是所謂「白眼」，而對喜愛的人正視和平視，這就是所謂「青睞」，也就是用我們的黑眼珠相看。乃至於「青睞」成為「喜愛」的同義詞。

三、自我接觸的傳播含義

英國動物學家 D. 莫里斯將人的一生的肉體接觸分為五個階段即母胎內的母子生理接觸、嬰幼兒時期與父母摟抱撫拍等親暱的肉體接觸、成人時期情侶夫妻間性接觸、由於受到壓抑而產生的社交性的肉體接觸和自我

接觸。具有傳播含義的主要是後兩類接觸，不過，由於社交性接觸更多地屬於社交禮儀，這裡只談談自我接觸。

自我接觸的依據是動物學和心理學上的「自我親密性」，即接觸是動物間傳播以解除孤獨感的重要途徑。人的高度理性化導致其比動物更強烈的孤獨感，所以人人都有與他人接觸的欲求，而正是這種高度理性使其欲求的普遍程度受到約束。在頻繁的傳播中，人不得不用自我接觸來補償和緩解這種欲求和孤獨感。

由於手是人體最靈活部位，手與身體各部位的接觸最多，其中頭部「內容」最豐富，因而手與頭的接觸最多。據有專家研究，手與頭部接觸所能做的動作高達 600 種以上。根據頭、手接觸的功能意義其傳播含義大致有以下幾類：

❖ **掩飾性的**：指有意用動作掩蓋某種心理狀況。如以手掩蓋臉以掩蓋羞澀、羞愧或哭泣等。

❖ **修飾性的**：指無意識地整理頭髮、鬍子或撓頭等。女性撩髮經常是受性心理支配，一般理解為愛美，實際上是一種性別提示，這和男性捋鬍子同義。經常整理頭髮鬍子的人性意識比較強，隨時注意自己的形象和性別特徵。與此相反的是，經常挖鼻孔耳朵的人常常大大咧咧，不拘小節。抓頭表現出困惑、尷尬、懊惱、悔恨或緊張等。

❖ **自撫性的**：指無意識地自我安撫。如雙手抱頭，極例是痛哭時常伴以抱頭動作，實際上是自我安慰排解。有人獨處或閒聊時抱頭，這也是排解孤獨或無聊。如果你與對方談重要事項時對方抱頭，就很可能是他沒有或已經沒有了興趣，至少是感到乏了。

其他。例如手指輕輕敲拍額頭或太陽穴是在思考，兩指下捋鼻梁鼻翼或一指觸摸鼻下端表示思考、猶豫、無所適從等。手支下巴的動作多見於

女性，是一種代償性動作，用以取代擁抱自己所親近的人，或用以體會安慰與親密接觸的快感。

第三節　非言語行為的跨文化性傳播

一、非言語行為是人類「前語言起源期」的遺留

「前語言起源期」是進化心理學對人類語言起源過程的一個術語。

進化心理學是 1980 年代興起的一門新興學科。該學科主要運用達爾文的「自然選擇」理論來解釋人類心理要求和生理需要的形成，是進化論生物學和認知心理學的交叉學科。進化心理學把人類的心理屬性看作是在漫長的歲月中被選擇出來的。

進化心理學認為語言是伴隨人類形成和成長的，其本身也是一個進化的過程。語言的形成可以分為語言起源前期和語言起源期兩個階段：語言起源前期是語言的萌芽階段，此時的語言僅僅是一種「非有聲分節語言」的「動物本能性語言」和「手勢語言」，屬於廣義的語言；語言起源階段的語言是一種能發出一個個清晰的音節的「有聲分節語言」，這才屬於真正意義上的語言。

按照達爾文在《人類和動物的表情》一書的研究，現代人類的表情和姿勢是人類祖先表情動作的遺蹟，這些表情動作最初具有適應意義。因此，以後就成為遺傳的東西而被保存下來。例如，憤怒時咬牙切齒、鼻孔張大的表情是人類祖先在行將到來的搏鬥中的適應動作。正因為表情有其生物學根源，所以許多最基本的情緒，如喜、怒、哀、樂等原始表情是具有全人類性的。

第八章　非言語行為與跨文化傳播

　　人類傳播活動中，語言是最主要的傳播工具。但是追溯人類傳播手段的發展進程，語言並不一開始就是唯一的傳播工具，過去不是，現在不是，將來也不是唯一的傳播工具。馬克思主義認為任何事物都有一個過程，語言也是如此。從這個意義上講對人類傳播手段的正確表述應當是，以語言為主要內容，結合身勢、手勢等手段的綜合系統。人類用語言進行傳播經歷了一個從低級向高級，從單一向綜合發展的過程。

　　從物種角度理解，人類不過是大自然眾多生命現象的一種，其生命過程至今與哪怕是低等動物毫無區別。也只是從無到有，從有到無的過程。從社會學角度理解，人類不過是自然界社會性生物中的一種。在其整個生命過程中都以某種手段進行傳播，協調從而依賴群居生存和綿延。因此，有理由相信，人類在從動物中分離出來這一漫長過程之初，其傳播手段也經歷過與狼的嚎叫、蜜蜂的飛舞、非洲寡婦鳥的鳴叫相類似的時期。據 John Aitchison《說話之初：語言的起源和演變》的考察，早在 300 萬年前南猿的警叫交際系統就已經發展起來。

　　從猿到人的演變是非常緩慢的過程，其具體演變過程至今也是頗有爭議的謎。根據目前對猿類和類人猿化石的研究，估計大約 400 萬年前，人類遠祖與猿類相同大於相異。直立行走尚未成型，口腔與喉部夾角大於 90 度。具有有聲語言能力的可能性極小，其傳播方式有可能還處於動物本能階段。1956 年在德國杜塞爾多夫尼安德特河流域發現的尼安德特人化石，據考證最多也只有 30 萬年。後來美國科學家利伯曼用電腦模擬尼安德特人聲道系統後肯定，尼安德特人無法清晰地發出 /a/、/i/、/u/ 這樣的基本元音。直到 5 萬至 1.5 萬年前的山頂洞人化石才表明，人類口腔大大縮短，喉頭顯著下降，舌根部自由活動餘地擴大，才有可能發出清晰的元音，甚至分音節的有聲語言。所以，估計在 1.5 至 5 萬年以前的數百萬年

間，人類傳播語言應當是非有聲階段，有人稱為「無言傳播階段」。這一階段人類主要傳播方式完全可能是手勢和身勢，這個觀點目前為大多數學者所承認。在有聲語言產生以前，人類在遠古時代首先要借助肢體——特別是透過雙手模仿的方式來協助傳達相互之間的資訊。特別是採取了直立姿勢，使雙手得以解放，手勢交流變成可能。隨著情感的變化，或者出於對外界的描述的需要，他們的雙手和麵部會產生一些自發的動作，同時也會出現一些天然的、未經訓練的、又低又短的聲音，這些動作以及這種原始的發音即是語言的萌芽。動物社會學的研究顯示，人類的近親黑猩猩在野外生活時就依靠大量的手勢進行溝通，在人類豢養的環境中，它們甚至可以模仿人類的一些簡單手勢動作（不是手語），但在模仿人類的語言甚至控制自己的叫喊時卻顯得異常艱難。雖然手勢語比有聲語言更缺乏第一手的考證資料，但是，下地直立行走能帶來手的解放，原始舞蹈的表意性，特別是現代原始部落手勢語等，都能給這一觀點提供較為堅實的證明材料。卡列夫・托爾斯托夫《澳大利亞和大洋洲各族人民》一書中寫道，澳大利亞某些部落居民至今還使用一種十分複雜的特殊手勢符號。它在地廣人稀的澳州環境非常適用，能代替有聲語言進行較遠距離的傳播，使用這種特殊手勢符的澳州阿蘭達部落達 450 多個。不僅如此，手勢、身勢語對處於低級階段的人類來說也具有豐富性和很強的表達功能。列維・布留爾《原始思維》一書中引用北美一個研究者的話說：「不同部落的印第安人彼此不懂交談對方的有聲語言的任何一個詞，卻能借助手指，頭和腳的動作彼此交談、閒扯和講述各種故事達半日之久。」身勢語極為豐富的表達能力表明它在人類矇昧時期作為重要甚至主要傳播手段並非完全不可想像。

　　手勢、身勢語並非早期人類唯一傳播手段。即使在那一時期人類的發音器官和大腦發育水準也遠在動物之上。尼安德特人大腦容量達到

第八章　非言語行為與跨文化傳播

1300～1350 毫升，已經很接近現化人類 1500 毫升的水準，所以被稱為
「早期智人」。不能清晰地發出 /a/、/i/、/u/ 基本元音只說明不能使用清晰
的分音節語言，但能發出語音是肯定的。連烏鴉的叫聲都能傳達《烏鴉詞
典》編者所說的如此多的意義，早期人類發音器官應該能夠發出有語言意
義的聲音了。至少可以有把握地說，這些聲音是一種輔助傳播語言方式。

　　此外還可能有其他一些次要的輔助傳播手段，例如非洲的鼓聲。影片
《赤道戰鼓》雖經藝術概括，但從中可以窺見鼓聲的變換可以準確地傳達
不同的資訊甚至進行交流。另外如原始岩畫、壁畫和後來籠統被人們稱之
為「書信」的東西（如 1849 年北美奧傑布華人給美國總統的請願書，文
字學史上那封著名的情書等）既不代表語言，也不是文字，但能起傳播作
用，使我們有理由推斷人類初期可能也採用類似手段幫助傳播。

　　總之，嚴格意義上的人類語言產生之前，人類應當是經歷過無聲傳播
階段。時間應在山頂洞人之前的幾百萬年間，傳播手段是以手勢、身勢為
主，含混的語音及其他能表意為輔的綜合方式。

　　從無聲語言傳播到有聲語言傳播，也即從視覺形象方式為主到聲波物
質方式為主同樣經歷了漫長的演變過程，其下限估計不會晚於 5 萬到 3 萬
年前。促進這一演變的發生至少有以下一些因素。第一，徹底的直立行走
使口腔與喉部夾角呈 90 度，喉頭下降、口腔縮短，舌根活動範圍擴大，
使人類能清晰地發出元音和分音節的語音，使有聲語言的產生具備生理基
礎。其二，直立行走導致手的徹底解放，這種解放促進人類與動物之間最
大的區別即勞動。勞動促使人類腦的發展進化，列維・布留爾說：「手與
腦是這樣密切連繫著，以至於實際上構成腦的一部分。文明的進步是腦對
於手以及反過來手對於腦的相互影響而引起的。」另外，火的發現和普遍
使用，人類從生食轉為熟食大大改變大腦營養結構，提高大腦物質品質，

也推進了大腦的成熟與進化。其四，隨著人類社會生活的發展，手勢、身勢傳播表達顯然跟不上這種發展，其表達範圍有限，在視覺條件差或不具備視覺條件的情況下難以完成傳播，特別是具體勞動中極為不便，腦的進化和口腔的演進為有聲語言的產生提供了生理和物質可能，無聲語言的局限為有聲語言的產生提供必要性等等，而最終，是勞動完成這一過程。從無聲到有聲語言雖然不過是人類傳播手段的物質變更，但有聲語言的便捷、清晰準確和豐富性使人類傳播手段產生了質的飛躍。更重要的是，有聲語言的內部形式（內部語言）成為抽象思維直接和唯一的進行和表現形式，從而完成了真正的、嚴格意義上的人類產生過程。所以恩格斯說：「語言是在勞動中和勞動一起產生出來的」，「語言乃是人類形成時，在集體勞動過程中，為了適應傳播的需要而產生的，並且跟抽象思維同時產生的」。

綜上所述，人類在進化過程中，傳播手段的進化應當經歷了動物性到人性、無聲到有聲、以表情肢體為主，以混聲為輔的視覺階段到聽覺為主，以表情肢體為輔階段的演化。嚴格地說，後者一直延續至今。眾所周知，今天在人際傳播中，有聲語言只占資訊傳播總量的35%，而其他65%都是由以身體語言為主要方式的非言語語言傳播的。在這個意義上說，非言語語言這種人類「前語言起源期」的遺留仍然十分重要。

例如人的空間距離，還殘留著與動物的連繫。國外科學家在長期的觀察研究中，發現所有的野生動物彼此之間都保持一定的自衛距離，這種距離稱為「警戒距離」。如蜥蜴的距離為2碼，獅子25碼，鱷魚50碼，長頸鹿在200碼以上。當它們發現比自己強有力的敵人處於警戒距離時，就立刻逃遁或裝死。但是當敵人已經闖入了警戒線時，它們就不是逃走而是轉為進攻了。毒蛇咬人、蜜蜂刺人、臭鼬鼠放毒都是在這種情況下，被迫

作困獸之鬥的。動物的「警戒距離」表面看是與其身體規模有關，實際上是其逃逸的最低安全距離。我們在高速公路上看到「保持車距」的標誌，是行車安全要求下，車速與制動關係的結果，是人類仿生學指導的科學論證。而人類的空間占有就要複雜得多了。

二、非言語行為的文化共同性

如果說語言是人類與動物的根本區別特徵之一，那麼我們認為非言語行為就保留更多的人與動物的連繫特徵。比如對空間的占有要求、比如身體動作、表情等等。正因為如此，相對語言來說，非言語行為同時保留了更多的人類共通性，畢竟，所有人類都來源於動物。換句話說，非言語行為的跨文化程度比較起語言來說要高得多。有身處異國語言不通經歷的人，都有過不同程度的透過動作、表情進行溝通的回憶。如前所述，澳大利亞阿蘭土著居民，不同部落不同語言的人可以透過身體動作問候甚至聊天達半日之久。儘管如此，不同民族、不同文化的人們非言語行為的文化差異不僅存在，而且令不少學者著迷。

對此朱麗葉斯·法斯特有相同的研究：

有沒有獨立於文化之外的具有普遍性的姿勢和表情，它們適用於每一種文化中的每一個人？有沒有人人都能做的事情，而它們又或多或少都能向其他所有人傳達某種意思，而不必顧及對方的種族、膚色、信仰或文化？

換句話說，微笑總是表示愉悅嗎？皺眉頭總是表示不高興嗎？我們左右搖頭總是意味著「不」嗎？我們上下點頭是否又總是意味著「是」？這些動作對所有人來說都具有普遍意義嗎？如果是這樣的話，在某一特定情感中作出這些動作的反應能力是與生俱有的嗎？

如果我們能找到完整的由遺傳得來的姿勢和信號的話，那麼，我們的非語言交際能力就如同海豚的語言一樣，或者類似蜜蜂的非語言性語言，它們透過運用某些明確的動作，把整群蜜蜂引到新發現的花蜜那裡去。這些是蜜蜂不用學就會的先天性動作。

我們有先天性的交際形式嗎？

達爾文認為，人類表現情感的面部表情都是相似的，不受文化影響。他的看法是以人類的進化源泉為基礎的。但在 50 年代初期，兩位研究人員布魯納和塔居里在進行了 30 年的研究後寫道，最好的有效研究表明，並沒有什麼先天不變的模式伴隨特定的情感。

從那以後又過了 14 年，埃克曼、弗里森（來自加州的蘭利波特神經與精神病研究所）和索倫森（來自神經病和失明症國家研究所）等三位研究人員發現，新的研究論證了達爾文的看法。

他們在新幾內亞、婆羅洲、美國、巴西和日本，對這五個地處三大洲的差異甚大的文化進行了研究，發現：「當我們出示一組標準的面部照片給這些不同文化背景的觀眾看時，他們能辨別出相同的情感內涵。」

據這三個人說，這個結果和「人們面部表現情感的能力是在社交中學來的這一理論相衝突。他們還認為，在同一文化中，人們能夠一致識別情感的不同狀態。

他們認為，這種帶有普遍性的識別能力的緣由只是間接地與遺傳有關。他們引用了一個理論，該理論假設道：「……人們天生既有的深層程式把某些感觸和易為辨別的帶有普遍性的面部表情連繫起來表現人們主要感情的種種 —— 興趣、喜悅、驚詫、恐慌、憤怒、沮喪、厭惡、蔑視與羞恥。」用簡單的話來說，它的意思是，所有人的大腦都是經過編制了的程式，當他們高興時，嘴角便會翹起來，他們不滿意時，嘴角便向下，皺

起眉頭、揚起眉毛、撇撇嘴，諸如此類，如此種種，都是依照輸入大腦的情感而做出的反應。

與此作為對應，他們還列舉了人們其他早年學到的「因文化不同而有所差異的表情和規矩」。他們說：「這些規矩規定了在不同的社會環境中，人們的每一種感情該如何表現。這些規矩由於社會角色和人口特色的不同而產生差異，在不同文化中也應有所差別。

他們三人進行的研究都盡其所能地避免文化所產生的制約。電視、電影及書面材料的傳播使他們想做到這一點尤為不易，但這些調查人員就研究封閉性地區以及在可能的情況下就研究尚無文字的社會，從而在很大程度上避免了這一點。

他們的研究似乎證實了這麼一個事實，即我們的遺傳基因能夠繼承某些基本的自然反應。我們生來就帶有進行非語言交際的因素，我們能夠向其他人表露喜、怒、哀、樂及其他情感，而不必去學要如何才能顯示它們。

當然，這並不違背這樣一個事實，即我們還必須學會使用許多姿勢，這些姿勢在一個社會裡有某種意味，而在另一個社會裡卻有不同的意思。我們在西方的人左右搖頭意味著「不」，上下點頭意味著「是」，而在印度的某些地方，這些動作的意思正好相反。上下點頭表示「不」，左右搖頭表示「是」。

由此我們知道，我們的非語言性語言一部分是出自本能的，一部分是經人教會的，還有一部分是摹仿得來的。接下去我們就會看到，在非語言交際和語言交際中，這個摹仿的因素有多麼的重要。

從文化的角度講，「本能的」非言語行為即為本能文化的一種形式。本能文化階段，人類尚處於以動物性為主的原始樣態，此間的文化總體來

說還是一種生存文化，是為人類生存服務的，包括人群初期的社會組織、工具的使用和製造以及混沌的語言等，當然也包括非言語行為。但既然是文化，就表明是一種開始超越動物生存狀態。例如群婚制的從血緣群婚制到亞血緣群婚制，前者以直系血親之間的兩性關係為禁忌，而後者雖然仍是一種同行輩的男女之間的集團婚，卻從兩性關係中排除了姊妹與兄弟。起初是排除同胞兄弟姊妹，其後又排除了血緣關係較遠的兄弟姊妹。性是人與動物的基本本能，在人類的進化歷程中，與動物一樣共同的都是為了繁衍後代綿延種族，但從動物的雜交到群婚制度，已經上升到了文化的層面。只是和後代的一夫一妻制以及今天的性作為一種娛樂和享受不同，本能文化階段的群婚制根本地還是為更好地繁衍後代這一根本的動物性服務的。而與純粹的動物性不同，群婚作為一種文化超越了純粹的動物性，限制著人類動物性的減少。在人類獨有的語言方面，儘管語言人類是人與動物的根本區別之一，儘管人類已經直立行走，具備「巧舌如簧」的生理功能，但考察早期人類語言，仍然可以發現其以舌根音、喉音、重濁音和單一音節為主，這與動物的嚎叫有更多的連繫，但語言已經可以與時空分離，已經具備能產性。在非言語行為的表現上，直到今天，人們的空間占有反應、悲傷時的哀號、高興時的手舞足蹈等與動物幾無二致，但這些非言語行為的表意的多樣性、民族性又與動物有了根本的不同，成為主動或被動傳播的組成部分和人類文化的一部分。

三、非言語行為的跨文化傳播

是的，非言語行為的人類共通性不能代表全部。與此同時，非言語行為的民族性仍然存在。只有那些非本能的，「人家教的」和「模仿來的」非言語行為具有更多的民族性和文化性。

第八章　非言語行為與跨文化傳播

　　由於非言語行為的無意識性，它的跨文化傳播幾乎呈兩極分布，即本能的非言語行為傳播的「文化可通約性」高，後天習得的非言語行為在傳播中「文化可通約性」低。在這個意義上說，非言語行為的跨文化傳播主要是指習得性非言語行為的跨文化傳播。本能的非言語行為理據性強，往往可以從動物性或者生理性上得到解釋，後天習得的非言語行為理據性弱，更多地表現出文化的約定俗成，一般難以解釋。

　　雖然如此，本能性的非言語行為與習得性的非言語行為之間的連繫理論上說是存在的，只是由於在漫長的歷史演進中難以追溯了。比如座位的空間分布，包括中國人在內的許多民族都很講究，尊者或長者在圍坐時居首，一般是上方，現在多指面向門的方向。筆者在美國亞歷桑那州印第安人博物館了解到，印第安人家中一般都圍著火塘而坐，面向門的方向是最溫暖的地方。因此總是長者的位子。後來尊者長者居於此位成為習慣。另一方面，眾所周知食指和中指叉開表示勝利，這是英文「勝利」的頭個字母 V 的擬形。但是這個手勢背過去表示猥褻和侮辱，其來源是什麼，連著名的動作語言學家 D‧莫里斯也考證不出來。因此要準確地解釋習得性非言語語言形成的文化基因並非易事，因為文化的傳承是一個習得的過程，其中不同文化之間的接觸會在不同層面影響到非言語語言的變異。不過，從理論上說，不同的非言語語言總是在其文化中能夠找到解釋的，因為非言語語言是文化的延伸部分。進一步說，非言語語言的跨文化傳播主要是指具有民族性和文化性的非言語語言的傳播。

　　例如，日本人重男輕女很厲害，因此伸大拇指就是男人，伸小拇指則是女人的意思。而不是中國人的好與差的意思。

　　握手是在相見、離別、恭賀、或致謝時相互表示情誼、致意的一種禮節，雙方往往是先打招呼，後握手致意。比較多的說法認為，握手起源於

歐洲的中世紀，陌生人見面，如果確認不是敵人，就放下武器。攤開手，以表示自己不存二心，然後，彼此靠近，握手言歡，由於多數人格鬥使用右手，所以雙方右手相握，就不用擔心對方會拔刀相逼，握手，不過是雙方解除戒心，放下武器，以誠相見的方式罷了。其後這種非言語語言符號化，成為致意的象徵。

握手不是中國傳統的禮節。《說文》：「握，搤（扼）持也。」握即持、抓住、拉住之意。《廣韻》更為明白：「握，持也。」《史記‧廉頗藺相如列傳》有「私握臣手」。是說宦官頭領繆賢曾跟隨趙王與燕王在邊境上會過面。燕王背著趙王握著繆賢的手，告訴他願意私下交個朋友。「握手」相連最早見於《後漢書‧李通傳》：「及相見，共語移日，握手極歡。」李通和劉秀初次相見後，話語投機，交談忘了時日，手拉手甚為歡愉。可見在古代中國握手並不是一種禮節，而是非常親切或者親熱的一種非言語語言，而且並不常用。因為中國傳統文化是一種高度理性化的文化，身體間的接觸作為禮節極為少見。這種高度理性化的文化使中國人採用另一種方式表達陌生人之間見面的禮節，即拱手禮。拱手禮也叫做揖禮，屬相見或感謝時常用的一種禮節。行禮時雙腿站直，上身直立或微俯，雙手互握合於胸前，上下振動三次。一般情況男子右手握拳在內，左手在外，女子相反。拱手禮始於上古的西周時代，據說有模仿帶手枷奴隸的含義，透過自貶自謙的方式，即意為願做對方奴僕來向對方表示敬意。這與中國古代漢語人稱代詞貧乏且少用，而多用「僕」、「在下」，或者用自稱其名等代替第一人稱代詞，其語言方式的價值指向是一致的。後來拱手逐漸成了相見的禮節，尤其是近現代，已基本成為主要交往禮節之一。拱手禮在新中國成立後就作為「封建文化」被「同志式」的握手禮替代了，但是至今也並沒有為全體中國人接受，特別在廣袤的鄉村。有意思

的是，拱手禮（有時是雙手合什）現在在包括官場的許多場合大有復辟之
勢。與握手禮講究雙方伸手的主動與被動、握手力度的輕重以及撒手的先
後等一樣，拱手的位置高低也有不同的交際含義。

　　非言語行為的跨文化傳播更多地表現在人際交往和視覺傳播中。

　　1793 年，英國為了建立與中國的通商關係，派馬戛爾尼訪華。乾隆
把他當作一個藩屬的貢使看待，要他行雙膝下跪之禮。馬戛爾尼最初不答
應，後來有條件的答應。他的條件是：將來中國派使到倫敦去的時候，也
必須向英王行跪拜禮，或是中國派員向他所帶來的英王的畫像行跪拜答
禮。最終他以單膝下跪的形式朝見了乾隆帝。至於英國所提出的通商要
求，乾隆帝的回答是：「天朝物產豐盈，無所不有，原不藉外夷貨物以通
有無。」從而拒絕了英國通商要求。英國於 1816 年又派阿美士德勛爵率
領使團再次來華，希望以外交手段敲開古老中國封閉的大門。這次這位阿
美士德勛爵更加不幸，他面對的是對大清帝國受朝觀禮節有病態愛好的嘉
慶皇帝。對於是否答應對大清皇帝行三跪九叩禮，不僅在外交使團，甚至
在英國內閣也有爭議。阿美士德最後作出了讓步，願意三次下跪並三次俯
首，儘管這已經比馬戛爾尼大大退讓了，但據中國方面說皇帝堅持要三跪
九叩頭。其間甚至發生了肢體衝突，阿美士德勛爵和他的外交使團最終還
是被逐出了中國。直到 1873 年 6 月 27 日，在恭親王奕的陪同下，年輕的
同治皇帝在紫光閣相繼會見了日本、俄國、美國、英國、法國和荷蘭的公
使以及德國的翻譯官。各國的使節們將自己國家的國書放到皇帝的桌案
上，行鞠躬禮，同治皇帝則透過恭親王之口對使節們所代表的國家元首表
示了問候和良好的祝願，使節們隨即告退。

　　從乾隆接見馬戛爾尼的跪拜到到同治接見各國使節的鞠躬，期間用了
近 80 年。這一場場「叩頭」風波不是簡單的外交禮節風波，而是一次又

一次嚴重的跨文化傳播衝突。相對於西方國家關於國家之間平等的文化觀念，閉關鎖國的大清帝國的意識形態中國家之間並不平等。在這些「超級夜郎」們的觀念中，英國，還有緊隨馬戛爾尼之後的俄羅斯、荷蘭以及葡萄牙等國，與「天朝」的「藩屬」朝鮮、琉球之類是一樣，只是野蠻落後的「蠻夷之邦」。他們的「通商」要求只是一個藉口，正如乾隆皇帝的理解：「天朝物產豐盈，無所不有，原不藉外夷貨物以通有無。」其實是想要得到更多的「賞賜」。中國歷史上的確也是如此。所以馬戛爾尼向乾隆皇帝呈遞了英王的信，並送了幾隻西洋表作為禮品後，皇帝回贈了他一件雕刻得十分精緻的蛇紋石禮品。接著，隨行的斯當東父子上前向皇帝致禮，乾隆帝也贈給斯當東一塊與大使一樣的玉石，向小斯當東「御賜」了自己隨身帶的一隻黃色荷包，以示「恩寵」。更有意思的是，覲見後，乾隆故意安排大臣陪英國使團參觀行宮。英國人看到園內的樓裡都放著西洋的玩具、掛鐘和地球儀，感到十分掃興，因為這些東西讓他們的禮品頓時黯然失色。陪同馬戛爾尼遊覽的官員還告訴他，比起圓明園內西洋珍寶館收藏的東西，這些都算不了什麼。英國人一陣尷尬的沉默，中國居然到處是英國人引以為榮的禮品物件。

我們可以透過嘉慶皇帝由阿美士德勛爵轉交給英國攝政王的信理解這次叩頭風波的文化意蘊：「嗣後毋庸遣使遠來，徒煩跋涉，但能傾心效順，不必歲時來朝，如稱問化也。俾爾永遵，故茲敕諭。」

和跪拜不同，叩頭是一種高度符號化的中國文化的傳統，表示屈從、順服之意。這種肢體語言文化後就成為一種禮制，對於生活在其間的中國人來說，並無侮辱之意。直到今天，大年大節時晚輩對於長輩，活著的後人對於死去的先人，私間的徒弟對於師傅等，仍主動地或者被要求用這種方式表示最高的敬意、尊重或感恩。即使在晚清，皇帝也不是有意要用

這種方式侮辱外交使節，而是遵循「化外」蠻邦對「天朝」應有之禮節這一古已有之的傳統。所以嘉慶的一道詔書上也一依慣例：「爾使臣行禮，悉跪叩如儀。」這不是沒有根據的。按照斯圖亞特‧霍爾的理論，叩頭這一符號，表達敬意是其外延，但是中西方兩種文化有不同的內涵：在中國文化中是外國對大清帝國致敬；在西方文化中則是後者對前者的侮辱。

當前對非言語行為的跨文化傳播研究主要是採取共同對比的方法。主要針對即時傳播中行為與方式的相同點、不同點以及造成的文化衝突，重點是不同文化在非言語行為傳播中的相異點，並對相異點進行分類，力圖找出其中某些有規律性的東西，以指導人們在跨文化傳播中的行為方式，促進有效傳播。

第九章　視覺符號與跨文化傳播

　　人類傳播最主要是透過聽覺和視覺進行的，聽覺與視覺也是人類主要的認知性傳播途徑。因此視覺符號是語言傳播之外最重要的傳播媒介。視覺符號傳播在後現代社會中的主導地位，當下已經成為文藝學、文化學、社會學、傳播學和哲學特別關注的重要研究內容之一。由於視覺符號的具象性和全球化背景下傳播的廣泛性使它具有跨文化傳播天然的優勢，成為全球性視覺文化的主要表現。但是，視覺符號作為文化的表徵，決定其基本的文化內蘊。視覺符號的擬象性在人類文化結構中如此根深蒂固，以至於很容易忽視其文化的建構性，從而引起誤讀乃至於文化衝突。

第一節　視覺傳播在當代傳播中的主導地位

　　自有人類以來，人們就有多種傳播方式，以滿足人們溝通的需要。其中聽覺傳播和視覺傳播是最基本和最重要的傳播方式。如果說文字作為語言符號系統的符號系統，其產生把人自身的聽覺系統拓展到新的時間和空間，從而把人類推向文明時期，那麼圖像符號的產生同樣把人類的視覺系統拓展到新的時間和空間，並始終伴隨人類文明向前發展。同樣，如果說語言主導著人類抽象思維的發展，那麼圖像伴隨著人類的形象思維，因為聽覺和視覺是人類認知的兩大基本途徑。特別是我們必須面對的一個事實是，語言（包括文字）作為數千年人類文化主因，在今天已經明顯地讓位於視覺符號。人類文化進入圖像主因已經是一個不爭的事實。視覺符號在當代傳播中已經居於主導地位，乃至於產生了一種新的文化形態，文化學家、社會學家稱之為「視覺文化」，甚至以此為後現代社會的主要標誌之一，而坊間稱為「讀圖時代」。

一、視覺符號的特點及其分類

視覺符號就是訴諸人的視覺器官的，以線條、色彩、光線、形狀和其他圖形結構等要素構成的，傳達一定資訊的媒介載體。

按照表現形態來分，視覺符號一般分為靜態符號（如繪畫、雕塑、照片、徽號、標誌甚至實物等）和動態符號（如電影、電視、動畫和舞蹈等）。

既然是符號，視覺符號也具有符號的一般特徵，即按照約定俗成的靜態或動態的構圖規範來指稱意義。根據索緒爾的思想，在視覺符號中，圖形就是能指，其指稱的意義就是所指。

第一，視覺符號具有約定俗成的基本屬性。可以看到，視覺符號與其他符號不同的是能指。但是，在視覺符號中能指與所指的「約定俗成」情況較為複雜。過於約定俗成缺乏視覺符號的美感而難以流傳；不能約定俗成則不能有效地指稱意義，難成符號。一般說來，擬象性高的視覺符號約定俗成的可能性較高，構象性高的視覺符號約定俗成的可能性較低。擬象性是指視覺符號對人或自然現象描摹程度，如繪畫中的太陽、樹木、動物，或如舞蹈中對特定對象的仿擬，或電影電視中對生活原貌的寫實等；構象性是指視覺符號對人或自然的抽象表現程度，如特殊的構圖構形、反常的色彩色調、舞蹈動作中的以及電影、電視蒙太奇語法等。視覺符號的創造性就在於對二者的把握。約定俗成還有一個重要的含義，這就是為一定範圍的人們所感知，所理解。除特殊景觀外，人類「看」的東西都大同小異。但一定的族群，一定的民族「看到」的東西並不完全一樣。視覺符號的民族性是跨文化傳播的討論基礎。

第二，和語言符號線性特點不同，視覺符號另一個特點是具有平面性空間，是沿二維甚至三維空間展開的。儘管日常所見一些視覺符號也具有

251

時間性，如電影電視、組圖等，但它們都由一個個平面空間的視覺符號構成，平面空間性是視覺符號的基本特徵。大千世界絕大多數事物都是平面和空間性的，這為視覺符號富於強大表現力提供了表達基礎。

第三，視覺符號具有直觀性。直觀性也可理解為形象性。毫無疑問，視覺符號的直觀性是建立在擬象性基礎上的。就大多數視覺符號而言，其擬象性使能指和所指契合程度高，使具有正常視覺能力的人能夠不像文字那樣經過專門訓練就能接收並解讀視覺符號所傳遞的資訊。這是視覺符號數千年來長盛不衰，乃至今天成為占主導地位文化形態的基礎。

二、視覺符號傳播是人類最重要的傳播方式之一

視覺符號傳播是人與動物的根本區別之一。在語言傳播中，對於語言是人與動物根本區別之一這一命題，不斷有學者提出反證。其間的關鍵問題是如何對「語言」進行定義。如果從廣義角度提出用於「交際、溝通和傳播」，則這一命題難以成立。但是如果把語言作為符號則該命題是成立的。正如恩斯特·卡西爾在《人論·人類文化哲學導引》中提出的關於人的定義：人與其說是「理性的動物」，不如說是「符號的動物」，亦即能利用符號去創造文化的動物。他認為，動物只能對「信號」（signs）作出條件反射，只有人才能夠把這些「信號」改造成為有意義的「符號」（symbols）。「因此，我們應當把人定義為符號的動物（animal symbolicum）來取代把人定義為理性的動物。只有這樣我們才能指明人的獨特之處，才能理解對人的開放的新路 —— 通向文化之路。」到目前為止，沒有發現動物具有創造和運用任何符號的能力，其間當然包括視覺符號。最近有新聞報導俄羅斯一城市發生地殼噴火，其中有一幅照片是面對大火驚恐的人們，還有一幅是一隻被燒焦的雞。人除了實際發生大火會驚嚇逃跑

外，看到傳媒上關於山火災情的圖片報導，馬上會聯想到實際地殼噴火，一樣產生驚嚇的情感，而人看到山火的圖畫或者影片，其條件發射更加逼真。但這樣的照片或者影片對其他雞不會產生任何效果。相反有人做過這樣的試驗，一隻小猴見到鏡子中的自己立即被嚇得吱吱亂叫跑開了，而見多識廣的猴王跑到鏡子面前，也嚇得一溜煙地跑掉了。

人和動物生活在一樣的物理世界，一樣會對物理世界作出反應。人和動物的根本區別在於動物只能對自然界的徵候作出條件反射，而只有人才能夠把這些徵候改造成為有意義的符號。中國歷史上的「烽火戲諸侯」中的烽火，對於動物來說是徵候，而對於人來說就是符號了。造成這種區別的根本在於：人能透過創造和運用各種符號，從而創造出屬於自己的文化世界，而動物則只能對物理世界的各種徵候作出反射，無法擺脫自然世界的的桎梏。

人類文明發展史，實際上是符號的建構史，或者是對自然和人類社會符號化的歷史，從而也是透過符號把握世界的歷史。在人類矇昧時期，人類透過原始巫術同難以解釋的自然現象進行溝通。透過給「神靈」命名和歌舞祭祀頌揚自然界，其實這也是人類把握自然界的過程。這其中包含兩種不同類型的符號：命名是語言符號，而原始歌舞祭祀儀式是視覺符號。前者成為人類抽象把握世界的強大工具，而後者把人的主觀意義寓於客觀對象之中；前者培育出人類抽象思維能力，後者催生了人類形象思維能力；前者產生了人類獨有的科學，後者形成了同樣人類獨有的藝術。二者無論差別有多大，其符號建構的本質上卻完全一樣。

觀察一下圖騰崇拜也許可以進一步了解視覺符號對於人類傳播的重要意義。圖騰，是原始氏族時期的親屬、祖先、保護神的標誌和象徵，是人類歷史上最早的一種文化現象。據《辭海》：

第九章　視覺符號與跨文化傳播

「圖騰崇拜」是一種宗教信仰，約發生於氏族公社時期。圖騰（totem）系印第安語，意為「他的親族」。原始人相信每個氏族都與某種動物、植物或其他自然物有親屬或其他特殊關係，一般以動物居多，作為氏族圖騰的動物（如熊、狼、蛇……），即是該氏族的神聖標誌，照列為全族之忌物，禁殺禁食；且舉行崇拜儀式，以促其繁衍。

圖騰的第一個含義是「它的親屬」，源於原始思維認為本氏族與某種動物或植物有親緣關係，從而表達祖先崇拜；圖騰的第二個含義是「標誌」，指本氏族組織的標誌和象徵，它一方面具有團結群體、密切血緣關係、維繫社會組織和互相區別的職能，另一方面使本氏族成員得到圖騰的認同，受到圖騰的保護。圖騰和圖騰崇拜可以在幾乎所有早期人類中發現，說明其重要的傳播作用。作為最重要的視覺符號，圖騰並不只是與原始人類連繫在一起，中外古代的旌旗、族徽，直到當代的政黨、國家的黨徽、國旗以及現代企業形象標誌等，也無不以視覺符號傳播方式起著相同的作用。

三、視覺符號傳播在當代傳播中的主導地位

如果說人類歷史表現出視覺符號在人類傳播中的重要作用，那麼在當代，視覺符號傳播已經開始居於人類社會傳播的主導地位。這方面學術界，特別是傳播學、文化學和哲學界等對視覺文化的研究成果很多，這裡不再贅述。

和本書有關或者我們比較關注的是，在後現代的視覺文化時期，既然視覺符號已經或者正在形成新的文化形態，那麼什麼才是匈牙利美學家豪澤爾提出的「合理的文化構成」？按照孟建的轉述，豪澤爾認為任何文化都要尋求一種合理的文化構成。這種構成是由三個層面和兩個向度構成的。三個層面是指大眾文化與精英文化、外來文化與民族文化、傳統文化

與現代文化。兩個向度是指，前兩個層面構成共時關係，後一個層面構成歷時關係。視覺文化最顯著的特點是把非視覺性的東西視覺化，將世界圖像化或者視像化。比如抽象的價值觀，不是用語言進行闡述，而是用圖像或者視像來表達，用靜態或動態的形象訴諸人的感官來傳播。正是由於視覺符號傳播在當代傳播中居於主導地位，對於跨文化傳播學來說，就要關注豪澤爾所說的三個層面的共時結構關係，要關注歷時的文化發展趨勢。說具體一點，在當代全球化趨勢不可逆轉的情況下，跨文化傳播要關注什麼樣的視覺符號系統居於什麼樣的主導地位，什麼樣的視覺符號系統結構是「合理的文化結構」。這是一個很大的題目，本書不打算進行深入討論，但這是跨文化傳播現實關切的應有之義。

第二節　視覺符號的民族性和超民族性

由於視覺符號具有的形象直觀的擬象性，使它具有跨文化傳播的天然優勢。但是視覺符號是符號而不是事物本身，它作為文化表徵的視覺符號，就具有民族性，是在一定民族或族群中對表達意義的約定俗成。特別是視覺符號系統，更加體現出它的民族性。因為一定的思維決定一定的視覺符號的構成。也許從動態上看，和其他文化形態一樣，它在民族交往中跨文化傳播對不同民族的視覺符號及其系統發生各種作用，從而產生不同的後果。

一、作為文化表徵的視覺符號

表徵（representation）是外部事物在心理活動中的內部再現。表徵既反映和代表客觀事物，作為心理活動又進一步加工客觀事物。表徵主要方

255

式有語言的和具象的兩種。

　　視覺符號就是客觀事物的表徵。按照帕維奧的觀點，人們具有言語和表像兩個平行的認知編碼系統。言語系統加工離散的語言資訊，表象系統則對具體的客體或事件的資訊進行編碼、存貯、轉換和提取。表象系統對整體性事物進行加工，從而產生視覺符號。視覺符號創製的目的就是傳播，而任何事物不經過編碼不能傳播，編碼過程就是能指（視覺符號）和所指（資訊）結合的過程。與語言一樣，視覺符號，特別是視覺符號系統的編碼嚴格意義上說絕不是個人行為。為了有效傳播，任何視覺符號的創製一定要是特定範圍（如氏族、族群甚至民族）的約定俗成，這種約定俗成體現特定的文化元素。這樣，視覺符號的民族文化性是其本質屬性。

　　如前所述，人類視覺符號有擬象的和構象的兩種基本類型。首先，擬象和構象的視覺符號都具有民族性；其次擬象符號的民族性比構象符號民族性弱；在此前提下視覺符號具有超民族性。

　　喬曉光透過對中國和歐洲國家考察發現，龍是中華民族共同認同的文化圖騰，中國傳統文化中的龍符號，也是一個使用得最頻繁、最持久、最普遍，同時也最具民族代表性的吉祥圖案。而在西方各國的創世神話中，龍是兇殘的動物，比如希臘傳說中的龍就是一條巨蛇，它與陰間世界和神密切相關。但西方之龍在一些地方也是勇士的象徵。在盎格魯 —— 薩克遜人統治時期的英格蘭，龍常常出現在旗幟上。在威爾士，直到今天，紅色的龍仍是該民族的象徵。又如門神在東西方都有，中國的門神多是秦瓊、尉遲恭、趙公明、蕭何等歷史人物畫像，色彩豔麗，紅紅綠綠，貼在大門上，司職為百姓鎮宅保平安，擋住外面的各種鬼魅魍魎。而西方國家，常常能在傳統建築的拱門上或過道口看到一尊尊有前後兩個面孔的雕像，這是門神雅努斯，雅努斯在羅馬神話中是主宰歲月更替、萬物終始之

神，是把守天門的。後來雅努斯的神力又降臨大地，成為司職一切出入口的門神，因此，西方人在出入口都供有雅努斯神像。雅努斯有兩個面孔，看著後方的象徵著過去，看著前方的象徵未來。西方的門神更多表現的是時間觀念，著眼於未來。

對於那種構象的視覺符號，相同或相近的符號也有不同的民族文化資訊。如「卍」和「卐」字作為符號有悠久的歷史，覆蓋的區域也十分廣闊，許多民族都使用過它，儘管「卍」與「卐」有旋轉方向和角度的不同，伊朗法爾斯省波斯波利斯之南的巴昆遺址，距今不少於 5,000 年歷史，出土的彩陶像中象徵生育的女神肩上就有「卍」字標記。美洲納瓦霍印第安人以「卐」象徵風神雨神。西藏原始宗教本教中，「卍」字是幸運吉祥、永恆不變的象徵，中國唐代武則天把「卍」定音為「萬」，義為吉祥萬德之所集。而紅底白圈黑符的納粹黨徽「卐」字，為希特勒本人設計，其「卍」字右折，傾斜 45 度。他在《我的奮鬥》一書中說，對於當時的德國來說，「卐」字是一個真正的象徵，紅色象徵納粹勢力決心吞併奧地利，建立德意志帝國運動的社會意義，白色象徵亞利安至上的民族主義思想，而「卐」字象徵著建立納粹德國，為亞利安人勝利而奮鬥的使命。其圖形取材於北歐神話的雷神之錘標誌，延伸解釋為白人至上主義的象徵。

但是，視覺符號也有超民族性，一方面是由於人類認知思維的相同或相近，另外更重要的一方面是人們很早就開始了民族間的交流與交往，不同民族的視覺符號也在跨文化傳播中互相借鑑或認同。如武則天把「卍」定音為「萬」，義為吉祥萬德之所集，就源於佛教進入中國，中土崇尚佛老之學的結果。而有考古學家認為，「卍」字符可以追溯到印歐民族宗教藝術中的「十字紋」或「太陽紋」。美索不達米亞和古希臘的「卍」字符

都可能是古印歐民族的文化烙印。而古代印歐民族在遷移的過程中，在各地留下了遺蹟。入侵印度的一族，帶去了他們信仰的婆羅門教，也就是印度教的前身。對於大多數民族來說，「卍」字都是美好、吉祥和幸福的象徵。

　　李普曼從傳播的角度提出：「圖畫始終是最好的觀念傳達方式，其次則是能夠喚起記憶圖像的文字。但是，被傳達的觀念在沒有使我們認同之前，它不會完全成為我們的觀念。這種認同，或者弗龍・李所說的共鳴，幾乎是無比的微妙，有著幾乎無比的象徵性。」視覺符號中的圖畫之所以是最有保證的傳遞思維方式，之所以如此微妙，是由於人類共有的文化體驗與一定畫面的連繫。比較下面中國四川珙縣懸棺葬岩畫和一幅美洲岩畫，可以看到早期人類狩獵和戰爭的視覺表達的共通性：

　　按照陳兆復對岩畫內容的分類，分為人面像、動物、日常生活和符號圖形。而符號圖形包括太陽、手印、腳印、小圓穴、蹄印、圖案和文字符號等。而如果按照構象的視覺符號和構形的視覺符號分，圖案和部分文字符號是構形的符號，其餘都是構象符號。這些構形符號雖然圖形簡單，但其中隱喻著某種深刻的內涵，它在某種程度上類似我們今天的語言。這些符號，或則是原始的記事，或則是配合說明某種事件，或襯托某種神聖的圖形，以及隱喻某種觀念等等。總之，在岩畫上的那些抽象的圖案符號，一方面是用於實際的記事，一方面隱喻著某種神祕的觀念。但是究竟隱喻什麼，陳兆復也難以解釋。岩畫中出現的各種抽象的圖案，簡單的只是彎彎曲曲的線條，有的是正方形或星形；複雜一點的，如圓螺形、方螺形、十字形、同心圓、菱形紋、漩渦紋、曲線紋圖案等等。也有一種是以動物的形象、或神人同形的形象變化組成的圖案，但是我們現在已經很難辨認出它們的現實來源。的確難以辨認，因為比較構象符號而言，構形符號的

「能指」與「所指」結合的約定俗成性更強，或者說文化意蘊更深。實際上，無論哪一種符號都是文化的表徵，只是隨著構形符號所代表的文化的消失，符號本身就難以理解了。所以人們對其神祕難解如此著迷，常常喻之為「天書」。考慮一下中國古代以「──」為陽，以「--」為陰組成的八卦，如不是流傳下來，也一定會為今天的人理解為「天書」了。

二、原始思維與視覺符號

進一步說，支持早期人類視覺符號民族性的，是原始思維的「集體表象」觀點。列維－布留爾《原始思維》一書認為，原始人的思維是具體的思維，亦即不知道因而也不應用抽象概念的思維。這種思維只擁有許許多多世代相傳的神祕性質的集體表象。原始人的思維就是以主體與客體受互滲律支配的集體表象為基礎的、神祕的、原邏輯的思維。列維－布留爾在《原始社會的心理作用》一書之中提出，集體表像是一種人類原始時期社會性的信仰、道德思維方式，它不是產生於個體，而是比個體存在得更長久，並作用於個體。集體表象的核心是人與外部事物間的「互滲」。儘管列維－布留爾承認「再現原始人的集體表像是困難的」，但他非常肯定地認為：「互滲律決定社會集體關於它自身和它周圍的人類群體與動物群體的觀念。」包括原始岩畫、圖騰、祭祀儀式等在內的遠古視覺符號，就是承載特定原始人群「集體表象」的媒介。由於文明生態和特定部落「集體表象」的不同，任何原始部落在那個時期都是一個獨立文化的群體，其視覺符號特別是構形性的符號保有濃厚的本部落文化色彩。在長期的戰爭、通婚和貿易等交往中，這些視覺符號一些保留下來，一些被遺棄或遺忘，在考古發現後顯得更加神祕莫測。在中國古代文字史上，有一大批難以辨認的符號就是證明。高明《古文字類編》中收入一部分「徽號文字」，高

明《古文字類編》，臺灣大通書局，1986年第三編「徽號文字」。其性質難以認定，究竟是徽號還是文字，學界有不同看法。高明認為是文字，但在該書「凡例」中也承認是「族徽或名號」。其中有相當一部分，有變形的框圖，郭沫若認為是宗廟祭祀的符號。不管如何，這些被稱為「徽號文字」的視覺符號只出現在商周，其部族圖騰符號的可能性很大。隨著商周以後氏族部落的解體，與之相應的文化消解，這些視覺符號的「能指」所指稱的「所指」就不為人知，只留下這些神祕的符號了。

三、視覺符號的動態分析

視覺符號的民族性和超民族性是一種動態的統一。從歷時分析來說，總體情況是越古老的符號越有民族性，越現代的符號越有超民族性。從共時分析來說，涵蓋範圍越小的符號越有民族性或個性，涵蓋範圍越大的符號越有超民族性或普適性。仍然以旗幟為例，氏族部落時代的徽號代表的是氏族文化，民族國家的旗幟代表民族的價值理念，歐盟的國旗代表超越民族國家的國家關係，聯合國的旗幟代表的是全球各國各民族的關係理念。牢牢把握視覺符號能指和所指的關係，就能深刻理解其民族性和超民族的關係特徵。

在全球化時代，視覺符號的跨文化傳播作用越來越強大。一方面，優勢文化也憑藉強大的技術水準越來越依賴視覺符號傳播自己的價值理念；另一方面，更多的傳統媒介越來越依賴視覺符號進行傳播。前者造成民族文化消解，超民族的「普適文化」咄咄逼人；後者造成以「視覺思維」為特徵的視覺文化大行其道。傳統文學、戲劇、畫展越來越曲高和寡。這是一出喜劇還是悲劇？專家學者們還在喋喋不休地見仁見智。

第三節　視覺符號編解碼分析

　　和語言文字符號不同，視覺符號最明顯的特點是直觀性，在這個意義上說，直觀性是視覺符號的自然屬性。但是既然是符號，視覺符號也有自己的結構特徵，這些結構按照一定意圖進行編碼和解碼，從而進行傳播。

一、視覺符號的自然屬性

　　直觀形象性是視覺符號的基本屬性，這是指視覺符號的自然屬性。視覺符號的自然屬性是指符號與自然的無限接近性。圖畫構成元素是人們日常所見，圖畫的人物、山水風光也與社會和自然一致；影視螢幕上的人進行著我們平日重複千萬遍的動作行為，即使那些高度抽象的構圖構形，其線條、形狀和色彩也是我們日常生活中所熟悉的。和語言符號不同，視覺符號與自然如此同構，用皮爾斯的術語來說，圖像符號「擁有所再現的事物的一些特點」，這一特點使人們幾乎把二者等同起來，從而把照片、電影、電視（特別是紀錄片之類）等一些視覺符號與「真實」連繫在一起。

　　但是，視覺符號的自然屬性並不是其本質屬性。自然屬性在某種意義上說，只是視覺符號的能指與自然的同構，而能指和特定意義的所指結合才是視覺符號之所以為符號而不是自然本身的區別所在。對此，斯圖亞特·霍爾有精闢的見解：

　　當然，一定的符碼也許廣泛地分布在一個具體的語言群體或者文化中，人們在年幼時就開始學習它，以至於這些符碼似乎不是建構的 —— 符號和指稱對象之間清晰表達的結果 —— 而是「天生」就有的。在這個意義上，簡單的視覺符號似乎已經實現了一種「近似的普遍性」（near universality）：儘管有證據表明，明顯的「先天」視覺符碼甚至都是文

化——具象。然而，這並不意味著沒有符碼介入，而是意味著符碼已經被深深地「自然化」了。對被自然化（naturalized）的符碼操作並未指證語言的透明性和「自然性」（naturalness）而是揭示了使用中的符碼的深度、習慣性及近似的普遍性。這些符碼生產明顯地「自然的」認知。這就產生了隱藏在場的編碼實踐的（意識形態的）效果。但是，我們一定不要被種種表象所愚弄。事實上，自然化的符碼所證實的一切就是適應性的程度，在意義交流的編碼和解碼雙方之間存在基本的相互聯合、相互依存的關係——一種既成的對等時，它才產生。在解碼一方，符碼的功能往往會假定自然化感知的狀態。這促使我們認為「奶牛」的視覺符號實際上就是（而非再現）動物奶牛。但是，假如我們思考畜牧業手冊中奶牛的視覺再現——甚至更進一步，語言符號「奶牛」的視覺再現——我們就能明白，在不同程度上，二者在關於它們所再現的那個動物的概念上是任意的。利用指稱對象的概念清晰地表達一個任意的符號——無論是視覺的還是語言的——不是自然的而是約定俗成的產物，話語約定論需要符碼的介入和支持。因此，艾柯認為圖像符碼「看起來像真實世界裡的事物，因為它們再造了電視觀眾感知的各種條件（即符碼）」。然而，這些「感知的條件」是高度符碼化的，即使實質上是無意識的一系列操作——即解碼過程的結果。這像任何其他一種符號一樣，具有照片或者電視圖像般的真實。然而，圖像符號被「解讀」為自然的，僅僅是因為視覺的感知符碼流傳得非常廣泛，因為這種類型的符號比起語言符號來說較少任意性，語言符號「奶牛」不具有所再現的事物的任何特性，然而，視覺符號似乎帶有該事物的一些特性。

　　是的，如霍爾所討論，電視符號把三維的客觀世界構建為二維的視覺符號，它當然不再是它原來所指稱的對象或者概念。他形象地說：「電影

中的狗會叫卻不能咬人。」傳播學有一條基本原理是「任何人都不能不傳播」，而任何事物不經過編碼不能進行傳播，一經編碼，符號就不再是它指稱事物本身，而是有了文化學上的意義。一隻會咬人的狗是一隻動物，而經過編碼後的電影中的這條狗就是危險、兇猛的含義了。

二、視覺符號結構分析

關於符號的結構我們在前面章節已經有比較具體的介紹，這裡結合視覺符號再簡單說明。

霍爾用「外延／內涵」一套術語來分析視覺符號的基本結構。任何一個視覺符號都有外延和內涵。外延是指符號所屬的社會群體對符號解碼的共同性或者共認性。這裡一定要把外延與沒有符號介入的「自然符號」區別開來。內涵指這一群體解碼中的聯想意義，而聯想意義是非共認性的集合，即聯想意義包含全部意識形態價值。內涵具有開放性，霍爾稱之為「流動性」。所謂開放性或者流動性是指內涵中的聯想意義會與外延互相流動，或者努力流向外延，成為「固定下來」的意義，即社會集體公認的意義；或者外延即社會集體公認的意義成為聯想意義中的一種。符號的外延特定、複雜但有限或封閉。內涵開放、富於變遷。作為非公認意義集合，聯想意義實際上是對符號意義的各種解讀方案的集合。按照莫利的研究，不同的解讀方案與解碼者的社會地位和話語權有關。因此解讀方案連繫著符號解讀群體的「社會文化地圖」。聯想意義的集合中不同的解讀方案在特定社會群體中並不平等，其中至少有一種是占主導地位的，它在社會文化地圖中連繫著主流社會意識形態，霍爾解釋說：在這些解讀內鑴刻著制度／政治／意識形態的秩序，並使解讀自身制度化。在「被挑選出來的意義」的多個領域鑲嵌著整個社會秩序，它們顯現為一系列的意義、實

踐和信仰：如對社會結構的日常知識、「事物如何針對這一文化中所有的實踐目的而發揮作用」、權力和利益的等級秩序以及合法性、限制和制裁的結構。

2006 年在美國紐約藝術博覽會上展出的華人畫家劉溢創作的油畫《2008- 北京》，後來修改後題為《打麻將的女人》，在網上盛傳不衰。但是這幅畫表現的是什麼，或者說如何解讀？ 2006 年 4 月 25 日，劉溢接受《星島日報》採訪時說：「2008 年奧運會將在北京舉行，西方人把奧運會叫做 Olympic Games，這幅《搓麻將的女人》畫的也是 Game（遊戲）。」

有一個帖子在很多網站都十分流行，題目是《牌局 —— 打麻將的女人們的政治解讀（多解）》，作者是這樣解讀這幅畫的：

旁邊站著的女孩子代表的是臺灣，站在大大小小的石頭之上，拿著水果，代表著豐富的資源，可又拿著刀，那刀可以削水果，也可能會在某種情況下傷人，可能傷到任何一個人，但她的注意力顯然在麻將換牌的兩人身上。她在觀望，她也想打麻將，但無法參與，她還太弱小，也很無奈。

大家可以注意到麻將桌是在一個海島之上，這個島不大，我們可以理解為釣魚臺。參加這局麻將的，顯然是中、美、日，躺著的很可能是俄羅斯。

左邊的日本打這場牌打得很認真，感覺她彷彿成竹在胸，隨時準備推倒胡牌的姿勢。背對著觀眾的顯然是中國，腰間紋身圖案隱約可見是龍的紋路。碰倒了一句東風，暗示著是中國在做莊，暗示釣魚臺顯然是中國領土，可背後卻藏著牌，兩張牌，一張是自己的，另一張正要遞給躺在那兒的女郎。

躺著的可以認為是俄羅斯，表面上她的牌少了一張（只有 12 張），相公了，沒心情打這個牌，可暗地裡卻需要中國的那張牌。可仔細看看，

她的腿放在對面金髮女郎的大腿上，這樣一個姿勢是示好的姿勢，但很顯然會讓對方不太舒服。俄羅斯曾經實力強大，但今天她需要中國的支援，中國也樂意和她交易，俄羅斯還是不敢得罪美國，但她的行為還是讓美國難受。

我突然發現碰倒的東風還有另外一重含義，中國是東風、東方，按照麻將規則對面美國也就正好是西方，而俄羅斯還正好在中國的北方。美國漫不經心地看向臺灣，其實是想看看臺灣的表情，她看不起臺灣，但她樂於享受這樣的方式，她能夠坐在這裡打牌，臺灣根本就沒有分兒，她在看臺灣的表情，想從臺灣表情上看到局勢。但臺灣痴痴地看的是牌桌本身，等待散場了好給大家送水果而已。

還有一個很奇怪的現象，那就是這輪牌該誰出牌了呢？顯然不是南風的日本，也不是俄羅斯，也不是美國，而是在等待中國，中國在「長考」，在換牌。日本帶著欣喜的表情等待中國「放沖」，因為她已經「聽」了。

中國和俄羅斯顯然在換牌，中國準備胡這個牌，又不想放沖，美國一副漫不經心的樣子，其實眼睛餘光卻注意著全場。

我又注意到了左邊牆上掛著的那幅照片，下巴的痣是毛澤東的，光頭是蔣介石的，樣子又有點孫中山的痕跡，大鬍子又像是日本戰犯東條英機的，暗示這釣魚島的複雜歷史背景⋯⋯這幅畫隱藏了很深的寓意，我比較愚陋，看不太懂，只能猜想出這麼多了。

作為一個視覺符號，媒體有很多解讀，我們引用了以上帖子，是因為同年 6 月 1 日，劉溢在雅昌藝術網註冊了自己的部落格。一個星期後，雖然仍沒有正面回覆人們對《搓麻將的女人》的任何評價，劉溢卻把「貓眼看人」的帖子原封不動地轉貼過來，「算是一種珍貴的資料」。按照霍爾

的理論，四個女人在打麻將，一個女孩在旁邊觀看，這就是這個視覺符號的外延，任何中國人或者知道麻將遊戲的人都能夠看出來這個公認的意義。但是它絕不是想表現女人打麻將，或者說這個外延不是符號本身這麼簡單，而有著其他的表現意義。不同的人由於社會地位和話語權的不同對此有不同的解讀，這就是霍爾所說內涵是聯想意義的集合。劉溢的不回應是完全正常的，作為藝術的視覺符號比語言符號有更多的解讀本身就是其魅力所在，但劉溢對上帖的轉帖無疑證明了「被挑選出來」的占主導地位的解讀方案。

三、視覺符號的編解碼分析

視覺符號也分為單一的符號和組合的符號。一般情況下，單一的符號編碼解碼都比較簡單。如透過約定用叉號表達禁止，畫一支喇叭表示鳴笛等，是一種簡單的、常見的，甚至外在的約定俗成。而組合的符號就比較複雜，它不僅是符號的組合，而且往往涉及更加廣泛的文化因素和組合規則。法國符號學家羅蘭·巴特曾指出，無論是細究還是泛論，藝術總是由符號組成，其結構和組織形式與語言本身的結構和組織形式是一樣的。巴特所說的「語言本身的結構和組織形式」是從廣義角度談的，是指藝術符號的結構規則。

視覺符號編碼的結構規則主要由視覺元素構成有序列的符號組合、符號及其序列的聯想與同構的變化與置換，和透過有個性的審美情趣對這種聯想與同構的風格技巧的經營，從而完成視覺符號編碼。

法國著名的世界名牌斐濟香水，有一則被稱為「蛇纏少女」的廣告，透過分析，可以反過來考察視覺符號的編碼特點。

廣告由少女、蛇和香水三個符號元素組合而成，顯然標有「Fidji」

（斐濟牌）的香水是主要表現對象，這就是這個組合符號的「自然屬性」或如霍爾所說的外延。但是少女和蛇與香水組成的序列要表達更多的文化含義。少女符號只有臉部人中以下的局部展示，深深的人中溝顯示少女特徵、立體感和性感，少女芳唇微啟通常意味著性興奮或激情。斐濟使人聯想少女是波利尼西亞人，在法國文化中，波利尼西亞是沒有規則與禁令的愛情與性的「天堂」，所以這則廣告也叫「天堂少女」。蛇在佛洛伊德理論中是陰莖的象徵，在西方著名的伊甸園傳說故事中意味著誘惑。少女交叉的手指暗示著性交，這是符號同構。三個符號元素透過聯想和同構按照西方性文化形成符號序列。在風格處理上，整幅廣告用了曖昧的暖色調，並用少女髮梢上黃色的蘭花暗示了性慾，厚厚嘴唇的猩紅和紅豔的指甲，這些色調通常暗示性的激情。圖中有兩大片空間，少女左上的空間在西方文化中意味著財富和精緻，圖下半部的空間是裸露的少女胸部，這一方面是「天堂」意念的強化，另一方面用香水瓶擋住了少女的乳溝，這恰恰誘惑男人去拿香水，從而巧妙地啟動了男人的性按鈕。

　　這則廣告用了西方文化中與性密切相關的三個符號元素，並用大量空間、曖昧的暖色調進行序列連接和風格處理。作為廣告，正如大衛‧奧格威所說：「我們的目的是銷售，否則便不是在做廣告。」但是作為視覺符號，這則廣告更多的是傳達特定的西方文化意蘊。

　　法國斐濟香水是世界香水十大品牌之一，法國時尚專家傑克曾經說過「名貴的香水，有液體鑽石之稱，雖價比鑽石，但依然吸引著眾多愛美之心。誰能有這麼大誘惑力，莫過於名牌香水」。這種香水即使在法國，也是一款價格昂貴的奢侈品。廣告編碼者瞄準的是西方中產階級，因此在視覺符號的編碼中，糅和了較多的西方文化含蘊。

　　視覺符號的編碼規則是一套複雜的程式，抽象的構形性符號，特別是

第九章　視覺符號與跨文化傳播

影視、動畫符號系統的編碼更加複雜，如導演學等成為一套專門的學問，其具體闡述不是我們這本小書能夠勝任的。

　　視覺符號的解碼和其他符號的解碼相同，由於意義結構的不同，編解碼沒有一致性。在這方面，霍爾的三種解碼立場在視覺符號解碼中是一致的。

　　對於視覺符號的解碼要特別說明的是，和語言符號解碼不同，雖然視覺符號具有直觀形象性，但其解碼還與解碼者個人的文化修養有直接連繫。通俗點說就是能否「看懂」的問題。莫洛亞的諷刺小說《大師的由來》用一種極端的方式表現出藝術作品解碼的困難。如果說這部小說反映的是共時情況下的解碼困難，那麼凡高的遭遇就是歷時性的了。凡高的名畫《向日葵》表現出「令人心弦震盪的燦爛輝煌」。1890 年 2 月，布魯塞爾舉辦了一個「二十人展」。主辦人也邀請凡高參展。凡高寄了包括《向日葵》在內的六張畫，結果賣掉的一張不是《向日葵》，而是《紅葡萄園》。非但如此，《向日葵》在那場畫展中還受到屈辱。參展的畫家裡有一位叫做德格魯士的宗教題材畫家，堅絕不肯把自己的畫和「那盆不堪的向日葵」一同展出。不過，連凡高自己對《向日葵》也不像後人那麼瘋狂，他自己認為在當時能賣上 500 法郎就不錯了。1889 年 1 月 23 日他寫給弟弟的一封長信中，儘管表明他對自己的這些向日葵頗為看重，但他寫道：「如果我們所藏的蒙提且利那叢花值得收藏家出五百法郎，說真的也真值，那麼我敢對你發誓，我畫的向日葵也值得那些蘇格蘭人或美國人出五百法郎。」而在 1987 年 3 月，其中的一幅向日葵在倫敦拍賣所得，竟高達 3990 萬美元。

第四節　跨文化視覺符號傳播與誤讀

　　跨文化視覺符號傳播是當代跨文化傳播的一個重要方面，但不是學術界討論的視覺文化傳播，雖然二者有很多交叉延伸的內容。霍爾對於符號解讀有三種立場當然也適合視覺符號傳播的解讀，但在跨文化視覺傳播中，情況還要複雜得多。

一、視覺符號的一般解讀方案

　　霍爾在討論編碼與解碼時談到，由於編碼的意義結構 1 與解碼的意義結構 2 之間的差異，他認為，解碼過程並非不一定要依據編碼過程，二者「沒有必然的一致性」。因此，編碼者儘管希望實現完全清晰的傳播，希望解碼者按照編碼者意願理解符號，但他們常常被「誤解」，甚至面臨自己的編碼面臨「被系統地扭曲的傳播」。

　　儘管霍爾對編碼與解碼的「沒有必然的一致性」有令人信服的論證，但他假想並被莫利證明了的三種解碼並沒有表現出「誤解」的可能性。

　　按照霍爾自己的闡述，主導 —— 霸權立場解碼，電視觀眾是在主導符碼範圍內進行操作，是編碼者完全明晰的傳播的理想 —— 典型的情況。儘管職業編碼者在對資訊進行編碼時按照職業要求對編碼進行了「相對自治」的處理，但是這樣的一些職業符碼是在主導符號的「霸權」內部發揮作用的。只不過是主導的「霸權」符號被置換為職業符碼，從而再生產主導定義。就是說，只是符號的轉換，如語言符號轉換為視覺符號，而由視覺符號再生產主導符號的意義。在轉換中編碼者按照視覺符號構成的要求進行相對獨立的處理，如場景的選擇、燈光的使用，是否需要插入證明性的紀錄片以及挑選出來的對方的反應等。但是，這一切都是在主導性

符號的「霸權」之下進行的。對於解碼者來說，他或他們完全理解並接受這種表達方式，更重要的是充分接受了編碼者「完全明晰的傳播」的資訊，並沒有產生任何誤解。

　　協商性立場解碼，大多數觀眾也許非常充分地理解什麼已被界定為主導的、什麼已被指涉為職業的，但他們認為這個已經被理解的主導性「霸權」是被誇大了的，至少是在特殊情形下或在特殊時期並非完全如此。持協商性解讀立場的觀眾在解碼中完全理解編碼者要傳達的資訊，只是在主導性「霸權」符號的合法性與宏大性與自己解碼中的部分不同意之間混合了相容因素與對抗因素。但是他們顯然都理解了符號本身傳遞的資訊，並沒有在解碼中產生誤解。

　　對抗性立場解碼，電視觀眾有可能完全理解話語賦予的字面和內涵意義的曲折變化，但以一種全然相反的方式去解碼資訊。他以自己選擇的符碼將資訊非總體化，以便在某一個參照框架中將資訊再次總體化。霍爾舉例說，如觀眾把電視符號中的「國家利益」解讀為「利益集團利益」，延伸一些說，如把「變革」解讀為「調整利益結構」，把「聽證」解讀為「漲價」等，用與之關聯的反義概念或對抗性概念進行解碼，然後再重新組合這些概念，解讀資訊的全部意義。我們看到，顯然對抗性立場解碼也是理解了原符號的意義，只是以對抗性意義進行置換，並不是對原符號的誤解。

　　霍爾《編碼，解碼》一文本來討論的就是作為視覺符號中的一種電視符號的編碼與解碼，因此，他的研究也同樣適合其他的視覺符號傳播的編碼與解碼。1959 年中國的《人民畫報》上有一組照片，題為《資本主義魔影下的兒童》：

　　但幾十年後的今天，人們有不同的解碼：

第一組：

0745129096：李承晚是獨裁者，很失敗的獨裁者，韓國人給歷屆總統打分，他還算是「國父」，卻慘遭墊底。創造經濟奇蹟的樸正熙和得過諾貝爾和平獎的金大中得分最高。

Sirga：無恥。

第二組：

反公車浪費：生動的政治課。但是這些圖片總不可能是假的吧！

word97：1959 年，餓死幾千萬人的人禍快開始了吧。

zwho1：能跟中國比嗎，小巫見大巫。

第三組：

抽菸的和尚：李販賣人口？ hoho，真是萬惡的帝國主義，多虧了我黨，帝國主義的罪惡才能大白於天下。其實是領養，韓國曾經是世界上最大的「孤兒出口國」。尤其在 50 年代，韓戰留下的大批孤兒被西方國家家庭領養。

朝三暮四：呵呵 —— 讓今天的左左門看看，他們需要這種素材來反美呢 —— 威鎮天：什麼叫欺騙，這個就是了。

所以主導 - 霸權立場、協商性立場和對抗性立場是視覺符號傳播的一般解讀方案，但在跨文化視覺符號傳播中，情況要複雜一些，存在著嚴格意義上的誤解，我們稱之為跨文化視覺符號傳播誤讀。

二、跨文化傳播的視覺符號編解碼

沿著霍爾的模式，現在我們來討論跨文化傳播視覺符號的編解碼。

借助霍爾的闡述，由於編碼者與解碼者在「知識結構、生產關係、技術基礎結構」的不同，而導致編碼者按照自己的意義結構 1 進行編碼，而

第九章　視覺符號與跨文化傳播

解碼者按照自己的意義結構 2 進行解碼。我們可以把「知識結構、生產關係、技術基礎結構」歸結於廣義文化的不同，就是說編解碼的差異是一種廣義的文化衝突。編碼的終極目的是希望解碼者按照編碼意圖進行解碼，即霍爾所說，盡量「在主導符碼範圍內進行操作」。從宏觀上考慮，就是霍爾在他的文章一開始提出的，按照馬克思主義經濟學原理，努力維持「生產、流通、分配／消費、再生產」過程。那麼，編碼者作為符號生產者在一開始的生產過程就要系統考慮作為符號消費者的文化特性對於編碼方式的需求。這樣我們可以把霍爾模式納入跨文化視覺符號編解碼來分析。

從比較傳統的觀點來看，跨文化傳播不是文化傳播，儘管二者有很多相通之處。跨文化傳播的傳播目的是資訊，而不是文化本身，雖然有時我們很難把二者截然分開。在視覺符號的跨文化傳播編解碼中有兩個特點，一是編碼方式要解決好文化及文化關係處理問題，二是視覺符號形式與文化表達的關係處理問題。

第一個問題是視覺符號編碼的思想理念問題。首先，世界上各民族都有自己的文化，但是人類文化基本價值觀是一致的。這是跨文化傳播的人類性原則，也是跨文化傳播的基礎。其次，世界上各種文化是平等的，要牢固樹立文化互相尊重、共生共榮的文化價值理念。這是文化多樣性原則。第三，在跨文化視覺符號編碼中，要體現以上觀念，並在設計中表現出來。

第二個問題是視覺符號編碼的藝術與技術問題。在具體的視覺符號編碼中，按照麥克盧漢「媒介即資訊」的觀點，資訊並不是媒介所提示給人們的內容，而是媒介本身。媒介最重要的作用就是「影響了我們理解和思考的習慣」。麥克盧漢認為，媒介對人類的影響不是在有意識的意見和觀

念層次上的，而是在感覺比例和知覺模式的下意識層次上；媒介對人的影響是環境性的，而人離不開媒介環境，人受到其影響卻看不到其力量；媒介形式對人的影響超過媒介內容。視覺符號在跨文化傳播中的身分絕不是簡單的藝術形態本身的跨地域交流，而是一種文化內在文本的認同與內化下面結合這兩點簡要討論視覺符號跨文化編碼的三個問題，即國際化、民族化和本土化問題。

對視覺符號國際化問題的討論，建立在視覺符號的直觀性和超民族性基礎上。直觀性是視覺符號的基本屬性，大海是藍色的、平面表現穩定、圓形表達和諧，上翹嘴角是喜、下吊嘴角是憂等，這是人類共知的，超越民族的，因此在視覺傳達上本身就有國際性，也是跨文化傳播的基礎。在視覺符號編碼中這些元素為符號提供穩定的跨文化傳播基礎。

這樣的圖案設計，幾乎全都由幾何圖形構成，其構形和表現質地的色彩，能夠準確地向不同的受眾傳遞優質、強悍、信譽的資訊。與國際化相關的是全球化，全球化的符號便於統一形象，同時也可以降低成本，提高經濟效益。但是，國際化的度不易把握，因為過度的國際化設計容易使符號失去個性魅力。同時也可能在一些國家和地區難以通行。

視覺符號的民族化是指編碼中糅和民族元素，以弘揚民族文化的設計。視覺符號的民族化是不同民族由於自然地理、氣候、社會生活習慣、傳統的原因，對圖形語言有不同的認識、理解和表達方式。民族化與國際化是一對對立統一的設計理念。有一個口號是「越是民族化的就越是國際化的」。實際上，這關涉到傳播的本質。文化就是傳播，傳播就是文化，民族文化如果不傳播就沒有民族文化，所以泰勒說「文化是一個動詞」。在這個意義上講，沒有民族化的視覺符號不僅沒有個性，而且沒有生命力。人類文化本身就是在民族接觸中互相理解、學習和借鑑中形成的。在

視覺符號設計中,理想的是民族化與國際化的統一。

本土化是指在跨文化視覺符號設計中有意識地吸納一些對象國的民族傳播元素或社會心理因素,從而有利於對象國受眾的認同。

周星馳的《功夫》在大陸、香港和美國三地上映時使用了三種不同版本的海報。在大陸的版本是男主角被壓在了大大的「功夫」兩個字底下;香港的版本是,周星馳擺了一個像李小龍一樣的 Pose,而美國的版本則是把男主角扮演成了一個超人的模樣。結果三地的觀眾都非常喜歡。這是符號本土化的典型。大陸版本的「小人物」非常符合大陸觀眾的心理狀態,大多數大陸人對功夫沒有神祕感,反而覺得練功的人都為功夫所累,被功夫壓得喘不過氣來,周星馳的喜劇角色迎合了對功夫輕鬆的看法。由於李小龍在香港人心中本身就是功夫的象徵,李小龍在異國他鄉靠功夫打出一遍天地,李小龍的精神影響了那一代人,海報上周星馳的姿勢喚起他們美好的記憶。而美國是一個崇尚個人英雄主義的國家,中國功夫在美國有著異乎尋常、超自然的神祕力量,在這一點上與超人暗合,海報借助超人的裝束,調動了受眾的聯想。三種海報都實現了本土化,運作非常成功。

三、視覺符號的解碼和誤讀

如前所述,霍爾的解碼立場都是一般解讀立場,不涉及誤讀問題。而在跨文化傳播中,誤讀的現象普遍存在,特別在視覺符號的解碼方面。誤讀的出現,按照霍爾模式,是由於編解碼兩方「知識結構、生產關係、技術基礎結構」的不同,即廣義文化的嚴重差異,使解碼與編碼意圖相悖而產生。

一家美國公司在試圖用某種廣告同沙烏地阿拉伯人做生意時,廣告展示的是一位男人手握石頭的拳頭。拳頭在多數文化中都是力量的象徵,這一設計意在表明該公司生產的碎石設備的強有力和作為生產廠的堅實地

位。這個創意雖然說不上高明，但這個意義沙烏地阿拉伯人是能夠理解的。不幸的是，廣告中的男人像多數西方人一樣拳頭向上，而這對沙烏地阿拉伯人來說是以武力相威脅，是一種非常討厭的動作。

　　關於視覺符號的誤讀，一個典型的例子就是關於「龍」。在中國古代傳說中，龍是一種能興雲降雨神異的動物。中國文化傳統中的龍，祥雲吐瑞、生機勃勃，代表著尊貴與吉祥。而在西方，龍是罪惡和邪惡的代表。在西方傳說神話中，龍是一種巨大的蜥蜴，長著翅膀，身上有鱗，拖著一條長長的尾巴，能夠從嘴中噴火。

　　視覺符號的誤讀主要因為在編解碼雙方生活習俗、語言文字、社會心理、宗教、文學等方面的差異。甚至數字、顏色、動物形像在不同國家意義也各不相同。其中最重要的是對對象國的禁忌認識。日本索尼公司在泰國推銷收錄機產品，其廣告用佛祖釋迦牟尼的形象，泰國人民認為這是對佛祖的大不敬，索尼產品遭到全民抵制，泰國當局也向日本政府提出了強烈的抗議，最後在舉國憤怒聲中，索尼公司立即停播這則廣告，並向泰國人民公開道歉。

第九章　視覺符號與跨文化傳播

第十章　跨文化傳播研究作為一種理論觀照

第十章　跨文化傳播研究作為一種理論觀照

　　雖然跨文化傳播學的理論還在形成和完善中，但總是朝著正確的方向在發展，並且已經出現了一批有價值的理論。在全球化的大趨勢下，跨文化傳播是我們必須面對的一個事實，一個不可阻遏的趨勢。用跨文化傳播理論分析思考其他學科，在學理上是一種觀照方式。不少成熟的學科都已經或者正在以跨文化傳播的視角觀照本學科。如前所述，在理論上說一切傳播都是跨文化的，所以可以從跨文化傳播角度觀察、研究和解釋一切傳播現象和活動。本章試圖從比較文學、影視批評、對外漢語教學等方面作一大致介紹。

第一節　跨文化傳播理論與比較文學研究

一、文學藝術是跨文化傳播的重要途徑

　　文學本身就是重要的跨文化傳播媒介。優秀的文學作品是超越時空的。《神曲》、《羅密歐與朱麗葉》、《唐吉訶德》、《安娜‧卡列尼娜》、《西遊記》、《水滸》、《三國演義》、《紅樓夢》等，這些文學作品跨越數百年，也超越了民族和國界，在追求人類共有的價值觀的同時，也展現了人類絢麗多姿的文化，而這些作品本身，無可辯駁地成為跨文化傳播的媒介。總是這樣，先有了文學事實，然後才有包括比較文學在內的各種文學理論。更重要的是，文學藝術作為跨文化傳播的媒介，總是比文學理論更生動具體。所有的文學作品都努力表現個性，而理論則是要尋求存在於個性之中的共性；理論的生命是短暫的，而文學作品永存。文學作品的活力歷久彌新，其反映文化現象的功用是恆久的；文學藝術作品中表現的內容豐富多彩，細緻入微，可以含而不露，因而可負載的文化資訊量大，更容易觸及文化的內核。千百年來，優秀的文學作品跨越民族傳播，文學作

品成為人類相互連繫的重要途徑，成為人類共享的精神財富。

在全球化時代的今天，和全球化加速度同步，世界各民族的文學作品在高技術承載下，瞬時傳遍全球各個角落，文學藝術的本質不變，但今天文學藝術擔負著比歷史上任何一個時期都重要得多的跨文化傳播的任務，發揮著其他媒介不能承受的文化傳播功能。

二、比較文學研究的文化轉向

嚴格地說，比較文學本身就是一種跨文明對話。曹順慶認為世界比較文學研究經歷了「影響研究」、「平行研究」和「跨文化研究」三個主要階段。從美國比較文學學會的三個報告：列文報告（1965 年）、格林報告（1975 年）、伯恩海默報告（1993 年）就可以看到這三個階段的客觀存在。

文化研究取代了以語言為基礎的比較文學研究，這一點在「伯恩海默報告」中非常清楚。希列斯・米勒在全面分析了全球化對文學的影響後指出，「伯恩海默報告」提出，比較文學的一種新的方法應當取代：一，過時的、歐洲中心論的、1975 年以前的比較文學的形式，它設定了歐洲與美國國家文學的經典作品，然後加以「比較」；二，70 年代與 80 年代以理論為基礎，以閱讀為基礎的比較文學。這些都應當被一種文化研究的形式所取代，就是說，要比較文化，要將許多種類的製品與行為方式 —— 言語的、視覺的、聽覺的作品與衣物、走路的習慣等等並置加以比較。比較文學將要在研究傳統意義上被視為「文學」的文本的同時，研究電影、通俗文學、廣告等等。「伯恩海默報告」完全接受了文化研究的現行規劃，可以被視為文化研究規劃最出色的一份描述，只不過稍稍強調了一點比較方面的內容而已。然而比較一直都是文化研究的一部分，即便在比較文學範疇之外也是如此。下面一段是該報告中有關「今日比較的空間」的內容：

　　今天，比較空間存在於通常由不同學科去研究的藝術生產之間；存在於這些學科的各種文化建構之間；存在於西方文化傳統和非西方文化之間，不管是高雅文化還是大眾文化；存在於被殖民民族與殖民者接觸之前和之後的文化產品之間；存在於那些被界定為「陰」與「陽」的性別建構或被視為「異性戀」和「同性戀」的性取向之間；存在於種族的和民族的意指方式之間；存在於意義的闡釋性言說與意義生產和流通的唯物主義辨析之間。諸如此類，不一而足。這些將文學置於擴展的話語、文化、意識形態、種族和性別等領域中進行語境化處理的方式與以前根據作者、民族、時期和文類來研究文學的老模式判然有別，以至於「文學」一詞再也無法充分地描述我們的研究對象。

　　在希列斯·米勒看來，美國的一批文化批評和文化研究的學者多是1950 年代出生、70 年代成長起來的「電視孩子」。他們沒有時間閱讀經典，缺少文學經典基礎，於是形成反文學、反經典的傾向，轉向文化批評和文化研究。當國際比較文學界陷入新的危機時，「伯恩海默報告」提出多元文化時代的比較文學中心應向文化研究轉移，在國內外學界引起很大迴響。我們注意到國際比較文學協會（ICLA）的第一到第十屆大會的主要議題還是堅持文學性和比較文學學科這一中心，但自 1985 年國際比較文學協會在巴黎召開第十一屆年會後，國際比較文學研究的泛文化傾向日趨明顯。不能說比較文學的文化學轉向是一種必然，但可以肯定地說，這是一種現實。

三、「中國學派」的比較文學研究特點

　　所謂比較文學的「中國學派」，其實質就是強調跨文化研究，以四川大學曹順慶為代表人物。他在《比較文學學》中，把比較文學的發展演變

分為影響研究、平行研究和跨文化研究三個階段，並分別列舉了法國學派、美國學派和中國學派。其中對中國學派提出的正是「跨文明研究」。

　　按照曹順慶「跨文明研究」的說法，它主要包括「跨文明雙向闡發」、「異質比較研究」、「文化探源研究」、「異質話語對話理論」、「異質文化融會研究」和「總體文學研究」。其主要研究內容是異質文明間文學以及文論的互相闡釋問題、異質文明間文學以及文學觀念的異同比較、異質文明間異質性探源研究、異質文明間文學觀念的對話研究、異質文明間文學觀念的融通等。採取的主要研究方法是闡發法、異同比較法與尋根法、對話研究、異質文化融會法等。以「異質文明間文學觀念的對話研究」為例，《比較文學學》在相關部分指出，比較文學「主要探討異質文明文學觀念對話的前提、對話的途徑對話的原則等問題」。這都是典型的跨文化文學傳播問題。

　　具體地說，如比較文學中形象學研究，一直似無爭議地劃入法國學派「影響研究」名義下。法國比較文學大師讓 - 瑪麗‧卡雷給形象學下的定義是：各民族間的、各種游記、想像間的互相詮釋。按照這樣的定義來說，比較有趣的例子如瑞典一個老師是這樣向學生解釋中國的《西遊記》的：故事說的是一個中國的和尚去西方旅遊的經歷（《西遊記》英譯為 Record of A Journey to the West），這種旅遊的性質實質是一種探險。他騎著一匹白色的馬，帶著一位名叫沙僧的僕人。為了打發旅途的寂寞，他還帶了一隻寵物猴和一頭寵物豬上路。一路上，這個和尚路過許多高山，渡過一些大河，受到許多驚嚇，他走過名叫火焰山的火山口，豔遇過一個只有女孩的女兒國。據說他帶的猴子本領很大，一路上替他掃除許多障礙，其實不過是一隻蠍子、兩只蜈蚣、五只黃鼠狼、七只蜘蛛而已，大的動物有一頭牛、兩隻獅子和三頭狼。猴子還有一些讓人不解的行為，比如一發火就

燒，一路上燒了一棵柳樹、幾個山洞，還有幾個漂亮的宮殿，還圍著一堆白骨狠打許多遍才罷手。和尚帶的寵物豬看起來沒什麼作用，只是充當旅途的解悶工具罷了。據說它一口氣吃了四個西瓜，把和尚、傭人、猴子的一份都吃了，還說它調戲了七隻蜘蛛，被蜘蛛們狠咬了幾口。那個傭人卻什麼用也沒有，整天擔著一副破行李，聽任擺布。和尚花了 13 年才到了印度，尋了一些印度佛經，像得了寶貝一樣凱旋回國了。學生們聽罷非常驚訝：一是想不到中國人這麼熱衷冒險，二是想不到 1,000 年前中國人就喜歡寵物豬了。這倒既符合北歐童話特點，又與其寵物嗜好吻合。

而達尼埃爾 - 亨利·巴柔在《從文化形象到集體想像物》一文中對比較文學的形象，認為是，在文學化，同時也是社會化過程中得到的對異國認識的總和，所有的形象都源自一種自我意識（不管這種意識是多麼微不足道），這是一種與他者相比的我，一種與彼此相比的此在的意識。形象因而是一種文學的或非文學的表述，它表達了存在於兩種不同文化現實間的、能夠說明符指關係的差距。巴柔的說法實際上代表了形象學從一國文學對他國的描繪，向文化學的轉向。這與跨文化傳播研究中的「二度編解碼」理論基本一致。

傳統的比較文學形象學比較關注形象的真實性或真實程度，換句話說關注的是「真實」與「他者」的差距；而當代形象學更加關心的是作家主體，即他是如何塑造出「形象」的。這種研究除對作家創造性本身的承認外，更關注作家所從屬的文化。這樣，文學形象不再局限於作家個人的感受或想像，而是特定文化的「集體想像物」，是作為一種文化對另一種文化的「言說」。形象學的研究也就從作家作品延伸到特定的歷史文化，其研究目標也順理成章地成為一種文化對另一種文化描寫的依據和規律。跨文化的形象學研究在方法上，一是分析作家形象塑造的依據，考察其形象

塑造的個人或社會依據及其程度；二是作家塑造形象的感情、心理和想像情況，並考察這些因素的社會成因；三是分析作家塑造的形象的客觀程度，考察其如何透過形象塑造把本民族文化「投射」到異文化之中，無論是「烏托邦」式的幻像還是貶斥的歪曲，都可以表現特定時期的文化關係。

在跨文化傳播研究中，斯圖亞特‧霍爾提出的「二度編解碼」理論現在開始受到比較文學形象學領域中有關人士的關注。作家筆下的形像是對元符號或原符號的二度編解碼。元符號是指作家親歷事物形象的編碼符號，原符號是指作家解碼的原編碼，也就是形象塑造的來源。這類似於比較文學方法中的塑造形象的個人或社會因素，即是親自到異國還是二手材料。但更為複雜的是，如果面對原編碼，那麼作家在這裡要經歷一次解碼過程。按照霍爾「意義結構1」永遠不等同於「意義結構2」的理論，由於解碼面對文化的差異遠比同一文化解碼複雜，「意義結構2」有更多種可能，可能是「正確地理解」，可能是「誤讀」，甚至可能是「系統地歪曲」了「意義結構1」。這次解碼可能產生的霸權、協商或對抗立場由多種因素決定，同時將成為他重新編碼的主要依據。在霍爾模式中，作家是「職業編碼人」，他按照自己對原符號的解碼情況，運用所受的職業訓練要求，對解碼後的資訊進行二次編碼。這與比較文學中對作家塑造形象的心理感情因素及其社會成因分析很相似，但實際上也把比較文學研究中對形象塑造的客觀程度及文化投射包含了進去。在二度編碼中，作家所受到制約的因素很多，如對原編碼解碼後獲得的意義及所導致的解碼立場，如原編碼形式與作家職業的區別和連繫等。特別是二度編碼時文化跨度、文化相容、文化相近或文化相斥的問題。這裡有兩個相關理論的制約，一是「任何事件不經過編碼不能傳播」，二度編碼同樣如此，編碼的目的是傳

播；二是霍爾正確運用的馬克思主義經濟學原理，編碼後的符號只有被消費才產生意義。因此在霍爾的理論中，作家或者「職業編碼人」只有「相對的自治」，是不自由的。他的編碼所塑造的形象必須把本民族文化投射到異文化中，否則無法完成傳播。這二度編解碼本身已經包含了特定時期的文化關係，作家不過是按照職業訓練用符號表現出來而已。

跨文化傳播在形象分析上要比比較文學形象分析更加複雜，也更加嚴密。

四、關於「誤讀」的跨文化傳播解釋

「誤讀」是比較文學的一個核心範疇。在網上搜尋該詞，多達 133 萬條，在「中國學術期刊全文資料庫（CNKI）」上搜尋，與之相關的研究論文或文章也有 1,200 多篇。問題在於，究竟如布魯姆所說「閱讀總是一種誤讀」（《誤讀圖示》），還是如弗蘭克‧蘭特裡夏所批評的這是「闡釋的無政府主義」。倡導和反對誤讀這兩大陣營至今還爭論不休。

我們認為，在一定程度上，對誤讀的不同闡釋，關鍵的還是對誤讀產生的原理和機制認識沒有深入探討。

現在我們按照霍爾的理論或模式來觀照布魯姆的誤讀理論。

關於誤讀的必然性。布魯姆堅持誤讀是必然的和有意識的，儘管誤讀的情況只在優秀的詩人中發生。他在《影響的焦慮》一書的開始就指出：「詩的影響 —— 當它涉及到兩位強者詩人，兩位真正的詩人時 —— 總是以對前一位詩人的誤讀而進行的。這種誤讀是一種創造性的校正，實際上必然是一種誤譯。一部成果斐然的『詩的影響』的歷史 —— 亦即文藝復興以來的西方詩歌的主要傳統 —— 乃是一部焦慮和自我拯救之漫畫的歷史，是歪曲和誤解的歷史，是反常和隨心所欲的修正的歷史，而沒有所有

這一切，現代詩歌本身是根本不可能生存的。」而且他把自己的誤讀理論稱為「對抗式批評」，即「使用平衡或者平行的結構、短語和詞語把對比的思想並列地放在一起」。按照霍爾的觀點，布魯姆的誤讀只是三種譯碼立場中的第三種，即對抗式譯碼立場。但是可以說，鑑於布魯姆的研究對象，霍爾的解讀立場包含了布魯姆，同時也說明其可論證性。更重要的是，無論是哪一種解讀立場，都不再是傳播者本來的意義。因為霍爾明確表示，意義結構 2 可能無限接近意義結構 1，但永遠不可能是意義結構 1。

　　關於誤讀的產生機制。布魯姆認為誤讀可能是由於文本本身的不確定性和巨大的意義空間造成的。這與霍爾對於符號內涵的多義性和編碼者建構的意義最終在譯碼過程中非一解式地實現一致。不同的是，布魯姆吸納了德里達「延異」的觀點，認為閱讀是一種延異行為，文學文本的意義在閱讀過程中透過能指之間無止境的意義轉換、播散、延異而不斷進行意義的滑移。霍爾透過外延／內涵結構關係和內涵隱藏的社會意義結構具體構建了這種意義空間，並明確指出外延／內涵作為分析工具不是用來區分語言中意識形態的在場／缺場，而是僅僅用來區分意識形態與話語相交叉所處的不同層次。可以說，第一，霍爾與布魯姆對於文本產生出不同闡釋的原理是一致的；第二，霍爾透過搭建意義結構比布魯姆更加精緻地解釋了闡釋的原理；第三，布魯姆用意義延異解釋閱讀行為的完全不確定性，甚至提出「閱讀總是一種誤讀」。而霍爾透過意義結構 1 與意義結構 2 的非重合性，具體說明了閱讀或者譯碼與原編碼之間在永遠不可能重合的前提下，從比較一致到完全相反的無限可能。特別是透過莫利的驗證使其觀點更有說服力。相對於布魯姆而言，也許斯坦利·費希爾的觀點更可取。同樣是享有盛譽的文學批評家，同樣否認意義在文本中的客觀性，甚至提出不應當討論「文本的意義是什麼」，而應當問「文本做了什麼」。儘管

如此，費希爾卻明確指出意義的賦予並非個人化行為，不能隨心所欲地把意義賦予文本。他提出「闡釋群體」的概念，認為讀者透過交流和互動，構建共同的意義。例如在文學課上，全班同學會在教授引導下最終對一部作品形成共同的解讀。這個班由於與其他年級「共享」一個教授，從而形成更大的闡釋群體。這位教授與其他大學研究相同領域甚至作品的教授參加同一個學術會議，閱讀同一本專業雜誌，就會形成相當大的一個闡釋群體。費希爾的觀點更加接近實際情況，也與霍爾的觀點比較接近。

　　關於研究對象。我們無可避免的要面對布魯姆研究的是文學批評理論而霍爾研究的是電視節目。布魯姆認為誤讀理論適用於文學批評。雖然他在其著作中提到的是詩人，但明確表明這也適合於其他文學形式的作者。而且布魯姆集中分析的是不同時代的詩人之間誤讀的創造性作用。但是，誤讀不僅僅存在於文學，也不僅僅是歷時的。按照傳播學的觀點，文學作為傳播符號之一種，有代表性而且很重要，但它肯定不是人類傳播的全部。在我們今天所處的視覺傳播時代，它甚至淪為了次要地位。文學與電視節目都是傳播現象，都對傳播符號進行研究，只是符號構成不同而已。而且誤讀隨時出現在共時現象中，到網上稍一瀏覽就能證明這一點。

　　關於「一切解讀都是誤讀」。這一觀點實際上更加流行於國內學術界。多篇文章都提到這個出自於艾柯的觀點。但艾柯本人不承認自己有這個觀點，甚至批評其為「愚蠢的想法」。強調這種觀點，是強調或者過分強調了符號內涵的多義性對閱讀的影響。強調文本的客觀性，是強調或過分強調了符號解讀中主導性話語結構的作用。在我們看來，二者本身並不矛盾，任何偏頗都可能導致謬誤。作者在編碼過程中加入了其所在時代的社會意義，讀者在解讀中受特定位置的影響（據莫利的研究，不是階級地

位）從特定角度進行解讀，從而形成多義解讀，但一定有相對統一的解讀，這就是當時的「主導性話語結構」。這是對文本的共時分析。當時代發生變化，穩定的文本面對的是時過境遷的解讀。多義解讀的可能性更大，已經變化了的社會仍然存在新的「主導性話語結構」，但已經是「誤讀」了。這是對作品的歷時分析。布魯姆本人已經認識到這一點。他說：「在尼采和佛洛伊德之後，要完全回到尋求復原文本意義的解釋方式是不可能的了。」結合共時與歷時分析，我們認為由於文化的傳承性，文獻的解讀在不同時代都存在多義與共識兩種現象，但始終存在對文獻的一些基本認同。否則，人類文化就不能繼承和累積了。

關於「誤讀」、「正讀」及其他。誤讀理論實際上是討論文本與闡釋的關係問題。必須回答文本意義的客觀性是否存在，什麼是誤讀，什麼是正讀。現在我們按照霍爾的理論回答這些問題：

1. 如果把文本理解為作者本來的意義的話，文本沒有客觀性。文本的意義是編碼者與譯碼者共同建構的，而譯碼者是一個意義單元。極端一點說，文本的客觀性是一個偽命題。

2. 如果把與誤讀相對的「正讀」理解為旨在尋求復原文本的意義的話，並不存在嚴格意義上的正讀。因為所謂文本的意義，也就是「意義結構1」，它只是編碼者的意義。但它並沒有討論意義，因為這個時候的文本還是沒有進入流通領域而被消費的「產品」。

3. 如果把「誤讀」（Misunderstanding or Misreading）完全按照牛津辭典解釋為「read or interret（text，asituation，etc.）wrongly」的話，基於前面兩個問題，這個詞的闡述要做重大修改，甚至要完全摒棄。

287

越來越多的人開始認識到布魯姆誤讀理論已經或正在顛覆傳播的閱讀闡釋理論，但下意識地留戀著與傳統理論緊密連繫的「文本客觀性」、「誤讀」和「正讀」等範疇體系，這是對布魯姆理論評價分歧的根本原因。事情總是這樣，新體系從舊體系蛻變而出，臍帶會依依纏繞。畢竟，剪斷臍帶催生新生還是任其糾纏窒息新的生命，完全在於我們自己。

比較文學的學術合法性一直受到質疑，而且「中國學派」的「跨文明研究」方法也受到一些批評（如吳格非《也談比較文學的平行研究和跨文化研究》，這些質疑不僅僅是中國的，而且是世界的。儘管如此，在我們看來，跨文化的比較文學研究即使不是當代主要趨勢，也至少是比較文學研究的重要方法之一，值得關注。

第二節　跨文化傳播理論與對外漢語教學

一、關於對外漢語教學與文化教學的認識

如果把 1950 年 7 月清華大學正式成立東歐交換生中國語文進修班作為新中國對外漢語教學事業正式開始的標誌，中國對外漢語教學已逾甲子。從 1950、1960 年代的創立和鞏固階段，到 70 年代對「文化大革命」衝擊的恢復階段，再到 70 年代後期中國共產黨第十一屆三中全會開始後的發展階段，中國的對外漢語教學已經成為獨立的學科。

1980 年代以後，隨著功能語法和社會語言學的引進以及國際「漢語熱」、「文化熱」的興起，中國對外漢語教學界圍繞著對外漢語教學中語言與文化的關係、如何進行文化教學以及文化教學內容等問題進行了深入討論。關於文化教學問題的宏觀討論大概可以分為兩個階段：第一階段是 80 年代中期到 90 年代初，第二階段是 90 年代初期到中期。程棠對這兩

個階段討論的成果進行了概括，他認為第一階段的成果體現在兩個方面：一是明確了進行文化教學的重要性和必要性，二是提出了「結構 —— 功能 —— 文化相結合」的教學原則。第二階段確定了文化教學的性質和對外漢語教學學科的性質。《對外漢語教學學科發展說略》。的確，到 1990 年代中期，對外漢語教學中文化教學的重要性、必要性、「結構 —— 功能 —— 文化相結合」的教學原則、文化教學的性質等問題在對外漢語界已經形成普遍的共識。之後，文化教學的宏觀性研究集中在「內容」、「範圍」、「層次」、「等級」以及制定什麼樣的「文化大綱」等多個方面。

二、問題和不足

由於語言與文化的複雜關係，在對外漢語教學的理論建設與實踐中，還存在著粗放和簡單化的不足。例如，陳書秋指出目前中國對外漢語文化教學存在以下不足：偏重語言課中的文化因素教學研究，專門的文化課教學研究不夠；偏重語言交際文化研究，非語言交際文化研究不夠；偏重文化差異研究，文化共性研究不夠；偏重主體文化研究，亞文化研究不夠等現象。

我們認為，這些不足雖然有教學結構處理上的問題，如上述的專門的文化課程，身為國家對外漢語教學領導小組辦公室副主任的程棠就明確指出在一些學校沒有堅持，而是把這門課程取消了，但是深層次的問題是對外漢語教學目標認識上的偏差和理論視野的局限。總體說來，從對外漢語教學的目的來看，傳統思維單純強調對外漢語教學是本國文化對外擴張的途徑是加強國家軟實力的舉措。如有的學者認為：「漢語國際推廣，不僅是滿足世界各國對漢語的需要，更重要的是弘揚中華文化，推動中華文化

走出去、爭取漢語乃至中華文化的國際話語權，提升國家軟實力的需要，是中國自身發展的需要。」還有的學者甚至把對外漢語教學提高到經濟學高度：「在全球化趨勢不斷增強，中國國際地位不斷提升的背景下，發展對外漢語教學對於提升區域經濟軟實力具有重要意義和價值。語言經濟學為發展對外漢語的經濟價值提供了理論基礎，發展對外漢語教學的價值主要表現在對經濟發展的促進作用和對文化輻射力增強的推動作用。」不僅如此，相當多的類似觀點還引起國外的敏感反應。如美國《外交政策》雙月刊 5-6 月號刊登了署名為麥可‧埃拉爾的《用漢語說「全球」》：

讓位吧，英語！一種新的語言正在爭取全球性地位。有十多億人在使用的中國普通話已經超過英語成為被最多人使用的語言。不過，幾乎所有說漢語的人都是中國人，但北京正在全世界推動漢語教學來改變這種狀況。在亞洲地區，學漢語已經在韓國和泰國流行起來。中國也向諸如法國和美國這樣重要的貿易夥伴伸出手去。中國人甚至向哈薩克和模里西斯這些不可能的地方出口普通話。

中國「國家漢辦」位於北京的國家對外漢語教學領導小組辦公室處於這一行動的中心。「漢辦」估計，目前全世界有 3,000 萬人正在將中文作為第二語言來學習。它希望到 2010 年這一數字能夠達到 1 億。為了實現這一目標，「漢辦」打算在 5 年中花費 1,200 萬美元在世界各地開辦 100 所孔子學院。同法國的法語聯盟和德國的歌德學院一樣，孔子學院注重推廣本國的語言和文化。

對外漢語教學同北京的外交政策正好相適應。它透過在全球推廣中國的文化和語言來提高中國的地緣政治形象。俄亥俄州立大學教授奧代德舍恩卡爾說：「（中國）希望獲得世界性文明的地位。方法之一就是傳播它的語言。」隨著其語言的推廣，中國就能以一種沒有威脅的軟方式培植影

響力。這種方法似乎正在發揮作用。外交學會的伊麗莎白伊科諾米說：「在緩和世界的憂慮方面，中國人一直非常謹慎和周到。語言教學是一種有利因素。」

對外漢語教學還能帶來微妙的外交利益。普通話的推廣使大陸同海外華人建立起了連繫，對大陸投資中的 40% 來自海外華人。中國還對臺灣贏得了優勢，冷戰期間，在西方同北京建立官方關係之前，臺北是中文教學的主要基地。現在，中國大陸和「漢辦」取代了臺灣的角色。推廣漢語也提升了民族榮譽感。舍恩卡爾說：「推廣漢語的合理性基礎有兩個：一是經濟繁榮，另一個是民族主義。」當每個人都說漢語，北京肯定會感覺良好。

我們無意說對外漢語教學與發展國家軟實力無關。但是文化的傳播是一種雙向交流的互動，而不是單向的擴張與傳播。事實上，在世界範圍內，隨著 1970 年代開始的世界經濟一體化的發展，特別是隨著 90 年代以來全球化進程的迅速擴張，外國語言的學習與教學已逐步從單向地向外傳播本土文化和學術層次上的國家間的文化交流演變成了不同文化間的互動；也從政治與文化的學術上的交流，向經濟和社會生活文化的多元文化之間的轉變。

如美國教育部門及包括全美中文教師協會（CLTA）在內的全美多個外語教學協會於 1996 年研製，1999 年修訂的國家外語課程標準《二十一世紀外語學習標準》（*Standards for Foreign Language Learning in the 21st Century*），把外國語言的教學目標確定為 5C，即五個核心：Communication（交際）、Cultures（文化）、Connections（連繫）、Comparisons（比較）和 Communities（社區）。這 5C 的關係是：交際是外語教學的最重要目標，要努力培養學生外語交際能力。交際能力是特定言語社團的語言和

行為規範，在交際中交際者才能展示和被確認該言語社團的文化身分。文化教學可以幫助學生建立對本民族文化以外的其他文化好奇心、對文化差異和不同文化的價值觀的理解和包容以及如何克服本民族文化背景下對其他文化的誤解。外語學習要加強與其他學科的連繫、使作為文化類型之一種的外國語言與其他文化類型相連繫。其中包括部分知識與整體知識的連繫，本民族文化與其他民族文化共性的連繫等。比較可以使學生更深地理解語言和文化的本質，透過語言的對比延伸到文化的對比，其中還包括非語言交際形式的對比。社區則強調學習者在學校、社區和國外都使用外語進行交際，從而透過環境的變換培養學生語言和環境的連繫。可以看出，這個目標的核心是不同文化的互動。

　　但是無論在世界範圍還是歐盟中，法國都是「文化多元」主張的積極推動者。從 1980 年代末以來，法國逐漸把「外語教學多元化」視為「文化多元」政策的重要組成部分。法國十分重視外語教學，對本國學生用外語開設某些相關教育課程，甚至法語和外語在教學中平分秋色的「法語 +外語」的雙語組合方式在法國通常叫做國際語言部或雙語（三語）教學部。其目的是積極推動不同文化的多元互動。而在德國，為了體現跨文化在對外德語教學中的地位，並與傳統的對外德語教學專業相區別，這門以跨文化交際為基礎的對外德語教學專業被稱之為「跨文化的日爾曼學」。隨後在阿爾堡大學、拜羅伊特大學、杜塞多夫和卡爾斯魯爾大學設置這一專業。專業分為五個部分：文學研究、語言研究、德國國情學、異域文化學和比較文化學。這個專業設置的目的就在於培養出具有跨文化交際能力的對外德語教師。

　　目前中國的對外漢語教學還是以「教」為中心的國際語言教學水準，因此單向灌輸傳播語言知識意識還占著主導地位。上述美國、法國和德國

外國語言教學雖然還不是純粹的對外語言教學，但教學指導思想上的文化整體性、多元文化互動性是其共同的特點。我們認為這些對於對外漢語教學思想的現代化，或者教育觀念的更新有一定的啟迪。從事全球漢語推廣的「絲路華語網」，它的 CEO 沈滿琳的觀念我們認為還有一定價值。她說：「在我看來，對外漢語教學本質是一個跨文化傳播和溝通問題，或者說一種跨文化的營銷能力。絲路華語從事對外漢語教學的目的在於推動以漢語為介質的跨文化溝通。如果說從前學英文是為了走到橋那頭去探索外面的世界，現在我們是請有興趣的外國人走到橋這端，或者幫他們走到橋中間，相遇。因為任何文化的交流都不可以是單方面的。」（「對外漢語教學的實質是跨文化行銷」──「價值中國」，專訪絲路華語網 CEO 沈滿琳，http://www.chinavalue.net/IInterview/shenmanlin.aspx）

三、對外漢語教學的理論基礎

　　傳統的對外漢語教學理論基礎研究主要集中在語言學、文化學、心理學及教育學等方面。就前二者而言，主要有語言學基本理論、個別語言學理論（如漢語語言學，甚至漢語語法學、漢語語音學等）、語言學習理論（如第二語言習得的相關理論）以及與語言學有關的跨學科理論（如社會語言學、心理語言學等）；文化學方面如個別文化學（如中國文化概論，中國禮儀文化等）和比較文化學。如果把對外漢語教學納入跨文化傳播的視野，則應當擴大對外漢語基礎理論研究範圍，如跨文化傳播的有關理論。

　　根據跨文化傳播理論，語言本身就是文化，又是文化的載體，對外漢語教學本質就是跨文化傳播。對外漢語教學在教會外國人學會使用漢字和漢語的過程，也是讓他們學習、接受和掌握中華民族文化的過程，所以對

外漢語教學要深入地進行跨文化研究，將語言教學與文化教學有機地融為一體，不斷提高教學效果，努力發揮對外漢語教學的國際文化教育、文化傳播和文化溝通的功能。

　　例如對於語言作為符號，索緒爾把它的結構切分為能指和所指。按照結構主義的觀點，能指和所指的結合是一個言語社團約定俗成的，一旦形成就具有強制性，而語言是一個由語音、語法和詞彙構成的符號結構系統，如果要學習就只能強記，這顯然不能很好地指導對外漢語教學。所以後來根據功能語言學確定了「結構 —— 功能 —— 文化」的對外漢語教學原則。在跨文化傳播學理論觀照中，語言符號是由外延和內涵構成的。外延是詞典能夠查到的自然意義，內涵是這個言語社團賦予的意義的集合，這個意義的集合與這個言語社團的文化結構有關。在跨文化傳播理論看來，外延的自然意義沒有什麼教學價值，每個能夠查詞典的人都可以透過自學學習到，而內涵意義的集合，卻會有兩個基本問題要面對，一是異文化學習者對與內涵集合有關的社會文化知之甚少甚至一無所知。這就是對外漢語教學中要附加文化類課程，要把語言 —— 功能 —— 文化結合起來進行教學的依據。二是學習者對與符號內涵有關的社會文化的學習在不同程度上會與本民族文化發生衝突，這就有一個文化關係的問題。傳統的對外漢語教學在處理這種文化關係時，是以學習並接受異文化為標準，進行「浸入式」教學。但是前面我們說過，跨文化傳播的前提是文化平等，進行相互溝通。文化平等的應有之義就包括所有文化作為人類文化的組成部分有相通之處，人類文化基本精神、基本價值觀、道德觀是相通甚至相同的，在此基礎上不同文化有所差異，而這些差異就表現為一系列的不同的語用規則。所以在對外漢語教學中，不能只強調文化的差異，而應當充分說明文化的相通相同，這樣才能使學習者對文化差異和不同文化的價值觀

有足夠理解和包容，克服本民族文化背景下對其他文化的誤解，並透過語用能力的提高來提升交際能力。

對外漢語教學屬於語言教學，基本的語言理論必不可少。但如果把對外漢語教學也看作是跨文化傳播過程，則中國現行的以傳統結構主義為基礎的語言理論和個別語言學理論，就不一定能直接有效地指導對外漢語教學。應當積極研究和吸納國外最新理論研究成果，特別是與跨文化傳播相關的理論，包括語言學理論在內的各種理論，如互動社會語言學。

互動社會語言學（Interactional Sociolinguistics）也稱交際社會語言學。是西方語言學界在二十世紀七八十代興起的一個語言學流派，它用語言學的知識解釋人際交流的過程和結果。早期的互動社會語言學偏重於交際狀態中的語言變異、變項和變體的研究，並從社會結構和社會關係上解釋這些變異。後來把研究的對象擴大到連續的談話和篇章方面，主要研究不同社會背景的說話人利用什麼組織語言、聽話人如何理解話語、如果交際產生困難、其原因何在等等。後期因其研究的內容涉及語音、音系、形態、句法、詞彙、語義、語法、韻律、變異、語言習得等各個方面而提升到語言學分支獨立研究的地位，被稱為「互動語言學」。

互動社會語言學和跨文化傳播學的民族志研究方法之間的關係一直不是很清楚。有的學者認為互動社會語言學就是民族志學，在介紹民族志學時把互動社會語言學的發展動態也包括進去；有的學者認為互動社會語言學和民族志是兩種相互補充的研究方法，可以被有機地整合進對語言與文化的研究中；還有的學者認為互動社會語言學和民族志學有連繫，但是研究方法和研究目標卻各不相同；還有的認為互動社會語言學與民族志學之間存在著批判性的繼承和發展以及交叉影響、相互促進的關係。互動社會語言學是在對民族志學從靜態語境到動態語境、句子層次到會話層次、描

寫性方法到闡釋性方法、單語社區到多語社區這四個方面進行批判性地繼承和發展的基礎上，與會話分析進行了有機的結合而產生並不斷發展的。

我們認為互動社會語言學與民族志學是同源的兩個學科，它們都來源於十九世紀末到二十世紀上半葉人類學研究，與對人類生物性相對文化性高度重視，都屬於廣義的人類文化學。廣義的文化人類學包含考古學、語言學和民族學三個分支學科。早期的人類文化學都比較偏重單一社區的文化研究，如我們在前面有關章節介紹的格里·菲利普森把民族志方法引進傳播學領域，就是在單一社區中進行語言行為研究工作。後來的一些人類文化學學科重視多社區研究，從而形成跨社區、跨族群和跨民族的文化研究。菲利普森的民族志語言傳播研究後來成為跨文化傳播研究的理論來源之一。互動社會語言學也是如此，儘管後來由於研究範圍覆蓋幾乎整個語言系統而成為互動語言學，但其形成甚至應用仍然與民族志基本原理是一樣的，即重視並強調參與、觀察和共處、對話。

互動社會語言學的奠基人和最重要的學者之一甘柏茲認為，語言的最主要實質不是語言系統，而是說話人以語言和非語言知識以互動方式進行的交際實踐。互動是語言最重要的本質，包括語音、語法和詞彙等一切語言內容都只有在互動中才有意義。換句話說，傳統語言學架構的語言系統只是語言獲得意義的靜態材料和準備，而語言要獲得意義就必須在互動中實現。互動社會語言認為，在實際交際中，語言的意義不是所參與的語言要素的組合，而是交際參與者根據交際目的，結合特殊的語境的一次特殊表達。交際中會話的理解是一個動態的過程，在這個過程中交際者透過綜合對方資訊，並不斷地形成和修正一些關於對方交際意圖的假設，透過自己的言語和非言語的行動來驗證這些假設。因此會話的過程是一個互動的過程。語境賦予特定交際語言意義，這並不是互動社會語言學的特殊貢

獻，但語境提示話語，話語也動態地限定甚至改變語境卻是了解互動社會語言學的一個窗口。現代互動社會語言學往往研究複雜社會或社區、多樣社會機構或含有多樣生活型態單一社區，即文化多元的不同言語社團，因此在語境研究中多涉及跨文化的內容。這些內容主要包括：一是指群體的社會、歷史、意識形態的特徵；二是社會化適應，指一個人如何獲取群體成員資格／身分；三是話語形式，指什麼是被認同的交際形式；四是面子體系，即社會機制，涉及什麼是被認同的或假定的人際關係等。這些都是跨文化傳播研究的基本內容。這些內容在交際過程中潛在地制約著參與者雙方，規定了交際參與者的話語方式。而在現實交際中，跨度越大的跨文化交際，越可能產生文化衝突，導致交際障礙甚至交際中斷。所以交際雙方就會在交際中不斷形成和修正對對方的判斷，並透過語言或非語言方式證明或推翻這些判斷。所以交際能力不是話語本身的運用能力，而是交際中對對方正確的判斷及反應能力。

說到這裡，就可以理解為什麼美國教育部制定的國家外語課程標準《二十一世紀外語學習標準》時，把外語教學目標確定為 5C，即五個核心：交際、文化、連繫、比較和社區了。同時要特別指明，互動社會語言學本身就把語言交際過程看作跨文化傳播過程。

四、關於多元文化互動的教學模式

值得關注的是，在對外漢語教學實踐中，現在已經有一些學者和教師注意到運用與跨文化傳播相關的語言理論指導教學。張瑩比較了目前流行的知識文化傳授模式、交際文化訓練模式和多元文化互動模式三種對外漢語教學模式，正確地指出了教學中對語言與文化的關係及對文化的不同理解，導致了不同的教學模式。透過具體比較後，她認為在正確對待文化差

異的問題上，應該按照跨文化傳播理論對文化的理解，即文化的多樣性來處理，特別是對外漢語教學中對文化的理解應當是雙向的，從而在進行雙方文化比較基礎上開展雙向文化教學。

　　對於學生的困惑，教師不要急於給出答案，將一套中國人的文化習慣強加於外國學生，而是由易而難、由簡至繁地誘導出一系列文化問題，要求學生以本民族文化知識為基礎，互相比較，確認異同，進而理解漢文化中令人困惑的現象。舉例來說，有學生提出：我不明白為什麼和我第一次見面的中國人喜歡問我許多私人的問題，像「哪裡人」、「多大了」、「父母做什麼工作」、「有沒有兄弟姐妹」等等。在尋找答案前，教師可以先讓學生回答這樣幾個問題：

1. 你會在公開場合直截了當地指出朋友的錯誤嗎？
2. 如果你準備了豐盛可口的飯菜招待客人，你會說「沒什麼菜」、「菜做得不好」這樣的話嗎？
3. 在你的國家，向別人指出不足時，會用「希望……」這樣的表達方式嗎？

　　由於學生來自不同的國家，所以回答不盡相同，教師可以因勢利導，指出學生所提的問題同樣可以是多解的，然後讓學生設法解釋各自的回答，教師本人則以一個中國人的身分提供一種回答，並說明中國文化在上述三個問題上體現出來的含蓄、自謙和委婉的特點。在互相交換了本國的文化資訊後，教師可接著引導學生比較其本國與中國在上述三個問題上的異同，考慮其中的原因，並在黑板上列出對照表。在此基礎上，教師進一步指出，含蓄、自謙和委婉都是中國文化映照性特徵的體現，即在交際中時時拿自己和別人相映照、比較，考慮對方的反映和自尊，淡化個人的作

用和成就，照顧自己和對方的「面子」等。最後，討論回歸到學生最初的疑問上來。此時，教師要啟發、引導學生從映照性文化的角度來看這一問題，讓他們認識到，中國人總要根據對方的年齡、地位、家庭和與自己的關係等不同情況來決定自己言行交際的方式，所以初次見面時常常互相詢問這些方面的情況，既能相互了解，防止在交談中說些不合適或傷害別人的話來，又能使談話繼續下去，時間長了，就成為一種習慣。到這兒，文化疑惑解開，與之相關的語言操練可緊隨進行。教師可將與映照性文化特點有關的漢語表達方式教給學生，進行諸如委婉詞語、句式及謙詞、敬詞等用法的操練，學生在理解的基礎上加以運用，會收到更好的效果。

她認為多元文化互動模式承認多元文化的存在，確立了學習者本民族文化在語言教學課堂中的合理地位。漢語學習者面對漢語文化的衝擊時所產生的驚異、迷惑和困擾以及在與本民族文化的不自覺比較中所產生的疑問、反省和思考，都在這一模式中得到了較好的解答。這種模式既重視知識文化的傳授，又強調交際行為的重要性，對外加的文化內容和跨文化交際能力的訓練也都給予了相應的重視。即使這一模式在中國目前的對外漢語教學課堂上應用不多，但在當今世界多元文化逐步得到認同的趨勢之下，其優勢是顯而易見的。張瑩雖然沒有具體闡述多元文化互動模式與跨文化傳播學理論和相關語言學理論指導與被指導的關係，但強調文化平等基礎上的比較，由同而異，重視文化語境對話語的規定性和透過互動進行話語訓練等跨文化傳播和互動社會語言學所重視的主要因素都有比較充分的體現。

事實上，還有不少學者和教師，特別是青年教師都在積極探討跨文化的對外漢語教學方法，如蘇向麗《跨文化交際中多元互動的語言文化教學》、靳雅姝《互動型教學模式及其在對外漢語口語課堂教學中的應

用》、鄭家平《從輸入與互動的角度談對外漢語零起點速成教學的教學模式》、孫冬惠《對外漢語「互動式」課堂教學模式的建構》以及張海琰《關於跨文化交際中社會語言學概念的教學》等，都從不同角度研究討論跨文化互動教學理論與方法。

第三節　跨文化傳播理論與影視傳播研究

作為視覺傳播的主要形式之一的影視，由於其直觀性而具有跨文化傳播的先天優勢。隨著全球化文化領域中視覺文化時代的到來，影視傳播成為即便不是最主要的，也起碼是最重要的跨文化傳播媒介。據美國哥倫比亞廣播公司 1998 年統計，世界各國進口的電視節目中有 75% 來自美國，這其間有新聞節目、專題節目，但更多的是電視片（特指電視劇之類的片目）。紐西蘭的電視節目有 50% 來自美國，拉美的電視節目竟有 85% 來自美國。同年被稱之為「王中王」的影視業與電視業以及所帶動的相關的錄影帶、錄音帶、音樂出版行業等方面的總收入高達 600 億美元，占美國出口額的第一位，其中 120 億美元是由影視業直接創造的。電影《巴頓將軍》、《阿甘正傳》、《拯救雷恩大兵》、《鐵達尼號》、《蜘蛛俠》、《2012》，甚至連《加菲貓》、《玩具總動員》等動畫片也充滿了美國精神。這些經典美國電影在好萊塢的光環照耀下把帶有美國精神的人物深深刻在了中國觀眾的心目中。越來越多的國家把影視的跨文化傳播放到文化安全的高度予以重視。1982 年 2 月，歐洲議會透過的哈恩（Wilhelm Hahn）提交的《關於歐共體廣播電視的報告》，對衛星電視技術給予了特別關注：「衛星電視將導致歐洲媒介的重組，打破國家電視網的疆界，創造更廣大的傳播空間。」《哈恩報告》把大眾媒介、尤其電視認作歐共體

成為真正的「政治共同體」的工具。報告指出：「在歐洲整合中，資訊是關鍵的、也許是最關鍵的因素。」利用影視進行跨文化傳播在世界各國越來越普遍，因此也越來越多的學者運用跨文化傳播理論進行影視評論和研究。

一、影視批評的方法

影視批評理論按照不同的標準，從不同的角度，有多種方法、類型和模式。如中國一些影視批評家試圖重新整合傳統影視的批評模式，提出「有三種影視批評模式不可忽略」：「第一種是社會批評模式，包括倫理道德批評、政治批評與社會歷史批評等具體的批評模式」；「第二種影視批評模式是本體批評模式，包括本文分析、作者論與類型研究等具體的批評模式」；「第三種影視批評模式是文化批評模式，包括電影文化分析、女性主義批評與後殖民主義批評等具體的批評模式」。

按照伯傑的歸納，常見的電影研究視角主要有：社會學批評法，主要探討電影反映社會特別是社會制度的方法；精神分析批評法，利用精神分析理論和無意識觀念對行為的塑造作用等觀點來分析電影中的事件；符號學批評法，主要研究文本中的重要符號，如人物的表情、衣著方式、故事發生的場景等；歷史批評法，關注電影描寫內容所發生時期的社會相關情況；意識形態分析法，注意研究和分析電影中人物的基本信仰體系，也關注電影對觀眾思想意識的影響作用；文化批評法，是最近 30 年興起的一種電影批評方法，把文化理論與電影相互關聯等。但是，按照鮑德韋爾、卡羅爾的觀點，這些「由康德的精神分析、結構主義符號學、後結構主義文學理論以及各種變異了的阿爾都塞式的馬克思主義」的「清規戒律聚合體」構成的「大理論」目前正處於一個衰微時期，「電影研究目前正處在

一個歷史性的關鍵時期，這可以被描述為大理論衰微時期」，並提出「重建電影研究」構想。中國電影研究也面臨著自身的困境。這種困境不僅僅來自於西方理論與中國文本之間的緊張關係等多個方面，還來自於日趨激烈的影視跨文化傳播對電影研究理論強烈需求的壓力。

二、跨文化分析對話模式

陳曉雲認為，張英進在對邱靜美的《〈黃土地〉：西方的分析與一個非西方的文本》批評的基礎上，就明確提出西方分析理論對於非西方素材的無能為力，進而對其西方批評模式提出了質疑。他認為這種批評模式就是，批評家往往執著於某一事先構建的範式，四處搜尋任何可以證實 —— 但很少能與之爭鋒 —— 西方理論力量的例證。因此，解讀權威就總被當作是理所應當的。文本被「打開」來，其「肢解」的各部分被分類整理並重新組合成具有「新」意義的整體。這種批評模式在關於《黃土地》的個案研究中所導致的結果是：在兜了一個大圈子之後最終質疑了其自身想像中強大的理論基礎。

作者反對任何「中心主義」，無論是「歐洲中心主義」還是「他者中心主義」，他認為：

西方的中國電影學者將面臨著兩個選擇：要麼追隨東方主義的潮流去重複一種神話，這種神話將中國縮影成為鄉土中國、成為荒蕪的土地、成為奇風異俗、成為男性的無能或閹割、成為女性的性壓抑，而最終成為「原始的感情」中的一切；要麼撕破西方的幻想和神話，重新將批評的注意力引向中國電影的其他方面。

作者認為問題並非完全不能運用西方理論，而是不應當單方面地將其運用、甚或強加於一種異域文化文本而造成西方理論對這種文本的統治或

教化，從而提出一種「跨文化分析對話模式」，這種模式「提議一種自省性對話式批評的範例以代替跨文化研究中的歐洲中心主義」，並描繪了一種新的對話主義（協商）和多音調（多樣性和多元化）批評模式。對話，意味著對話雙方的平等關係，而非權力關係；協商，則顯現了跨文化分析的多音調性質：

　　我在本書中則將注意力平均分配在了西方的批評介入和中國的電影重構上。為了採用多方向模式這個目標，我強調了所謂「本土人」如何回視西方理論對其的注視，並因此迫使西方重新檢視自己在意識形態和理論方面的前提以及推論實踐。

　　張英進的「跨文化分析對話模式」是在影視批評中，努力在文化差異性和文化共性之間取得一種平衡，努力把不同的文化結合起來而不是使它們分裂。如何處理好文化的共性與個性、共通性與差異性之間的矛盾關係，是世界各國的電影人所需要面對的共同話題。但是，對於跨文化傳播理論來說，正如古迪昆斯特所期望的：「在其他地區發展跨文化傳播的本土化理論之前，應先發展本土化的傳播學理論。U. Kim（1990）將本土化定義為『土生土長的、並非從其他地區移植而來的、生就為本地區人民服務的』。因此，傳播學研究的本土化方法應植根於具體的文化中。金認為本土化研究方法應重視具體文化中人們的經歷。而本土化與本地化又是不同的。理論的本地化是指轉變美國的理論、使之適用於不同文化的過程。兩種方法對於發展跨文化傳播理論都是有用的。有些其他地區的學者想把在美國發展起來的理論加以修改，使之適用於自己的文化（即理論的本地化）；而還有一些學者想從最基本的開始做起，發展自己的本土化理

論。」

三、電影跨文化傳播的分層解讀模式

　　文化理論中的「冰山模式」是文化學闡釋文化結構的一種模式。這一理論把文化的結構比喻成冰山：露出水面的只是冰山的一小部分，且這一部分需要隱藏於水下的部分作為支撐，而這一隱藏部分往往是重要的基礎。表面部分實際上是文化中存在的某些顯性部分，如建築形式、藝術形態、烹飪技術、音樂、語言等。但是文化中更為重要的基礎部分則不易被察覺，如特定文化的歷史、習俗、價值觀以及對於空間、自然和時間的態度等。文化冰山模式認為文化的隱性部分透過顯性部分展現出來，並支撐顯性部分，顯性部分只有透過隱性部分才能解釋。

　　宋蘇晨根據文化的冰山模式提齣電影的分層解讀模式：第一層次為視聽層，建立在直觀元素之上，包括語言、行為、景觀、構圖等視聽符號；第二層次為故事層，建立在第一層次之上，透過視聽語言構成一個連貫的、具有意義的故事；第三層次是更為深層的內在結構，在這一層次，觀眾結合自身的文化語境對影片所表達的社會意義作出闡釋。

　　假如把文化形態看作是符號和符號系統的話，霍爾模式認為符號和符號系統是由編碼者所被規定的特定的制度文化、技術文化以及編碼者群體的知識構架決定的。在霍爾看來，參與傳播過程的只有顯性的符號，但這些顯性符號受到上述有關的隱性的文化的制約。在符號解碼中，只有符號和符號系統是編碼者和解碼者共享的，而對於符號的意義，編解碼雙方有著明顯的不一致。具體地說，是在對符號外延認知一致的情況下對符號內涵意義的不一致，儘管這不一致有著程度上的區別。由於霍爾分析的對象是電視符號，他所說的外延這裡我們可以近似地理解為視聽符號。關於

影視上表現的暴力，霍爾舉例說：「正如格伯納所說，我們知道，在電視螢幕上再現的暴力『不是暴力而是有關暴力的資訊』。」外延就是電視螢幕上的暴力本身，而內涵就是「有關暴力的資訊」。這場暴力是在懲惡揚善，還是殘忍施暴，不僅要取決於符號系統即影視展現的故事，更要取決於受眾的價值觀。由蘇聯著名導演格里高利·丘赫萊依導演的作家拉夫列尼約夫的代表作《第四十一個》結尾處，紅軍女狙擊手瑪柳特卡對哥薩克白衛軍中尉的那一槍，就是每個觀眾理解的「暴力」，但它「有關暴力的資訊」卻有多種解讀。

影視解讀的視聽層

影視的視聽層是指由觀眾透過視覺和聽覺直接接觸的視覺符號和聽覺符號所構成的影視媒介介質系統，這既是影視傳播的特殊元素，也是主要元素。首先就視聽層的主要元素視覺符號來說，由於影視作品是對生活的形象再現，因此就其影像和內容來說，它與生活的接受性使它容易被接受；其次，它降低了受眾的接受門檻，任何沒有經過閱讀訓練或者審美訓練的人都可以接收這種符號及其系統；第三，它容易引起受眾在感官上的反應，例如電影，坐在電影院裡，四週一遍黑暗，銀幕巨大，高保真的音響效果，產生強大的視覺和聽覺衝擊力，受眾很容易進入情節，甚至進入人物角色之中，產生移情作用。閱讀是一種「往複式」的體驗，是一種傳統的接受方式，是一種來回品味其「韻味」的審美。而影視像生活本身一樣一往無前，沒有回覆，沒有停歇，是一種「震驚式」的審美體驗。因此影視更能滿足人們的感官慾望，更具有情感煽動性。特別是數位技術已經成為影視製作的基本手段，人們第一次可以直觀的體驗想像，上天入地，過去現在未來，神奇鬼怪，匪夷所思，無奇不有。所有這些都裹挾著各種

文化意識形態撲面而來，使人們猝不及防，無處可逃。今日裡鋪天蓋地的「大片」，要麼瞄準你的錢包，要麼瞄準你的大腦，無一不是以強大的視覺衝擊力來承載的。

影視視聽層從傳統影視文化中溢出甚至潘多拉化促進了視覺文化的產生。視覺文化撕裂了影視符號對意義的表徵，把本身非視覺性的東西、文化本身視覺化了。所羅門在《我們時代的標誌：日常生活的祕密意義》中評價後現代主義電影《失衡生活》時寫道：

這部電影沒有人物，沒有對白，沒有文字，沒有字幕，沒有旁白，也沒有任何可以視為情節的東西。沒解說或是概述，攝影機僅僅是把來自自然界和工業世界中強烈對比的影像雜亂並置在了一起，這些影像包括印第安人的文字、火箭升空的慢鏡頭，雲朵隨時間流逝而變化的畫面、美國西南部的航拍風景、原子彈的爆炸場面、充滿垃圾的紐約街頭、不斷重放的頹躓的住宅建築被摧毀的畫面，以及拉斯維加斯的景色……我們無意在此介紹和評價視覺文化或者後現代主義，只是想借此說明影視視聽層的強大表現力。

對於跨文化傳播來說，視覺符號只是意義的承載，而不是後現代主義的思維單元。從跨文化傳播的角度看，視覺符號被切分為自然屬性和意義屬性，也就是外延和內涵。自然屬性（或者按照霍爾的稱呼是外延）是符號認知中被高度自然化了的部分，它們和意義（或者被霍爾稱為內涵）的唯一連繫是人們共認的程度。比如火箭升空，比如原子彈的爆炸，這在世界上絕大多數民族表層中認知結果都是一樣的，當然對於還未開化的民族（如果現在還有的話）其認知毫無結果。因為無論是外延還是內涵都是人們經驗的意義，因此對於經驗了意義的民族，它會在經驗基礎上產生有意義的解讀，對於沒有經驗過的民族，不會產生意義解讀。跨文化傳播在視

聽層會對此發生作用。對於有共同經驗的不同民族，會在本民族文化中對視聽符號予以解讀，其中對於符號的外延，各個民族理解都不一樣，對於內涵的解讀就會發生跨文化的不同解讀。前者是影視跨文化傳播的基礎，後者是跨文化傳播的目的。筆者大學時期在 70 年代末，曾經看過《性，謊言和錄影帶》，至今仍記得當時的一頭霧水。是的，對於沒有經驗過的視覺符號，解碼者會覺得好奇，雖然不會產生意義，但由於影視產品的權威性，也會以此作為經驗去努力理解它的意義。以《失衡生活》為例，只有後工業時代的受眾才會對其解讀，在欠發達國家和地區不會理解它的內涵意義。

　　跨文化傳播研究視覺符號透過審美體驗傳達不同的文化價值觀念。如早期美國影片鏡頭中的唐人街總是陰暗、喧囂，人物也是猥瑣、麻木不仁、呆頭呆腦、拙於言談、甚至性無能，如付滿洲博士殘暴成性、詭計多端，即使中國神探陳查理，也行為舉止缺少陽剛之氣，動作矯揉造作，頗具女性化。這是美國主流意識形態對中國人的解讀，是美國白人中產階級的價值觀。從形象上說，這種人在世界各國都有，但符號化後，其外延是猥瑣，內涵的第一含義是中國人。按照格式塔心理學的原理，不同文化（包括美國的亞文化）的觀眾在解讀中會和本民族的猥瑣者「貼近」，可能還會「刪除」一些膚色、頭型、服飾等次要部分，最終接受「中國人都是猥瑣的」這樣的價值觀念。

影視解讀的故事層

　　就多數影視來說，總是透過畫面、鏡頭、剪輯和蒙太奇構成故事。對普通大眾來說，影視作品的完整故事才是構成意義的主要的和穩固的載體。影視故事透過人們形象思維的易讀性或易接受性，充分滿足人的娛樂

本性，這是影視藝術在當代成為重要傳播媒介的根本原因之一。影視故事的講述主要取決於敘事結構。敘事結構主要分為：一是電影整體系統的組織關係，如類型片結構模式；二是組織關係和表達方式，是本文結構或總體結構，由於蒙太奇是其主要內容，多數時候也就是人們所說的蒙太奇結構，是影片生命的骨骼和軀幹，是其面貌和風格特徵的最重要的方面；三是影片內部各元素的組合關係，如情節、畫面、剪輯組合關係，這主要是技術層面的。

類型片是好萊塢社會化大生產制度的結果。從 1920 年代開始，電影工業化要求使電影逐漸形成各種相對固定的結構模式，這就是類型片。主要的類型片如喜劇片、西部片、災難片、戰爭片、倫理片、驚竦片、警匪片、功夫片、生活片等，不一而足，其中當然也有部分交叉。類型片占好萊塢影片的絕大多數，在「百度」引擎上搜尋可以看到有 5 萬多個類型片的相關影片，類型片至今還是一種基本的影視模式。在某種意義上說，類型片就是基本的影片敘事結構。

以美國西部片為例，其敘事結構基本相同，總是在充滿浪漫的西部蠻荒之地，馳騁在西部荒原上的是桀驁不馴的英雄，還有來自東部社會柔弱無能的紳士淑女和野蠻的印第安人。西部硬漢和印第安人機智善戰，東部的女性軟弱嬌小，成為受人保護的對象。西部英雄勇敢堅毅，意志堅定，膽識過人。西部英雄為保護淑女或為幫助實現淑女的目標，文明和野蠻發生了充滿暴力的衝突，透過一系列扣人心弦的追殺、逃跑、被捕、營救情節，最終正義戰勝了邪惡。

湯瑪斯·沙茨在《好萊塢類型電影》中寫道：

當然，任何觀眾對於一種類型的熟悉都是一種累積的結果。由於類型特殊的邏輯和敘事慣例，觀眾第一次看西部片或者歌舞片時，可能會比看

一部非類型片更為困難和勞神。不過，隨著不斷地觀看，類型的敘事模式變得清晰起來並且觀眾的期待也逐漸成形。當我們意識到類型模式不僅包括了敘事元素（角色、情節、場景），同樣還包括主題時，類型的社會化影響就變得顯而易見了。

亨利・納什・史密斯（Henry Nash Smith）在他有啟發性的名為《處女地》（*The Virgin Land*）的美國「西部神話」研究中意識到了這些意涵。史密斯對由個別通俗作家呈現出來的創造性態度特別感興趣，他們熱切的、敏感的讀者製造和再製造了西部傳說。史密斯的基本論點是，這些作者和出版者、讀者一起，參與了與西部擴張有關的價值和理想的創造性的頌揚，從而產生並維持著西部神話。他認為通俗作者並不是透過把自己降低到大眾讀者水準來迎合市場，而是他與市場一起合作，程式化和強化著集體價值和理想。

界定一個流行電影故事程式就是要識別出它作為一個連貫的、飽含價值觀念的敘事系統的地位。對於生產和消費它的人來說，它的意義是一目瞭然的。透過不斷地接觸個別的類型電影，我們就會了解角色、場景和事件的特定類型。結果，我們就會理解這個系統和它的意義。我們有規則地累積起一種敘事電影的格式塔（gestalt）或者「頭腦裝置」（mind set），它是一種被結構化了的類型典型活動和態度的精神圖像。因而，所有我們對於西部片的經驗給了我們一種對於特定類型的行為和態度的系統的、直接的概念和完整的印象。

沙茨同意史密斯的觀點，即作者和受眾共同建構了意義，這是「由於類型特殊的邏輯和敘事慣例」，而受眾的經驗累積成就了類型片，相互地，類型片也就具有了共同的主題。當類型片進行跨文化傳播時，人類文化的共通性不斷強化這種主題，在異文化受眾不斷體驗的累積中，故事情

節的發展成為一種自然而然的心理期待，這種心理期待不知不覺中滲入了
「西部神話」、「白人英雄」、「印第安野蠻人」等文化價值觀念。尤其
是，當異文化接受了這種類型，本民族文化在進行電影編碼時，這種「敘
事電影的格式塔」會使編碼者「被結構」，原編碼的意識形態就跨越文化
成為普世價值觀。在中國，從 1988 年張鑫焱導演的《黃河大俠》，1991
年何平導演的《雙旗鎮刀客》開始，到 2009 年和 2010 年張藝謀導演的
《三槍拍案驚奇》、寧浩導演的《無人區》，都在不同程度上被指為「中
國的西部片」。

影視解讀的文化層

影視的視聽層最具有跨文化能力，故事層或者滿足人們的對不同文化
的獵奇心理，或找到人類文化的共性，但這些浮出水面的表層，最終決定
於潛藏於水下的文化層。按照霍爾的觀點來解釋，視聽層和故事層都是人
類的共享符號，傳播過程中符號必須共享才能傳達資訊，但這個符號被共
享的只是符號的自然意義，也就是他所說的符號的外延。對符號的蘊含意
義卻永遠不能共享。因為蘊含意義也就是他所說的符號的內涵是一個意義
的集合。編碼者對鏡頭的講究，對故事敘事的類型化旨在強化編碼者想要
傳達的意義。理論上說，任何不能強化編碼者想要傳播的意義的符號或符
號的系統都是多餘。但是編碼者的努力是不可或缺的無用功，因為任何編
碼者蘊含的意義都會被不同程度地曲解，有時甚至是「系統的扭曲」，意
義是編碼者和解碼者共同建構的。

在跨文化傳播中，意義的建構要更為複雜一些。解碼者在解讀影視作
品時的文化參照體系有更大的不同，由於編碼者和解碼者的文化差異，在
影視批評中，分層解讀的模式最大的特點就是有理論依據的研究前提，把

影視作品進行結構分解，在闡明表層結構和深層結構的基礎上進行研究，從而為跨文化分析提供了一個可操作性的工作規範。一般的工作思路是首先從表層符號結構和符號系統分析入手，比如視覺符號結構和故事情節構成及其蘊含意義的分析，這些分析往往是技術性的。其次進行編碼分析。編碼分析普遍涉及編碼者所處的社會文化圖譜和主流意識形態，編碼者文化身分和話語位置及其所決定的「相對自治」的編碼符號意義結構。「相對自治」決定了媒介特點和編碼者個人風格。編碼分析應以蘊含意義為前提。再次分析解碼者或解碼者群體，涉及其社會文化圖譜和主流社會意識形態，還可能涉及編解碼雙方社會文化的接觸情況、文化契合度和認可度，從而分析解碼者對符號及符號系統的意義解讀。一般說這個意義解讀也是一個結構，就是一般所說的「多解」。可以用實證的方法，結合「霸權解讀立場」、「協商解讀立場」和「對抗解讀立場」來考察符號和符號系統跨文化傳播的效果，並比較編解碼雙方特別是主流意識形態來說明或解釋這種效果。

四、影視跨文化傳播二度編解碼分析模式

視覺符號是世界性的，影視文化也是世界性的。以文化多元為特點的美國電影也比其他國家更具有世界視野。從 1920 年代起，好萊塢陸續吸收了許多國家的優秀導演、明星，如卓別林、希區考克、嘉寶、費雯·麗、英格麗·褒曼等都來自歐洲，許多美國電影題材也來自世界不同國家、不同文化和不同歷史。早在 1894 年的默片時代，美國就曾拍攝過一部近半小時的無聲片《華人洗衣鋪》，以鬧劇的形式展示了一名中國男子如何想方設法擺脫一個愛爾蘭警察的追捕。1919 年格里菲斯執導了《嬌花濺血》，講述英國女孩露西和經營工藝品店鋪的華人程環的跨種族戀情。

純粹中國題材的如 1937 年，好萊塢拍攝了中國題材的影片《大地》。1987年，由中國、義大利、英國等聯合出品的《末代皇帝》，在第 60 屆奧斯卡評獎中獲得九項大獎，轟動一時。從 1990 年代開始越來越多的中國題材進入世界影視，並且有愈演愈烈之勢。如《成吉思汗》已經拍竣，《孫子兵法》、《天仙配》、《楊家將》、《狄公案》，就連好萊塢大導演史蒂芬史匹柏也稱自己在籌備拍攝《西遊記》。同樣的中國也有《鋼鐵是怎樣煉成的》、《南京南京》等。隨著全球化的趨勢加劇，有越來越多的跨民族題材的影視作品出現。

目前跨文化題材的影視作品無論是如《花木蘭》之類的純粹外國題材，還是如《西遊記》之類翻拍，或者如《無間道風雲》改編，大都是跨文化題材，本國文化包裝，表現的還是本國文化精神。如迪士尼的《花木蘭》，雖然沿用了木蘭「代父從軍」的故事框架，但具備了二十一世紀一切流行元素，迪士尼的花木蘭在外形、言行舉止和性格上已是一個道道地地的美國女郎。影片主要刻畫了木蘭敢於突破傳統束縛、大膽追求個性解放的形象，這正是歐美人的價值觀和精神理念。《木蘭詩》中「孝烈將軍」的忠、孝、勇、烈等中國傳統價值觀念被摒棄。在個人主義文化主導模式下，美國版《花木蘭》被解讀為一個開放、活潑的西部女牛仔，充滿個性自覺、自尊，夾帶著現代女權主義者個人奮鬥的傳奇故事。

影視界已經有人注意到了跨文化題材影片的異軍突起，並開始研究這種特殊的跨文化現象，特別是一些年輕的研究生。如山東大學研究生趙楠《電影翻拍：跨文化傳播中的文化解構和重構》，從電影翻拍角度，透過好萊塢將亞洲電影翻拍的三個經典範例：日本恐怖片、韓國愛情片和中國香港的警匪片，來論述好萊塢電影是如何將亞洲電影特別是中日韓三國電影中的價值觀念和文化形式解構，並轉化為帶有美國文化特點的電影來進

行全球性傳播的。同時進一步分析，在翻拍這一跨文化傳播的過程中，好萊塢電影對以上三國民族電影事業的積極和消極影響。

　　對跨文化題材影視作品的分析應當有適合的理論依據。近年來斯圖亞特·霍爾的編碼/解碼理論越來越受到人們的關注，特別是從中發展出來的「二度編解碼理論」引起了一些年輕學者們的關注。如李俊鵬《從〈無間道〉到〈無間道風雲〉：跨文化傳播學語境中的二次編碼分析》。論文將電影作為跨文化傳播學視野內的一個文本，透過《無間道風雲》與港版《無間道》的對比，具體分析《無間道風雲》中具有的美國主流意識形態和交流方式、好萊塢類型片特徵以及導演的個性化風格，運用源於斯圖亞特·霍爾「編碼/解碼」理論的二次編碼理論對《無間道風雲》的改編策略進行研究，發現馬丁·斯科塞斯在跨文化改編時是在美國主導話語結構內進行二次編碼，遵循美國人的娛樂需求和審美取向，並且融合了導演自身的文化屬性和影像風格。陳一愚《試析民族文化符號在電影跨文化傳播中的二度編解碼》，論文從電影符號學理論談起，從理論歷史的角度解析文化符號在電影文本中的編解碼情況，從而引出二度編解碼在跨文化傳播過程中的存在形式。並以跨文化電影文本《功夫熊貓》為出發點，試圖釐清二度編解碼的普適範圍以及影響二度編解碼的因素。在這裡，我把二度編解碼這個概念的運用限於文化生產和文化消費的範疇。二度編解碼是為了面對分析那些融合外來文化的電影文本而創設的概念，但是這一概念有它的普適性，即用與其他文化的交接融合。二度編解碼通常可以運用於文化適應、文化同化和跨文化傳播。二度編解碼的主體既可以是強勢文化，也可以是弱勢文化。倪梅的《美國影片〈花木蘭〉二度編/解碼跨文化分析》，論文根據跨文化電影傳播理論、霍爾二度編解碼理論對電影《花木蘭》進行跨文化傳播分析，力圖找出其背後文化深層結構。

第十章　跨文化傳播研究作為一種理論觀照

　　「二度編解碼理論」是從斯圖亞特‧霍爾的編碼／解碼理論中發展出來的一種分析框架。國內較早研究「二度編解碼理論」的是麻爭旗。他從符號傳播、語言傳播切入，提出了「翻譯二度編碼論」的核心理念及觀點，從理論與實踐兩個向度對媒介跨文化傳播中的諸多命題進行了辨析。關於二度編解碼的機制，麻爭旗提出：

　　在同一語言系統下，符號傳播的過程是一個編碼、解碼的系統，即從意義到符號，再從符號到意義的二次轉換。

　　如果甲、乙雙方分處不同的語言文化體系，上述過程就無法實現。這時，翻譯便站在甲乙之間，扮演著兩個不同的身分：先是作為甲的受者，對甲傳來的符號進行解碼，這就是理解。然後又作為乙的傳者，把從甲那裡理解了的意義進行編碼，編成乙可以接受、理解的符號，傳給乙，這就是表達。可見，翻譯的勞動不是簡單的轉換，即如字典裡所說的把一種語言轉換成另一種語言，翻譯的活計相當於甲乙工作的總和：先和甲在同一語言環境中共同完成一次符號化過程，緊接著又和乙在另一個語言環境中合作完成又一次符號化過程，所以可以把翻譯所進行的兩次符號化過程稱為「二度符號化」。

　　雖然談的是語言符號的二度編解碼，但包括視覺符號在內的其他符號也是如此。二度編解碼的工作機制麻爭旗已經說得很清楚，而意義建構的複雜性卻是二度編解碼主要問題。進行二度編解碼的人先要對原編碼進行解碼，然後把獲得的意義進行再編碼。按照霍爾的傳受雙方共同建構意義的觀點，原編碼意義經過兩次建構，自然會發生更大的變異。擴展開來說，在視覺符號中，原符號的自然屬性或者說是外延一般不受編碼次數的影響，但在符號的內涵集合中，二度編解碼者解讀存在無限多的可能。籠統地說，至少有「正確」和「歪曲」（事實上並不存在嚴格意義上的正

確或歪曲，否則不符合霍爾共同建構意義的傳播原理）兩種情況。如果他「正確」解碼，則他的再編碼會「忠實」一些，既使如此，最終的解碼者或者說受眾，對再解碼也存在無限多的可能；如果他「歪曲」解碼，則他的再編碼會更加「歪曲」一些，最終的解碼者或者受眾的解碼可能有與原編碼差距更大。但是，二度編解碼者是「職業編碼人」，是特定媒介傳播領域的專家。所以一般來說他會遵守一定的工作規範以保證盡可能「正確」地進行解碼和再編碼。這裡的規範主要是指，他會努力地在原符號所屬社會的主導性話語結構內解碼，並在再編碼符號所屬社會的主導性話語結構內再編碼，從而努力保證透過符號使兩種不同文化能夠對接。可見二度編解碼者個人的素質在其中起了極大的作用。

　　理解二度編解碼中意義的變異，就能夠理解和比較正確地解釋跨文化題材影視為什麼會有如此多的爭議，能夠理解和比較正確地解釋對這類影視作品的改編者和導演者的種種議論。畢竟，議論者也是再編碼的解碼者，由於各自的社會文化地位和話語權，他們也會對再編碼符號進行霸權的、協商的或對抗的，甚至更多的解讀，何況他們面對的還是已經被解碼過的異文化符號。

第四節　跨文化傳播理論與其他學科

　　跨文化傳播學作為當代的「顯學」，有著對人類經濟文化社會發展內在的許多學科要求，在資訊社會的今天，人們的很多行為都是廣義的傳播，因此跨文化傳播學與這些學科都存在不同程度的學理連繫。

一、跨文化新聞傳播

第十章　跨文化傳播研究作為一種理論觀照

　　新聞在本質上是傳播，跨文化新聞傳播是新聞傳播的一個方向，雖然本質上說所有新聞傳播都在一定程度上是跨文化的，但跨文化新聞傳播更加側重對不同文化背景受眾的新聞傳播，而不同文化背景也就多側重於不同族群、種族和民族。

　　儘管跨文化新聞傳播古已有之，但自從麥克盧漢 1962 年提出「地球村」概念以來，全球化趨勢日益加劇，國與國之間的交往日趨頻繁。但「地球村」的村民們並非始終和諧相處，因為其間包含了無限的文化多樣性，雖然地緣政治仍然是國家行為選擇的一種主要依據，但在深層次上，享廷頓的讖言「文明的衝突」也日益成為地球村格局變遷的內在推動力。莫特拉說：「在二十世紀末的最後幾十年，世界政治中的文化因素達到了極為顯著的位置。現在，不僅要從外在的經濟、地緣政治和軍事的角度，而且同樣要從文化傳播和資訊鬥爭的背景中討論全球問題，這似乎比以前更加明顯。」正因為如此，世界各國在對外傳播上不斷提升文化策略，也因此在很多高校傳播學或新聞學專業中，它更多地與國際傳播相近甚至相同。

　　莫特拉認為對外傳播要「從文化傳播和資訊鬥爭的背景中討論全球問題」，實際上包含兩個方面，即傳播本民族文化和爭奪傳播話語權。二者關係是如此密切，乃至於人們在討論到文化帝國主義和文化多樣性時都要強調傳播技術實力與傳播話語權的正比例關係。但海灣戰爭中卡塔爾電視臺的一舉成名說明事情並非絕對。但國際傳播要傳播本民族文化則是核心。

　　對於國際傳播的機制，有學者認為，普通的傳播只需要一次編碼——將原始資訊轉換成可被一般受眾接受的資訊，那麼國際傳播的編碼就需要有兩次，第二次編碼是將本國一般受眾接受的資訊轉換成為可被

他國受眾或全球受眾接受的資訊。二次編碼就是語言的轉換和文化的對接。語言轉換更多的還只是一種技術性的手段和淺層次的轉換，那麼文化對接就是一種深層次的轉換。國際傳播中的文化對接包括兩個方面：一是與國際通行的認知、規範體系對接，即人們常說的「國際接軌」問題；二是與傳播對象國的社會文化習俗對接，這涉及傳播的針對性問題。我們認為，在實際操作中，國際傳播的編解碼並不都是，甚至主要的都不是二度編解碼。雖然我們承認現在各國都有專門的外語頻道和報紙的「海外版」，但在資訊全球化時代，這並不是主要的。一個國家外交部新聞發言人發布新聞，總是用國家的官方語言。吳建民在談到如何當好新聞發言時，第一條就是研究對方，研究對方語言文化。二度編解碼一般適用於兩種文本需要轉換，就像我們在前面討論的影視的跨文化題材的編解碼，或者跨文化影視的翻拍、改編等。國際新聞傳播並不是有國內外兩個文本，除非是改革開放前的中國「內外有別」制度下。國際傳播的複雜性在於編碼者與解碼者之間的文化相容性遠比一般的大眾傳播困難和複雜，因此提出在編碼中的國際規範和對象國社會文化兩條最重要的原則。

國際傳播與跨文化新聞傳播有相當的重合，但新聞傳播的主要資訊是新聞。芝加哥大學首任新聞傳播學院院長認為，好的新聞不但要報導新聞事實，還要揭示新聞事實發生的社會土壤。這就是新聞背後的文化。在相當程度上，新聞所體現的文化比新聞本身更加重要，這就是跨文化新聞傳播的研究理由。

新聞事實和文化附加之間，實質上是編碼者的新聞倫理問題，和追求「普世價值觀」的文化霸權主義思想以及「中國立場，外國表達」的民族主義思想不同，單波認為，跨文化新聞傳播理念強調的是在文化間的協商、溝通、理解的基礎上全球新聞傳播，這肯定了人類作為具有跨文化經

第十章　跨文化傳播研究作為一種理論觀照

驗的物種的可能性、文化表達方式的無限可更新性和無限多樣性。跨文化新聞傳播既建立在尊重國家主權的基礎上，又信守全球新聞自由原則，並建立兩者間的統一性。需要多樣化的新聞傳播空間，越是需要準確、完整、理智的報導，越是需要使新聞傳媒成為文化交流的論壇，越是需要呈現文化的多元化價值體系，並釐清人類文化發展的基本方向。

因此在當代國際傳播理論研究中，有一種思潮是建構主義。跨文化傳播當然承認文化的差異，但也要有人類基本文化價值觀的認同。在此基礎上，跨文化新聞傳播要遵循「觀念 —— 溝通 —— 認同」的思路進行。國際社會不是一種物質結構，而是一種意識形態的文化觀念結構，而這種觀念結構是在國家間持續不斷的互動性實踐活動中不斷生成、嬗變和轉換的，其動態性質是由國家、民族間跨文化互動表現的。文化在傳播中存在，在傳播中轉換。按照霍爾的觀點，意義是傳播者與受眾共同建構的，他把這個意義建構過程稱為「表徵的實踐」：

我們所說的「表徵的實踐」，是指各種概念、觀念和情感在一個可被轉達和闡釋的符號形式中具體化。意義必須進入這些實踐的領域，如果它想在某一文化中有效地循環。在它於這鏈圈的另一點上被譯解和可理解地接受之前，我們不能認為它已經建成了它的環繞文化循環圈的「通道」。所以，語言既不是各種意義的傳送者的，也不是它們的接受者的財產。它是被共享的「文化空間」。在這一空間裡，意義的生產（表徵）透過語言而進行。意義和資訊的接受者不是一個被動的螢幕，可以在上面準確和清楚地投射出原來的意義。「獲得意義」既是意指實踐，也是「置入意義」。說者和聽者或作者和讀者由於經常轉換角色，是一個始終是雙邊的、始終是相互影響的過程的積極參與者。

「表徵的實踐」追求的不是也不可能是本初的觀念和意識形態，而是

透過新聞傳播在兩種或多種文化的溝通、協商、談判與妥協中構建起來的。這種建構主義視角下的意識形態打破了編碼者文化與解碼者文化的二元對立的思維模式，更重要的是跨文化新聞傳播的連續性不斷使傳播雙方角色轉換，形成中的意義在建構中不斷修改、調整和再造，從而在雙方社會或一定社會階層形成「共識」，跨文化新聞傳播的本質就是如此。

二、跨文化廣告傳播

　　經濟全球化是全球化的最早形態，同時又是全球化的催化劑。全球思想的權威理論家、哈佛大學甘迺迪政治學院院長約瑟夫·奈說也認為，全球化的第一層含義是經濟全球化，指商品、服務、資金與資訊的遠距離流動。現代強大的社會生產力導致的經濟全球化的核心營銷全球化的趨勢，要求廣告傳播與其相適應，實現全球化。因此廣告的跨文化傳播也比其他媒介早得多，也深入得多。

　　跨文化廣告傳播是指廣告主透過專業的廣告公司對與廣告主有著不同文化背景的個人、組織、國家進行廣告資訊傳播的社會活動。它包括國際間的跨文化廣告傳播和國家內部的跨文化廣告傳播兩大部分。人們常說的跨文化廣告傳播，主要指的是國際間的跨文化廣告傳播，也就是常說的跨國廣告。

　　在跨文化廣告傳播中有幾點需要注意。

　　一是全球化的加劇，跨國廣告公司或集團日益集中，隨著不斷地兼併、重組和控股，湧現出越來越多、越來越大的跨國廣告公司，或者說廣告業的跨國集團化正在成為一種不可抗拒的趨勢。同時伴隨經濟全球化覆蓋率的加大，產品市場營銷有顯著的國際化趨勢，這兩種趨勢的合力是跨文化廣告傳播成為廣告傳播的一個重要方向，甚至有跡象表明會成為主要

方向。這要求廣告從業者和研究者不能不認真研究跨文化廣告傳播的特點。那麼這些特點主要是什麼？

　　二是全球廣告市場已開始從「銷售主義」明顯地走向「品牌主義」，廣告領域中的「品牌戰爭」已在全球市場展開，成為跨國企業能夠營利的最主要方式。和銷售主義追求短期的促銷效果，關注「現在的競爭」、「能否促銷」不同，品牌主義以建立和發展品牌為廣告目的，追求長期的廣告效果。而企業文化與品牌建設的邏輯關係是企業文化是品牌之根，品牌是企業文化的載體。廣告文化與品牌所承載的企業文化之間關係比較複雜，從靜態來講是種概念和屬概念的關係。從動態來講，廣告從「銷售主義」轉向「品牌主義」更凸顯廣告的文化內涵轉向，儘管不能說銷售主義廣告不傳播廣告文化。早在 1986 年，在芝加哥舉行的第三十屆國際廣告大會上，美國著名廣告人迪諾·貝蒂·範德路特以「文化的藝術與科學」為題作了長篇演講，她說：「如果沒有人做廣告，誰創造了今天的文化？你又從哪兒為文化活動找到一種比廣告媒介更好的宣傳方式呢？我們應當承認，我們確實影響了世界的文化，因為廣告工作是當代文化整體中的一部分，是文化的傳播者和創造者。」是的，廣告文化是世界文化的組成部分，在傳播全球化的今天，它甚至是影響世界文化的部分。範德路特的說法並不過分，成功的廣告在追求商業目的的同時，還蘊藏著某種文化觀念和文化價值，而這些文化價值和文化觀念對人起著潛移默化的教化功能，它是時代文化發展在廣告中的反映。那麼廣告中的文化策略存在什麼要面對的問題？

　　三是為應對跨文化廣告傳播的需要，廣告主和廣告業都在認真思考跨文化廣告中文化策略的國際化（或一體化、全球化）和本土化關係。國際廣告本土化策略著眼於文化的差異性。不同的國家民族有自己獨特的文

化，由於全球化過程中各國經濟貿易的不平衡，文化的交流並未達到充分的融合，消費者不能理解和接受外來的文化，因此若不遵從廣告目標國的文化差異、國民心態，必將使廣告活動受挫。所以廣告應當以本土文化為主要參照。袁曉懋《跨文化廣告傳播的創作策略》著眼於文化差異，他認為適合於本土化廣告的策略主要包括理解文化差異、尊重宗教信仰及風俗習慣、迎合當地價值觀念、規避民族情緒的消極影響、用語習慣適用原則、適應文化教育程度、規避當地政策法規等。跨文化廣告國際化策略主要著眼於人類文化的共通性和全球化文化趨同的走勢。對於前者，屬於不同文化的人們，在心理特點、價值取向和審美意識等方面都存在著較大的差異，但在基於人類的生理需要方面則表現出超越文化的限制，而表現出人類的共性。例如 21 世紀福斯 M&M 巧克力「只溶於口，不溶於手」的廣告，在三十多個國家和地區傳播，具有極強的時空間穿透性，該廣告正是從人的生理角度出發。對於後者，儘管不同文化存在著明顯的差異性，人類文化理念，如對健康、安全、親情、榮譽等方面的需要是共同的，又如勤勞、勇敢、真誠、善良、耐勞等價值取向就是世界上許多民族所共有的，一旦這些內容在廣告中作為資訊的載體或表現的手段，較容易在更廣的範圍內得到認可，從而增強了廣告傳播在不同文化區域的適應性。更重要的是，隨著傳播和資訊全球化，世界上大多數人看著同一部電影，讀著同一本書，地球村的人連繫越來越密切，文化相容性越來越明顯，廣告的國際化適應了這一文化發展趨勢。

此外，跨文化廣告傳播還有著廣告製作成本與效益的不同看法。

我們認為，跨文化廣告傳播無論是本土化還是國際化，共同的都在把廣告傳播納入跨文化傳播學視野，這是一個值得關注的動向，而且都有各自不同的合理性。但是同時我們也發現，真正用跨文化傳播理論觀照廣告

學，特別是跨文化廣告的嘗試還不多見。在我們看來，如果把廣告的本土化看作是一個策略的話，廣告的國際化更像策略。研究眾多的廣告本土化理論，可以發現它更多地是廣告公司的一種經營策略，包括合資、控股和併購的公司本土化，也包括對本土市場的研究、大量聘用本土工作人員和管理人員等。而廣告本身的本土化還不是最主要的。儘管人們能夠舉例說明很多本土化廣告的例子，如人們耳熟能詳的「平安中國，中國平安」，又如「車到山前必有路，有路必有豐田車」等，但畢竟是廣告經營策略中的一個部分。

正如前面所論述，廣告本身是一種文化形態，一般稱為廣告文化。這種文化是時代文化的鏡子，並不能很肯定地說是屬於某種文化，它當然傳播文化，但同時在創造文化，正如範德路特所說，「是文化的傳播者和創造者」。按照霍爾的觀點，意義是編碼者和解碼者共同建構的，編碼者與解碼者的共同作用就意味著創造文化。人們舉出的很多跨文化廣告傳播失誤的例子，實際上是編碼與解碼的嚴重錯位導致大面積的對抗解讀立場而已。這是極端之例。而在二度編解碼理論中，是「職業編碼人」在再編碼時對解碼對象主流文化解讀方案認識失誤。因為霍爾認為符號的內涵是一個集合，因此解讀方案也是一個集合，占優秀地位的解讀方案是主導性解讀方案，也就是主流意識形態所決定的解讀方案。但解讀方案畢竟是一個集合。如最著名也是最典型的跨文化傳播廣告「車到山前必有路，有路必有豐田車」，播出後叫好聲一片。但我們隨便搜尋了一下，也有網民認為「意思就是豐田要在世界獨大，只要有路的地方就要有他豐田車，真是狼子野心」。「豐田霸道，曾經有一個廣告，那就是拉著中國的解放在跑。這樣的品牌明顯就鄙視中國的品牌，我最恨這樣的品牌，質量好又怎麼樣？我不稀罕。」甚至還有匿名網民說：「車到山前必有路，有路必有豐

田車，熱，你也相信這句話啊，這句話在我們內部的意思就是：車到山前必有路，有路必有豐田車，豐田一定剎不住。懂乃意思沒的？朋友？」這都是非主導性解讀方案所導致的對抗性解讀立場和協商性解讀立場而已。跨文化廣告傳播所創造的廣告文化最直接的就消費文化，最極端的例子可以就是消費主義。鮑德里亞在他的《消費社會》一書中，認為消費構成當下資本主義社會的內在邏輯，這些邏輯包括商品消費面前人人平等、消費體現個人身分以及消費的不是商品和服務的使用價值，而是它們的符號象徵意義等等。

　　廣告的跨文化傳播是一個很複雜、有很多爭議的問題，我們在這裡旨在表明跨文化傳播理論對這一研究領域的意義和作用。

第十章　跨文化傳播研究作為一種理論觀照

附錄：有效交流的焦慮和不確定性管理理論

附錄：有效交流的焦慮和不確定性管理理論

威廉姆·B. 古迪昆斯特著

石崢譯，李崗訂校

理論……是我們撒向「世界」的網：解釋它，使之合理化……我們將不遺餘力把網編織得更加精細。 —— 卡爾·波普。

沒有什麼能比一個好理論更實用了。 —— 寇特·萊文。

取得博士學位後，我就一直致力於發展解釋和研究跨文化傳播理論的項目。理論研究項目是一系列相互連繫的理論，包括設計檢驗理論的理論性研究，也包括適用於隨著個體或社會變化的理論行為研究（Berger 等，1974）。目前，這一項目包括兩個相互連繫的理論：有效的人際交流和群際交流理論以及跨文化適應理論。

當我開始這項研究時，還沒有有關有效交流和跨文化調適的理論研究，我決定從一個現有的理論出發。我選擇不確定性削減理論（URT；Berger&Clabrese，1975）作為起點有幾個原因：第一，直覺上，我認為不確定性削減理論是有道理的；第二，不確定性削減理論包括一些理念（如相似性）允許從人際、群際和跨文化文本上做一個相關和直接的拓展；第三，我意識到不確定性削減理論對於提高交流質量的直接暗示。

我發展焦慮和不確定性管理理論研究分幾個階段。最初，透過整合不確定性削減理論和社會身分理論（如 Tajfel，1978，1981），我發展了一個群際交流的模式（Gudykunst，1985b）。我選擇關注群際交流是因為我認為跨文化交流是群際交流的一種。下一步，米切·漢默（Mitch Hammer）和我（Gudykunst&Hammer，1988b）發展了一個運用不確定性削減和焦慮削減來解釋跨文化適應的理論版本（這個版本包括 24 個公理；見 Witte，1993）。大約同時，我吸收了史蒂芬和史蒂芬（Stephan&Stephan）關於焦

慮的有效人際和群際交流以及跨文化適應的抽象理論，這些理論都側重於焦慮和不確定性削減（Gudykunst，1988；這個版本的理論包括13個公理，有兩個側重於跨文化變異）。

1988年版本的理論也沒有正式用到焦慮和不確定性管理理論，而二者均是側重於焦慮和不確定性削減。儘管如此，削減焦慮和不確定性在這些理論中並不是「結果」，有效的交流和跨文化調適才是結果。鑑於這一點，這一理論跟不確定性削減理論在一定程度上具有連續性，但是結果不同。1990年，我採用了1988年的有效交流理論作為外交溝通的指導。我還運用這個理論觀照了銜接差異的內容（Gudykunst，1991）。

1993年，在這一版的理論中，我首先詳細地闡述了超理論假設，然後側重於焦慮和不確定性管理（如把焦慮和不確定性控制在最小「門檻」和最大「門檻」之間以確保有效的交流），並且把深思熟慮容納進來。我從禪宗打坐和閱讀佛經中意識到深思熟慮的重要性，然後找到包含深思熟慮的社會科學著作。我還拓展了公理的數量，使這些公理比1988版的更具體，並且在跨文化變異中增加了一些公理（這一版包括49個公理，11個側重跨文化變異）。

1993年版本的理論側重於人際與群際交流的能力，並且第一次使用了焦慮和不確定性管理理論這一概念。一個名字看上去是件小事，但對於一個理論來說卻是大事。到我命名這一理論為止，大部分學者認為這一理論完全是不確定性削減理論的延續，並把這一理論當成是不確定性削減理論的一個版本（有一些人到現在仍這樣認為）。和1988年版本不同的是，1993年這一版的理論被設計成一個實用性的理論（如個人可以運用此理論來提高交流質量）。從關注焦慮和不確定性削減到關注焦慮和不確定性管理，從側重解釋有效的交流到側重於實際運用，這一變化改變了理論的基本性質。

附錄：有效交流的焦慮和不確定性管理理論

　　1995 年，我澄清了幾個 1993 年版本中曾提出的顧慮，並且擴展了在焦慮和不確定性管理理論過程中文化變異的討論（即這一版本包括了 94 個公理，理論主要部分的每一個公理均對應一個跨文化公理）。這一版的理論包含了與陌生人交流的道德因素，並且堅持了成為一個實用性理論的目標。1998 年（Gudykunst，1998a），我重新修訂了跨文化調適版本的理論（Gudykunst&Hammer，1988b），並且概述了它如何被用來設計成跨文化調適的訓練項目（這一版本包括 49 個公理，另有跨文化公理）。為了在文本中展現這一理論，我先從理論的範圍開始。

理論的範圍

　　一個處理交流與文化的理論應該明確說明在分析的四個層面上發生了什麼，以及這四個層面是如何相關聯的。這四個層面就是：個人、人際、群際和文化（Doise，1986）。個人層面與促使我們交流和影響我們創造並解釋資訊方式的因素有關（融入群體的需要、自我意識的支持）。人際層面與當我們作為個體時影響我們資訊交換的因素有關（親密的友誼、社會網路）。群際層面與當我們以自己群體成員為基礎與其他群體交流時影響我們資訊交換的因素有關（社會身分、集體主義自尊心）。文化層面與在跨文化背景下影響人們交流的相似性或不同點的因素有關（文化變異的的維度）。

　　這一版的焦慮不確定性管理理論的設計是為了解釋人際和群際交流的有效性。有兩種方式可以區別人際交流過程和群際交流過程。一種是我們對他人行為做預測的時候採用的數據類型：文化（基於沿襲之前文化現象和規則的人們行為準則的預測）；社會學（基於他人群體成員和角色的預測）；心理學（基於個體和對與我們交流的個人資訊的預測）

（Miller&Steinberg，1975）。如果我們的預測主要基於文化和社會學的數據，群際行為就會發生。當我們預測主要基於心理學的數據，人際行為就會發生。

　　另一種區分的方法就是引導行為的身分：人（我們與其他人分享我們的觀點）、社會（我們與種族群體、社會階層等特定的群體成員分享我們的觀點）、個體（用來區分自己和其他群體成員的我們的觀點）（Tajfel，1978；Turner 等，1987）。在所有交流中我們會全部用到這三種身分的種類，但是一種身分種類會傾向於占主導地位（Turner，1987）。如果我們的行為主要透過社會身分引導，群際行為就會發生。如果我們的行為主要是由個人身分引導，人際行為就會發生。

　　我們可以描述出人際行為與群際行為的區別，以及主要透過人際和群際為特徵的交流。大多數情況下，即使並非全是，交流與人際和群際的因素也有關係。因此我相信在解釋有效交流時必須把這兩個層面的分析都包括進來。

假設

　　為了理解和評估理論，必須理解理論家對假設的制定，一個理論的假設可以被質疑，但理論的內容被評估時必須假定它們是正確的。在這一部分中，我列出超理論假設和理論假設以及我用來構建理論的方法。

　　超理論假設（Metatheoretical Assumptions）任何一個理論學家在作出假設時都會遇到至少三個超理論問題：本體論（ontology）（如現實世界的實質是什麼）、認識論（epistemology）（如我們如何獲得知識）、人類（human nature）（如人類行為的基礎是什麼）（Burrel&Morgan，1979）。為了

附錄：有效交流的焦慮和不確定性管理理論

做出超理論假設，我避免了極端的「客觀主義（objectivist）」假設和「主觀主義（subjectivist）」假設。我相信這兩組假設在不同的環境下都有充分依據（在我們無意識的情況下，「客觀主義」假設成立［自覺地意識到目前的交流］，當我們有意識的時候，「主觀主義」假設成立）。

關於本體論，我認為名字、觀念和標籤都是用來創造我們「主觀」現實（如唯名論）的人為構造。在文化和種族群體納入社會化進程的軌道後，我們與其他成員一起分享了大量的主觀主義世界的現實。我們分享的主觀主義現實世界如此穩定，以致於我們會認為它是「客觀主義」現實世界（如「現實主義」）。我認為交流的基本過程與跨文化過程是相同的，但是文化為我們如何理解交流的內容提供了準則，這個假設與哈米爾（Hamill，1990）的理論相似：我們天生具有邏輯結構，但我們的文化卻在這種固有的知識之外創造出獨一無二的意義。

在認識論上，我認為我們對交流的理解（如「反實證主義」）和對交流的外在觀察（如「實證主義」）為理論的產生和檢驗提供了有用的數據。意義不是單純地產生於個人，它是當我們交流時被構建出來的。作為研究者，我們需要發現交流中潛在的規律，同時意識到我們的主觀現實世界有所不同，所以我們的解釋永遠不會盡善盡美。

關於人類，我認為當我們沒有高度的意識時（如我們不是深思熟慮的；Langer，1989），交流不僅受到文化和群體成員的影響，還有結構上、情形上和環境上的因素（如「決定論」）。儘管如此，當我們深思熟慮時（如意識到自己的行為），我們有能力選擇交流方式（如「唯意志論」）。費舍和布朗（Fisher&Brown，1988）提出一個人如何選擇與夥伴交流的方式會影響到關係的改變。因此，如果一個人深思熟慮，就會影響到交流的有效性。

理論假設（Theoretical Assumption）

　　陌生人（strangers）在早期的著作中（如 Gudykunst，1991，1998b；Gudykunst&Kim，1997），我認為不同群體（包括文化、種族）的交流過程與同一群體內部成員的交流過程是一樣的。我把與我們不認識的人和與我們處於不同環境中的人的普通交流過程叫做「與陌生人的交流」（Simmel，1908/1950，關於陌生人的概念；見 Gudykunst&Kim，1997，對概念有一個完整的描述；見 Roger，1999，對在跨文化研究中的陌生人角色的討論）。

　　西米爾（Simmel，1908/1950）認為陌生人擁有在同一時間又近又遠相互矛盾的特質。「對於陌生人來說，近與遠作為一個整體在人與人之間的關係中，以一種最為簡單的格式固定下來。這種格式表明：在一種對他的連繫中，距離意味著他實際上很近，但也是很遠的」（p.402）。陌生人透過身體上的親密接觸表現「近」的意思，透過不同的價值觀和處事的方式表現「遠」的意思。

　　我們不會與任何人都建立群體成員關係，因此我們遇到的每個人都是潛在的陌生人，那麼在交流中，人際交流過程和群際交流過程都會發生。與陌生人的交流透過焦慮和不確定性表現出來。赫曼和謝爾德（Herman&Schield，1961）指出：「在陌生環境中，心理上的第一反應就是缺乏安全感。對環境中存在的潛在性不知情，對達到目標的方式不知情，對有意圖的行為不知情，這些都會造成不安全感。」（p.165）嘗試處理陌生環境的模糊狀況與尋找資訊（管理不確定性）和緊張的減弱（管理焦慮）有關（Ball-Rokeach，1973）。因此它們也是與陌生人交流的中心環節。

　　既然與陌生人的交流是一個普遍存在的現象，那麼就需要在陳述公理

時採取一個角度。我採用陌生人接近群體內部成員這一角度來建構有效的人際和群際交流理論。這一理論也適用於陌生人進入群體內部這一角度。儘管如此，陌生人的角度和群體內部成員的角度也有一些差別（如陌生人比群體內部成員更具深思熟慮；Frable，Blackstone&Sherbaum，1990）。下面內容會談到這些問題。

　　不確定性（uncertainty）馬里斯（Marris，1996）指出「不確定性產生於我們的前意識（preconception）裡……因為事件只有在有目的性的特定文本中和對秩序有期望時才會出現不確定性」（p.16）。他還指出「不確定性的組成依賴於對我們需要的預測，我們可以預測什麼以及我們可以對它做些什麼」（p.16）。瓦茨（Watts，1951）表明單純的預測是幻想，因為世界基本上是不可預測的（同樣見 Becker，1971；Solomon 等，1991）。同樣地，馬里斯（Marris）稱「不確定性是人類生活的基本狀況」。格李維和豪格（Grieve&Hogg，1999）認為「不確定性的減弱也許是最為基本的動力過程，這一過程存在於群體成員和群體行為中」。

　　不確定性是一種認知現象，它影響了我們考慮陌生人的方式。伯格和卡拉布瑞斯（Berger&Calabrese，1975）指出預測性的不確定性與我們不能預知陌生人態度、感覺、信仰、價值觀和行為的能力有關。舉個例子，我們需要預測出陌生人可能採用哪些行為模式（註：在理論的公理中我聚焦於行為，但是公理也只能適用於感覺、信仰、價值觀和態度等）。解釋性的不確定性是指我們對陌生人的行為、態度、感覺和信仰的解釋的不確定性。

　　與我們和自己群體內部的成員交流相比，當我們和外部群體成員交流時，我們會產生更多的不確定性（Gudykunst，1985b；Lee&Boster，1991）。通常情況下當陌生人表現異常，給我們提供獎勵，或者我們以後

332

期望再次見到他們時，我們盡量要管理不確定性，但不總是這樣（Berger，1979）。既然如此，就不用對他們的行為管理自己的不確定性。

我們並不總想使自己的不確定性最小化。例如，維克（Weick，1979）指出歧義可以引發創造力。當與陌生人交流時，我們也可以故意模糊一點。列文（Levine，1985，p.20）認為模糊性可以使我們透過「不透明」保護自己。艾森伯格（Eisenberg，1984）也認為某些情況下模糊是有益處的（它可以使我們保持超越陌生人的力量）。

我們評估不確定性的程度隨著文化、種族群體和個人而變化。舉個例子，巴索（Basso，1979）指出美國西部的阿帕其族人不認為不確定性給他們帶來困擾。林和蔡（Lim&Choi，1996）也指出韓國人有時創造模糊的資訊以至於其他人「搞不清楚他們的意思」。在任何文化裡，有人認為不確定性很重要，而有人不這樣認為。下面會解釋這些差異性。

不同文化和個人的不確定性有所不同，針對這些不確定性我提出最大「門檻」（maximum thresholds）和最小「門檻」（minimum thresholds）（這些概念首先由 Gudykunst 引進，1991）。最大「門檻」就是我們持有不確定性的最大量，能夠充分預測陌生人的行為從而感到與他們交流是舒適的。最小「門檻」就是我們可以持有不確定性最小量，在預測陌生人行為時不至於感覺乏味或者產生自負的心理。

如果不確定性高於最大「門檻」或者低於最小「門檻」，我們都不能有效地交流。當不確定性高於最大「門檻」時，陌生人的行為會被認為是不可預測的，我們就沒有信心去預測或者對他們的行為作出解釋。當不確定性低於最小「門檻」時，因為忽視了錯誤理解他人資訊的可能性，從而導致我們可能會錯誤理解陌生人的資訊。最大「門檻」和最小「門檻」是我們文化中不確定性的接受能力（acceptance of uncertainty）（如 Hofstede

的避免文化變異維度的不確定性，2001）和對模糊的忍受度（tolerance for ambiguity）（如 Budner，1962）或者不確定性指向（uncertainty orientation）（如 Sorrentino&Roney，1999）的一種功能。

有效的交流需要把不確定性介於這兩者之間（Gudykunst，1993）。這時我們才能有充分的自信，從而感到很滿足，但又不會產生自負。既然如此，在交流過程中我們就可以發現潛在誤解的線索，特別是當我們深思熟慮的時候。

不確定性會隨著時間並在特定的交流中波動（如 Planalp 等，1988；Sodetani&Gudykunst，1987）。對交流中波動的一個看法就是預測性和創新性的辯證關係（如 Baxter，1988）。預測性需要明白期望陌生人有怎樣的行為，但創新性使我們對自己的預測不會產生自負。

焦慮（anxiety）等價於情感上的不確定性，只要我們與他人交流，就會經歷一定程度的焦慮。焦慮是一種「一般的或者非特別的失衡之感」（Turner，1988，p.61）。它源於不輕鬆、緊張、擔心的感覺，或者對可能發生的事感到不安（註：在這指焦慮狀態，不是焦慮的特性；見 Britt 等對群際交流特徵的討論，1996）。焦慮是基於對消極後果的預料產生的（Stephan&Stephan，1985），它是我們必須面對的基本問題之一（Lazarus，1991；May，1977）。

舒倫克和利瑞（Schlenker&Leary，1982）指出，我們經常會在交流中被激勵去陳述一種特殊的看法，但我們懷疑是否能做到，這時社會焦慮就產生了。從他人那裡得到我們想要的反應期望越少，我們就越焦慮。群際交流有可能會製造緊張的社會焦慮，因為我們不想顯得存有偏見，被認為是不合適的交流者（同樣見 Plant&Devine，2003）。與人際交流相比，我們在群際交流中產生的焦慮更加強烈（如 Ickes，1984；Word 等，1974）。

在跨文化中，與陌生人交流更容易感到恐懼（如 Walbott&Scherer，1986）。對為什麼經歷焦慮的解釋可以變化很大（如因為我們不想表現出偏見或者我們對外部群體有敵視態度；見 Greenland&Brown，2000）。

對焦慮我們也有最大「門檻」（maximum thresholds）和最小「門檻」（minimum thresholds）（Gudykunst，1991）。最大「門檻」是我們持有焦慮的最大限度，不妨礙我們與陌生人舒適地交流。如果焦慮超過最大「門檻」，我們會感覺不安從而不想與陌生人交流。當我們的焦慮超過最大「門檻」的時候，我們焦慮的來源無從而知，或者「模糊，但又遠遠比模糊強大。因為沒有明確的威脅或者危險對我們的所作所為施加影響，它已經使行動癱瘓了」（Riezler，1960，p.147；Turner 稱之為「擴散的」焦慮，1988）。當然，也有一種特定的原由（如我們感到自己的身分受到威脅）使焦慮超過最大「門檻」，不論我們的焦慮如何超過最大「門檻」，我們的注意力都在焦慮本身而不是放在交流的有效性上，這時我們傾向於以一種簡單的方式處理資訊（Wild&Shapiro，1989）。

最小「門檻」是我們持有焦慮的最小限度，不妨礙我們能始終有興趣與陌生人交流。如果我們的焦慮低於最小「門檻」，身體系統中就沒有足夠的腎上腺素去促使我們與陌生人有效地交流。舉個例子來說，段（1979）指出因為焦慮，好奇心就被激起。當焦慮低於最小「門檻」時，我們就不會關心發生什麼，對發生的事沒有任何好奇心。

如果要交流，我們的焦慮必須介於兩者之間。某些焦慮，但不是很多，可以「被轉換成一種有用的並具有高度適用性的社會反應，即便不重要，這種反應對他人的行為產生最高的警惕性，也可以使焦慮自身免受情感和強制力的影響」（Schneiderman，1960，pp.161-162）。這種說法與賈尼斯（Janis，1958，1971，1985）的說法一致，他認為一般程度的恐懼可

以引出適應的過程，但過低程度或過高程度的恐懼則不可以。我的立場與奇克森特米哈伊（Csikszentmihalyi，1990）的一致，有一個最佳的焦慮水準可以利於經歷「順暢」或者獲得一個最佳的交流。這個論斷也可與對此的研究比較，研究顯示焦慮和行為之間有一個曲線關係。

隨著時間的變化，對焦慮的管理與日益增加的信任有關。信任是「一個人從別人那裡獲得了所需，而不是面對他人產生的恐懼的自信」（Deutsch，1973，p.149）。當我們信任陌生人時，我們會期望積極的交流結果。當與陌生人交流時焦慮過高，我們害怕得到不好的結果。我們第一次與陌生人見面時，「信任一點也不比一種對希望的幼稚表達多」（Holmes&Rempel，1989，p.192），我們與陌生人慢慢熟悉之後，對他們一定程度的信任是非常必要的。焦慮可以看成是與恐懼和信任有關的辯證關係。

交流中的焦慮主要來源於消極的期望。史蒂芬和史蒂芬（Stephan&Stephan，1985）指出我們害怕四種形式的消極期望、對自我意識的期望、對不好的行為結果的期望、對陌生人給予消極評價的期望、對自己內部成員給出的消極評價的期望。

焦慮的行為結果之一就是避免（Stephan&Stephan，1985）。我們避免與陌生人交流就是因為這需要管理自己的焦慮。儘管如此，舒倫克和利瑞（Schlenker&Leary，1982）指出對那些經歷焦慮的人來說避免群際交流會產生不好的後果（如不能提高交流技能）。當經歷焦慮並且不能避免陌生人時，我們更願意儘快地終結交流（Stephan&Stephan，1985）。舒倫克和利瑞（Schlenker&Leary）同時也指出社會焦慮使個體在群際交流時感覺很不舒服，這也加強了人們認為自己不是合格的交流者的想法。迪萬等（Devine 等，1996）認為感覺不舒服使行為緊張，可能會讓陌生人感到對方存有偏見。

　　從認知角度來看，在我們如何處理資訊上，焦慮會導致偏誤。我們越焦慮，越會把注意力放在我們期望看到的行為上，就像基於消極觀念的行為，也越是肯定這些期望是正確的，從而沒有意識到行為和我們的期望不相協調（Stephan&Stephan，1985）。

　　費斯科和莫靈（Fiske&Morling，1996）指出，在群際交流中，我們經歷焦慮的程度有一定的功用，可以影響我們感覺到一切在控制之中的程度。在某種情境中，我們越感覺不夠強大，就會變得越焦慮，此時我們會覺得陌生人比自己反而會更容易控制。因此，當我們高度緊張的時候，我們通常會努力控制陌生人。

　　當焦慮或不確定性過高或過低時，我們就不能有效交流。在 1995 年出版這個理論的時候，我提出了最大「門檻」和最小「門檻」是災難臨界點（catastrophe point）的說法。那就是說，當焦慮和不確定性在二者之間時，對交流的有效性有著巨大的影響。這個觀點是根據災難理論（如 Tesser，1980）的假設提出的。災難理論是指當其他變量（如焦慮、不確定性）達到一個災難臨界點時，另一個變量（如有效性）會有突然的間斷性變化。換句話說，當焦慮和不確定性在最大「門檻」和最小「門檻」之間時，它們才與有效交流相關，而不是在超過最大「門檻」或低於最小「門檻」時有關係。

　　有效的交流（effective communication）交流是與資訊的交換和意義的創新有關的一個過程（Barnlund，1962）。一個人理解資訊的意思一定程度上與另一人試圖表達的意思相對比較接近時，交流才是有效的。另一種表達是，我們之間達到了理解程度上的最大化時，交流才是有效的（Gudykunst，1993，1995）。這個觀點有一點與崔安迪斯（Triandis，1977）的看法相似，他認為有效性與努力促使「同樣的屬性（isomorphic attributions）」有關。鮑爾斯和勞裡（Powers&Lowrey，1984）認為「基本的交流保真度（basic communication fidelity）」即「兩個或更多的個體在一個交流事件中認知的一致性程度」（p.58）。但是我認為形成同樣的屬性是不可能的。羅傑斯和金凱德（Rogers&Kincaid，1981）用了「互相理解（mutual understanding）」這個術語，麥克勞德和查菲（Mcleod&Chaffee）用到了「精確性（accuracy）」表示了我所謂的有效的交流。有效的交流不僅發生在直接的資訊中，還會發生在含糊的資訊中（Levine，1985）。

大部分時候（當我們不是深思熟慮時），我們在理解陌生人資訊時，都會參照自己的資訊框架。陌生人在理解我們的資訊時也會參照他們自己的框架。當我們和陌生人交流時，我們可能意識到無效的交流，或沒有意識到交流是無效的。我們理解陌生人的資訊可能並不是他們想傳達給我們的意思，或者他們理解的也不是我們所要表達的，並且我們都沒意識到這種差別。也就是說，我們可能意識到了意義上的差別，或者陌生人可能意識到了意義上的差別。當意識到了意義上的差別，我們可能修復或者不去修復問題。消除誤解需要我們深思熟慮，當我們深思熟慮的時候，我們可以與陌生人協商意義。

深思熟慮（mindfulness）通常在交流的時候，我們不會對自己的行為有高度意識。換句話說，交流是沒有意識的或者是習慣性的交流（Langer，1989）。但是，我們不總是習慣性地去交流，我們會把足夠的精力放在重新記起談話的關鍵詞句上（Kitayama&Burstein，1988）。巴奇（Bargh，1989）認為習慣性地資訊處理與注意力、意識性、意圖和控制力的多種結合有關。當我們有意識地認識到我們的交流行為，一定程度上我們就是深思熟慮了。朗格（Langer，1989）認為「深思熟慮與以下三方面有關：新的交流類型的創新、對新資訊的開闊視野、多角度認識問題」（p.62）。

朗格（Langer，1989）認為「分類是人類基本的自然活動……任何透過消除認知差異來消滅偏誤注定都是徒勞的」（p.154）。做到深思熟慮就是要形成更多而不是更少的差異。舉例來說，當我們沒有考慮周全時，我們傾向於用更為寬泛的分類去預測陌生人的行為（如他們的文化、種族、性別和角色）。當我們深思熟慮時，我們可以採用新的更有針對性的分類（如我們可以把寬泛的分類細化為更準確的分類）。分類越細，我們用來預測陌生人行為的資訊就越個人化。

深思熟慮也與廣泛接受新資訊有關（Langer，1989）。當我們有意識地並以開放的態度接受新資訊時，我們看待自己和陌生人行為的層面與我們無意識地接受資訊是不同的。它要求把注意力放在交流的過程上而不是交流的結果上。當我們只注意結果時，我們會忽略交流中的細微線索從而導致誤解。

我們還要意識到陌生人會用與我們不同的視角來理解和解釋我們的交流（Langer，1989）。當我們不是深思熟慮的時候，我們會認為陌生人解釋資訊的方式和我們相同。深思熟慮可以允許我們在與陌生人交流的時候對交流的方式有了多種選擇（Langer，1989，1997）。

深思熟慮的時候，我們需要與陌生人協商意義。我們需要有意識地試著理解陌生人的意思並且確保他們理解我們的意思。各種談話機制用來確保一致的協商。協商意義跟創造和身分的反映有關，但當交流的參與者持有與我們不同的語言、來自不同種族或社會階層，或者一個人是來自同一群體的殘疾人時，處理方法就會複雜很多。

理論構建

理論陳述一般有兩種：公理和定理。公理是「透過因果關係直接把變量連繫起來的命題，因此公理的陳述揭示出變量之間的直接因果連繫」（Blalock，1969，p.18）。有些公理不是在任何情況下都能成立，必須有條件限制。把公理和定理結合起來組成「因果連繫過程」理論（Reynolds，1971），以解釋有效的交流。很多關係，尤其隨著時間的發展，都是相互的（如 Hubbert 等未公布的數據，1999，揭示了上次對有效交流某一點的理解力會影響到下次交流產生的焦慮和不確定性）。在特定的情況下，辯證過程影響到我們的交流（如 Baxter，1988；Vanlear，1991）。不確定性牽涉到預測和創新的辯證關係。

這一版本有大量的公理（47 個），但是並不過分（這只是 1995 年版本的一半）。雷納德（Reynolds，1971）指出「對於處理完全抽象的邏輯系統……一個普通的標準就是從其他陳述推論中選出最少的公理，反映出的是簡潔和精準。但對一個真實的理論來說，這是不夠的，尤其是在它使理論更難理解的情況下」。既然我的考慮之一就是該理論的實用性，我就用到足夠數量的公理陳述理論以希望提高交流有效性的讀者能一目瞭然。

列博森（Lieberson，1985）認為透過調查需要分離出表象中的「基本因素」。在闡述這些公理和理論的時候，我假設管理焦慮和不確定性是影響有效交流的「基本因素」，因此其他的變量就是「表面因素」。深思熟慮使我們可以參與到管理焦慮和不確定性中來。

我用了三種方式從傳統的社會科學構建因果過程的理論。我引入了道德上的考慮和深思熟慮，並且這個理論被設計成實用性的理論。約翰尼森（Johannesen，2001）認為道德問題一直存於交流過程，並且「道德考慮已

經成為交流理論的中心，至少從柏拉圖就已經開始在交流中考慮道德問題了」（p.202）。1995 年的版本，在「與陌生人的連繫」這一部分我陳述了兩個與道德有關的公理。在這一版中，我專門分出一章來講道德問題以強調重要性。深思熟慮的加入至少從自然屬性上保持了部分理論的主觀性。當我們深思熟慮時，我們選擇如何進行交流，並且我們的行為不受外部因素或內部特徵（如身分、人格）制約。最後，現在的版本被設計成適用於個人提高交流質量，不是只對有效的交流作出解釋。

自我意識（Self Concept）

自我意識是我們對自己的看法。特納等（Turner，1987）提出我們把自己與在一些維度上與我們相似但與別人不同的人歸為一類。格李維和豪格（Grieve&Hogg，1999）認為「人們為自己和他人進行分類，從而表明自己對世界的認識，並彰顯自己在社會上的位置，從而使之更有意義並更具預測性 —— 身分減少了主觀不確定性」（p.926；也見 Hogg&Mullin，1999）。社會分類有利於用社會身分確定自己。社會身分是群際交流的一般機制，而個人身分是人際交流的一般機制，但社會身分和個人身分最終都會影響我們的交流。不過在特殊情況下，我們的行為通常由一種身分引導（Turner，1987）。

當我們與陌生人交流時社會身分就起作用，因為作為群體成員來說我們認為陌生人跟我們有所不同。社會身分起作用依賴於我們如何把自己與陌生人分類。例如，我們依據種族分類時，我們的種族身分就會起作用。

引導行為的社會身分的力量有利於管理自己的焦慮和不確定性，但是這個觀點必須有所限制。古迪昆斯特和漢默（Gudykunst&Hammer 1988a）

附錄：有效交流的焦慮和不確定性管理理論

指出只有在我們意識到陌生人來自其他群體，並且是所在群體的典型成員時，社會身分的力量才會減弱不確定性。當我們意識到陌生人是他們群體中非典型成員時，我們不會依據他們自身群體成員對待他們的方式與他們交流（如我們認為他們是「特例」）。在這種情況下，交流由我們的個人身分引導，並且我們會用關於陌生人個體的資訊來管理自己的不確定性。身分帶給我們的安全感也是值得考慮的問題，傑克森和史密斯（Jackson&Smith，1999）指出有不安全社會身分的個人比有安全身分的個人在群體內部更容易被群體誤解。

社會身分的複雜性會影響到我們與陌生人的交流。社會身分的複雜性的焦點是社會身分的差異程度，以及使其整合成為一個具有包容性的社會身分的程度（Roccas&Brewer，2002）。洛克斯和布瑞伍（Roccas&Brewer）提出「複雜的社會身分依賴於兩種情況，一個是意識到不只一個社會分類，另一個是意識到多樣的群體分類是不能融合的」（p.93）。他們認為我們的複雜性是「獨有的領域」，自我意識在一方面複雜但在其他方面則不會。我們的社會身分越複雜，我們對陌生人就越具包容性。

我們的自尊，即對自己有積極的感覺或消極的感覺（如 Rosenberg，1979）。自尊也會影響我們的交流，它對我們處理資訊的方式和我們產生的焦慮有影響。例如，伯恩斯（Burns，1985）認為自卑會阻礙我們自己和陌生人對資訊認知上的處理。相反，自尊感很強時，即使在緊張的情境中，我們也可以尋找到自己和陌生人的客觀資訊。自卑會使我們在與陌生人交流的時候產生緊張情緒。自尊感越強，就越有利於管理好我們的焦慮（如 Becker，1971；Epstein，1976）。

與群體成員有關的集體主義自尊也會影響我們與陌生人的交流。集體主義自尊側重於積極評價我們社會群體的程度。我相信我們會有一般的集

體主義自尊和特定群體的集體主義自尊（群體與產生我們行為的社會身分有關）。一般的集體主義自尊程度高的個人比一般的集體主義自尊程度低的個人更容易對他們的群體產生偏見。但是，特定群體的集體主義自尊跟個人層面上的集體主義自尊相似，也就是說，特定群體的集體主義自尊程度高可以幫助我們管理焦慮和不確定性，並且當這個群體身分起作用時，我們可以獲得關於陌生人的客觀資訊。這表明特定群體的集體主義自尊程度越高，我們的焦慮程度就越低，我們預測陌生人行為的精確度就越高。

社會身分理論表明，我們應該努力創建最積極的自我形象。當身分受到威脅，我們試著提升自己的尊嚴。沃徹爾和康坦特（Worchel&Coutant，1997）認為對我們身分的威脅可能來自群體內部（如我們群體的失敗）或群體外部（如外部群體對我們內部群體的攻擊）。他們認為兩種威脅都會造成外部群體成員對我們的歧視。因此，意識到對身分的威脅，會導致群體的焦慮和不確定性。

五個關於自我意識的公理如下：

❖ **公理1**：社會身分引導我們與陌生人交流程度的增加，會減弱焦慮並提高我們預測陌生人行為的自信。限定條件：我們感覺社會身分安全，陌生人被認為是典型的外部群體成員，沒有深思熟慮，並且我們的焦慮和不確定性介於最大和最小「門檻」之間時，這個公理成立。

❖ **公理2**：個人身分引導我們與陌生人交流程度的增加，會減弱焦慮並能提高準確預測陌生人行為的能力。限制條件：只有在個人主義文化中，我們對個人身分感覺安全，沒有深思熟慮，並且我們的焦慮和不確定性介於最大和最小「門檻」之間時，這個公理成立。

❖ **公理3**：當與陌生人交流時，我們自尊的提升會減少焦慮並能提高準確預測陌生人行為的能力。限制條件：我們的焦慮和不確定性介於最

大和最小「門檻」之間，並且我們不是深思熟慮時，這個公理成立。

❖ **公理 4**：當與外部特定群體成員交流時，我們群體內部對特定群體的集體主義自尊的提高會減弱焦慮並能提高準確預測陌生人行為的能力。限制條件：集體主義自尊只有基於內部群體，當我們的焦慮和不確定性介於最大和最小「門檻」之間時，並且當我們不是深思熟慮時，這個公理成立。

❖ **公理 5**：當與陌生人交流時，意識到威脅的增加會增強我們的焦慮並會降低我們預測陌生人行為的自信。限制條件：只有在我們不是深思熟慮的時候，這個公理成立。

動機（Motivation）

特納（Turner，1988）認為當我們的需求得到滿足時，會促使我們與陌生人交流。需要是「創造被剝奪感覺的基本狀態」，如果得不到滿足就促使我們「消滅這種被剝奪的感覺」（p.59）。對焦慮不確定性管理理論有四種需求至關重要：預測（或者信任）意識的需求、融入群體意識的需求、避免焦慮擴散的需求、保持自我意識的需求。

我們「需要在有目的既定的交流中『信任』他人，他人是『可靠的』並且他們的反應是『可預測的』」（Turner，1988，p.56）。當對陌生人進行分類時，我們的固有觀念會起作用。我們對陌生人群體的固有觀念可以預測他們的行為。如果陌生人符合我們的觀念，我們認為他們的行為是可預測的。如果陌生人不符合我們的觀念，我們會認為如果只基於群體的資訊無法預測他們的行為。如果我們認為陌生人的行為是可靠的並且可預測，這會有助於自我意識的肯定並有利於我們融入其中。

我們未能融入陌生人群體中，產生了融入的需求（Turner，1988）。當我們沒有融入其中時，我們就會經歷焦慮和不確定性。融入的需求直接與我們如何看待自己的社會身分有關。希望與他人行為相似並在群體中適應下來的需求與希望自己被看成是獨一無二的個體之間形成一種張力，我們的社會身分就從這種張力而來（Brewer，1991；也見 Brewer&Roccas，2001）。希望被看成相似的需求使我們認同不同的群體進而融合。斯蒂文斯和費斯克（Stevens&Fiske，1995）認為對我們的行為來講，歸屬感是一個很重要的動機，因為它抹去了我們與他人之間的模糊性，並且幫助我們計劃自己的行動（也見 Baumeister&Leary，1995）。被看作獨特的需求表現在差異性的一般過程中。如果我們與陌生人努力交流卻不成功，我們就沒有達到融入群體的需求，這會給我們帶來焦慮（Turner，1988）。

我們的焦慮和不確定性是相互連繫的。例如，蒂米拉斯（Demerath，1993）基於知識的反應理論表明不確定性的增加會導致消極的反應（如恐懼、焦慮）。特納（Turner，1988）的理論認為動機與對焦慮預測（如不確定性）的缺乏有關。焦慮的增加也會導致不確定性的增加。

與融入群體的需求緊密相關的是對自我意識認可的需求。當自我意識被認可了，我們會對自己的身分感到安全，此時我們與陌生人交流會感到自信。對自己的身分感到安全，我們就能更好的管理自己的焦慮並且有信心預測陌生人的行為。當我們的焦慮增強時，我們融入群體的需求和維持自我意識的需求就會增加（Turner，1988）。

四個關於動機的公理如下：

❖ **公理 6**：在與陌生人交流時，融入群體的需求增加將導致焦慮的增強。限制條件：只有在我們不是深思熟慮的時候，這個公理成立。

❖ **公理 7**：在與陌生人交流時，維持自我意識的需求增加將導致焦慮的

增強。限制條件：只有在我們不是深思熟慮的時候，這個公理成立。

❖ **公理 8**：陌生人肯定我們自我意識的程度增加將減弱我們的焦慮。限制條件：我們的焦慮和不確定性介於最大和最小「門檻」之間，並且我們不是深思熟慮時，這個公理成立。

❖ **公理 9**：在預測陌生人行為的能力上信心的增加將減弱焦慮，焦慮的減弱同樣也會增加我們預測陌生人行為的信心。限制條件：我們的焦慮和不確定性介於最大和最小「門檻」之間，並且我們不是深思熟慮時，這個公理成立。

對陌生人的反應（Reactions to Strangers）

認知複雜的人對陌生人的印象更為寬泛，更具有差異性，並且比認知簡單的人更能意識到陌生人行為的多樣性（O'sKeefe&Sypher，1981）。認知複雜與意識到不確定性之間成反比關係（Downey 等，1977）。在處理資訊時越複雜，我們就會為陌生人的行為找出更多的解釋，分析出更好的以利於我們更好的預測陌生人的行為。

當態度僵化，並且不和諧時（如種族中心主義、偏見、種族主義、獨裁主義、性別主義、年齡主義、教條主義等），我們就不能容忍陌生人的觀點。如果持有僵化的態度，在與陌生人交談時我們就不需要一個特定的場合。我們更喜歡曖昧的場合，因為它提供了「預測和行為基礎的可靠知識」（Kruglanski，1989，p.14）。

當我們與陌生人交流時，僵化的態度使我們產生消極的期望。史蒂芬和史蒂芬（Stephan&Stephan，1985，1989，1992）指出我們越傾向於種族中心主義和持有偏見，我們就越容易感到焦慮。迪萬等（Devine 等，

1996）認為個體存有的偏見越低「會在行為中表現得具有親和力，即使這種行為沒有特別的技巧」（p.443），因為他們在與陌生人交流時焦慮程度很低。當我們態度僵化就會產生消極的期望，從而不能從陌生人那裡得到新資訊。因此，態度越僵化，我們準確預測陌生人行為的能力就越低。

休伯和薩倫蒂諾（Huber&Sorrentino，1996）認為不確定性指向影響我們能否管理自己的不確定性（也見 Sorrentino&Roney，1999）。不確定性指向的個人比確定性指向的個人對以前的交流回憶更準確，更少用舊的分類和觀念來考慮問題。一般來說，不確定性指向的個人比確定性指向的個人更願意處理他們的不確定性。休伯和薩倫蒂諾（Huber&Sorrentino）認為確定性指向的個人傾向於「保持與已有的認知有關的確定性和清晰性，而不是努力去解絕不確定性」（pp.592-593）。薩倫蒂諾等（Sorrentino，2001）指出確定性指向的個人比不確定性指向的個人有更強烈的偏見。因此不確定性指向的個人更能準確的預測陌生人的行為。

我們對模糊的容忍度影響我們收集陌生人資訊的種類。博德納（Budner，1962）認為對模糊缺乏容忍的人會認為模糊具有威脅從而不能承受。斯默克（Smock，1955）認為如果我們對模糊有低容忍度，我們傾向於以第一印象來評價陌生人，但那是不成熟的。麥克弗森（Mcpherson，1983）也指出如果我們對模糊的容忍度不高，與陌生人交流時，我們傾向於尋找支持自己信仰系統的資訊。皮裡蘇克（Pilisuk）認為如果我們能夠很大程度上容忍模糊，我們就會針對情況和陌生人共同找出「客觀的」資訊，這時我們對自己與陌生人的資訊也更具開放性。

共鳴也利於焦慮和不確定性的管理。貝爾（Bell，1987）指出「認知上，有共鳴的人會考慮其他人的想法，是為了看到他人的世界。情感上，有共鳴的人會經歷其他人的情感歷程，他們能夠感受到他人的經歷」

（p.204）。史蒂芬和史蒂芬（Stephan&Stephan，1992）認為共鳴的增強會使群際間的焦慮降低，但是史蒂芬和芬雷（Stephan&Finlay，1999）指出「對其他群體不帶有尊嚴的共鳴絕對會出問題」（p.727）。當產生共鳴時，既然我們要盡量從陌生人的角度去理解，那麼產生共鳴的能力越強，做出的預測就越準確（假設我們尊重陌生人）。

對語言上與我們有交集的陌生人我們很樂意接觸（Giles&Smith，1979），但是同化並不總是受歡迎。蓋爾斯和伯恩（Giles&Byrne，1982）指出當陌生人開始學習我們的說話方式時，我們會為了保持語言特殊性拒絕陌生人的同化（Simard 等，1976）。對陌生人言語的同化也取決群體內部成員對陌生人意圖的歸因。當我們意識到陌生人的意圖是積極的，我們就會積極地評價他們的同化。如果對自己的社會身分感到不安全並且／或者我們從陌生人那裡受到威脅，我們就會拒絕陌生人的同化（Gallois 等，1995）。集體主義文化的群體比個人主義文化的群體對陌生人的同化更加排斥（Gallois 等，1995）。

影響我們交流的因素除了我們對陌生群體的適應以外，還包括陌生人對我們群體的適應，但其中陌生人對我們群體的適應影響我們的焦慮和不確定性。如果陌生人跟我們有分歧，他們的行為就很難預測，我們與之交流時就會產生焦慮和不確定性。相反，如果陌生人能融入我們的交流方式，我們也意識到他們的意圖是積極的，就有利於管理焦慮和不確定性。

六個關於對陌生人反應的公理如下：

❖ 公理 10：複雜處理陌生人資訊能力的增強，會減弱我們的焦慮，並且增強我們準確預測陌生人行為的能力。限制條件：我們的焦慮和不確定性介於最大和最小「門檻」之間，並且我們不是深思熟慮時，這個公理成立。

❖ **公理 11**：對陌生人的態度越是僵化，我們的焦慮就越強，準確預測陌生人行為的能力就越低。限制條件：我們的焦慮和不確定性介於最大和最小「門檻」之間，並且我們不是深思熟慮時，這個公理成立。

❖ **公理 12**：不確定性指向性越強，我們準確預測陌生人行為的能力就越強。限制條件：我們的焦慮和不確定性介於最大和最小「門檻」之間，並且我們不是深思熟慮時，這個公理成立。

❖ **公理 13**：我們對模糊容忍度的增強會減弱焦慮。限制條件：我們的焦慮和不確定性介於最大和最小「門檻」之間，並且我們不是深思熟慮時，這個公理成立。

❖ **公理 14**：與陌生人產生共鳴越強，我們的焦慮就會越弱，準確預測陌生人行為的能力就越強。限制條件：當我們尊重陌生人，我們的焦慮和不確定性介於最大和最小「門檻」之間，並且不是深思熟慮時，這個公理成立。

❖ **公理 15**：陌生人融入我們群體的程度越強烈，我們的焦慮就會越弱，預測他們行為的自信就越大。限制條件：只有在個人主義文化中，我們對自己的社會身分感到安全並且沒有感受到來自陌生人的威脅，我們的焦慮和不確定性介於最大和最小「門檻」之間，並且我們不是深思熟慮時，這個公理成立。

社會分類（Social Categorization）

　　社會分類是指把人們劃分成對我們有意義的不同群體，從而使我們的社會環境有條理（Tajfel，1978，1981）。透過分類，我們開始意識到什麼是群體內部成員和群體外部成員。社會分類促成了活躍的社會身分以及與

陌生人交流的群際行為，這一切也導致了焦慮和不確定性。儘管如此，如果意識到與陌生人分享的是高於普通內部群體的身分，我們的焦慮程度仍跟與內部成員交流時的焦慮程度相似（見 Gaertner 等的研究總結，1999）。

我們傾向於認為自己的群體比外部群體（陌生人的群體；Linville 等，1989）有更大的區別。對外部群體越熟悉，我們認識到這些群體的差異就越大。對外部群體我們的認識越具多樣性，我們就不會以一種簡單消極的方式對待所有的成員（Johnston&Hewstone，1990）。高夫曼（Goffman，1959）認為在群際交流中的功能性行為能夠使人意識到群體間的差別，並利用這個資訊使交流盡量順暢。

當我們對陌生人進行分類，或者考慮陌生人和他們的群體時，我們會對陌生人的行為抱有期望，它與我們的參與和預測有關。消極的期望（如基於種族中心主義、消極的觀念、偏見）會帶來不確定性和群際間的焦慮（Hubbert 等，1999）。相反，積極的期望（基於積極的觀念）幫助我們管理不確定性和焦慮。積極的期望使我們在與陌生人交流時採取積極的行為（見 Hamilton 等對期望確認過程的討論，1990）。我們的期望越積極，我們就越不會產生焦慮，並且預測陌生人行為就越有信心（Gudykunst&Shapiro，1996；Hubbert 等，1999；Plant&Devine，2003）。儘管如此，單憑積極期望，還不能足夠的準確預測，為了準確預測，我們需要掌握關於陌生人文化、群體成員和與我們交流的陌生人個體的準確資訊。

迪萬（Devine，1989）認為當我們的消極觀念滋長時，有意識的管理自己的行為可以控制我們對陌生人的偏見。她指出「不帶偏見的反應是一種功能，這種功能是一個有目的的控制過程，為了不表現出偏見而要求有意識的決策。另外，新的反應在對自動滋生的傳統觀念的反應變得有競爭

力之前，必須先要習得和實踐」（p.15）。當我們的消極觀念滋生時，我們變得有意識就可以在認知上管理焦慮並增加我們準確預測陌生人行為的能力。

我們傾向於透過膚色、衣著、口音等對陌生人進行分類（Clark&Marshall，1981），但用這種線索不一定能進行正確的分類（當我們把陌生人分成一類，而他們認為不屬於這一範疇時，錯誤分類就發生了）。在特定情況下，我們根據群體成員關係對陌生人的分類可能不會影響到他們的行為，這時我們對陌生人行為的預測有可能不正確。我們可根據一種群體關係分類（如種族），並且假設基於這種分類社會身分正在影響他們的行為，儘管如此，影響陌生人行為的依據仍是不同的社會身分（如社會階層、性別、角色）。為了準確預測，我們必須明白在特定的環境中是哪一種社會身分在引導陌生人的行為。

如果陌生人強烈認同他們的群體，我們必須努力接觸並認識他們的群體成員，這是為了支持他們的自我意識。如果我們忽略了陌生人的群體，他們會認為我們的行為不符合他們的行為。因此，意識到我們和陌生人群體的相似性和不同點對有效的交流很重要。相反，當陌生人不強烈認同自己的群體時，我們和陌生人群體間的不同點就不那麼重要了。

意識到與陌生人的個人相似點會影響我們接觸他們的意願或者是否與他們結成友誼（見 Berscheid，1985）。意識到相似性與管理焦慮和不確定性有關（如 Gudykunst、Chua&Gray，1987；Hubbert 等，1999），意識到雙方的差別越大，我們與陌生人交流的消極影響（如焦慮）就越強。

七個關於社會分類的公理如下：

❖ **公理** 16：對雙方相似性和不同點的理解力越強，我們的焦慮就越弱，
　　正確預測對方行為的能力就越強。限制條件：我們的焦慮和不確定性

介於最大和最小「門檻」之間，我們沒有深思熟慮，並且陌生人對自己的群體有強烈認同的時候，這個公理成立。

❖ **公理 17**：意識到雙方個人相似性越強，我們的焦慮就越弱，正確預測對方行為的能力就越強。限制條件：我們的焦慮和不確定性介於最大和最小「門檻」之間，並且我們不是深思熟慮時，這個公理成立。

❖ **公理 18**：我們按照陌生人分類的方式對他們分類的能力越強，正確預測對方行為的能力就越強。限制條件：我們的焦慮和不確定性介於最大和最小「門檻」之間，並且我們不是深思熟慮時，這個公理成立。

❖ **公理 19**：意識到陌生人群體多樣性的增強，會降低我們的焦慮並且提高準確預測他們行為的能力。限制條件：我們的焦慮和不確定性介於最大和最小「門檻」之間，並且我們不是深思熟慮時，這個公理成立。

❖ **公理 20**：我們同陌生人分享群體內部的高級身分的意識越強，我們的焦慮就越小，正確預測對方行為的能力就越強。限制條件：我們的焦慮和不確定性介於最大和最小「門檻」之間，並且我們不是深思熟慮時，這個公理成立。

❖ **公理 21**：對陌生人行為積極期望值越高，我們的焦慮越小，並且預測他們行為的信心就越大。限制條件：我們的焦慮和不確定性介於最大和最小「門檻」之間，並且我們不是深思熟慮時，這個公理成立。

❖ **公理 22**：當對陌生人消極期望滋生時，我們延緩它的能力越強，焦慮就越小，正確預測對方行為的能力就越強。限制條件：我們的焦慮和不確定性介於最大和最小「門檻」之間，並且我們不是深思熟慮時，這個公理成立。

情境的處理（Situational Processes）

　　情境影響我們行為最主要的一個方式就是透過我們在不同情境中活動的劇本。劇本就是「作為參與者或旁觀者的個人或與之有關的人所期望的一連串前後連貫的事件」（Abelson，1976，p.33）。劇本在不同情境下為我們的對話提供指引，並且幫助我們管理自己的不確定性（Berger&Brad-ac，1982）。

　　雖然我們知道成千上萬個劇本，但多數人在與陌生人交流時是沒有劇本的，這時我們感覺一切不在自我掌控中，從而產生焦慮（Britt 等，1996）。如果我們只按照自己的劇本與陌生人交流的話，誤解就自然而然產生了，因為在與陌生人無意識地交流時我們以為他們會以相同的角度考慮問題。有些劇本在交流中是有用的，例如，運用尋找劇本的資訊會減少交流中的焦慮（Leary 等，1988）。

　　與陌生人交流的環境影響我們的焦慮和不確定性。舉個例子，阿蓋爾（Argyle，1991）認為合作會使雙方產生積極的感覺。當我們與陌生人合作時，交流中有制度上和規範上的支持，我們通常不會有很高程度的焦慮，通常在預測他們行為的能力上，我們有足夠的信心。同樣，我們群體的其他成員在場比我們單獨與陌生人交流產生的焦慮更少，因為有自己的人在場感覺更安全。

　　情境也會影響到群體內部成員和陌生人的力量。力量是影響他人的能力（如 French&Raven，1959）。缺乏力量會產生焦慮，需要努力管理焦慮（Fiske 等，1996）。陌生人傾向於比群體內部成員更缺乏力量，陌生人也比群體內部成員更容易意識到群際之間的力量差別。陌生人與群體關係的自然屬性影響到二者的力量以及他們之間潛在的衝突（Gudykunst，

1985c），與陌生人相比，我們擁有的力量越大，我們的焦慮就越小。力量也會引出認知上和評估上的偏見（Goodwin 等，1998），因此對陌生人的預測不一定很準確。

四個關於情境處理的公理如下：

❖ **公理 23**：與陌生人合作程度越高，我們的焦慮就越小，我們預測他們行為的信心就越高。限制條件：我們的焦慮和不確定性介於最大和最小「門檻」之間，並且我們不是深思熟慮時，這個公理成立。

❖ **公理 24**：在與陌生人交流時規範的制度給予越多支持，我們的焦慮就越小，我們預測他們行為的信心就越高。限制條件：我們的焦慮和不確定性介於最大和最小「門檻」之間，並且我們不是深思熟慮時，這個公理成立。

❖ **公理 25**：在一個交流情境中我們群體成員所占的比重越大，我們的焦慮就越小。限制條件：我們的焦慮和不確定性介於最大和最小「門檻」之間，並且我們不是深思熟慮時，這個公理成立。

❖ **公理 26**：我們意識到自己比陌生人的力量越大，我們的焦慮就越小，但我們預測他們行為的準確性也會隨之降低。限制條件：我們的焦慮和不確定性介於最大和最小「門檻」之間，並且我們不是深思熟慮時，這個公理成立。

與陌生人的連繫（Connections to Strangers）吸引或者對某人有好感，是提高自己與陌生人關係的一個主要因素，如果陌生人不夠吸引我們，我們就不想與他們有任何關係。我們傾向於被在感覺上與自己相似的陌生人吸引（Sunnafrank&Miller，1981），這個在與陌生人交流之前顯得尤其真切，但我們有機會和與我們不同的陌生人接觸時，通常也會被吸引，他們

對我們的吸引力會減少我們的焦慮（Stephan&Stephan，1985）和不確定性
（Berger&Calabrese，1975；Gudykunst，Chua&Gray，1987）。

　　史蒂芬和史蒂芬（Stephan&Stephan，1985，1989，1992）認為與陌生
人交流的質量影響到我們焦慮的程度。伊斯蘭姆和休斯通（Islam&Hew-
stone，1993）認為交流的數量也會影響焦慮的程度。布瑞特（Britt，1996）
等也報告指出焦慮的特徵和狀態與雙方全面的交流呈反比關係。

　　與陌生人交流的數量和質量也會影響不確定性的程度。伯格和卡拉布
瑞斯（Berger&Calabrese，1975）的不確定性削減理論（URT）指出更多的
語言交流能減少不確定性。不確定性削減理論還指出我們與他人的交流越
親密（非表面上的交流），產生的不確定性就越少。擴展一下不確定性削
減理論的這一含義，表明了我們與陌生人交流的次數越多，交流的質量越
高，得到陌生人和他們群體的資訊就越多，產生的不確定性就越少。

　　我們與陌生人之間互相依賴會影響雙方的交流。例如，如果雙方互相
依賴，我們就不會產生很高程度的焦慮，預測他們行為的信心也會增加。
費斯克和莫靈（Fiske&Morling，1996）認為「互相依賴可以促使正確印象
的形成」（p.324），因此互相依賴可以保證預測陌生人行為的準確性。

　　我們和陌生人之間的親密性也會影響雙方的交流。當不同群體間的人
們變得越來越親密時（如從最初的交流到成為親密的朋友），交流就會變
得越來越私人化，越來越有同步性，困難就小了很多（Gudykunst，Nishi-
da&Chua，1987）。在關係發展的初級階段，群體相似性顯然造成重要作
用（如最初的交流和泛泛之交），但在後期卻不會（如親密的朋友；古迪
昆斯特 Gudykunst，Chua&Gray，1987；Gudykunst&Shapiro，1996）。

　　我們與陌生人的關係會深深地嵌入社會網路之中。帕克斯和阿德爾曼
（Parks&Adelman，1983）認為與陌生人的其他社會網路成員的（比如他們

的家庭和朋友）交流可以減少不確定性的產生，交流時產生不確定性的程度是由我們與陌生人分享的社交網路的程度決定的（如 Gudykunst，Chua&Gray，1987）。分享的網路也可以幫助我們管理不確定性（Dyal&Dyal，1981），如果我們能從對陌生人熟悉的人那裡知道的資訊越多，我們就能更好的管理不確定性。

五個關於與陌生人的連繫的公理如下：

❖ **公理27**：陌生人對我們的吸引力越大，我們的焦慮就越小，預測他們行為的自信心就越大。限制條件：我們的焦慮和不確定性介於最大和最小「門檻」之間，並且我們不是深思熟慮時，這個公理成立。

❖ **公理28**：我們與陌生人以及他們的群體成員交流的數量越多，質量越高，我們的焦慮就越小，準確預測他們行為的能力越高。限制條件：我們的焦慮和不確定性介於最大和最小「門檻」之間，並且我們不是深思熟慮時，這個公理成立。

❖ **公理29**：我們與陌生人之間的互相依賴性越高，我們的焦慮就越小，準確預測他們行為的能力越高。限制條件：我們的焦慮和不確定性介於最大和最小「門檻」之間，並且我們不是深思熟慮時，這個公理成立。

❖ **公理30**：我們與陌生人關係的親密度越高，我們的焦慮越小，準確預測他們行為的能力越高。限制條件：這個公理只適用於跨越關係發展階段的大體趨勢，在任何關係發展階段之內或者某個特定的談話場合之內，焦慮和不確定性是有波動的，並且我們不是深思熟慮時，這個公理成立。

❖ **公理31**：我們與陌生人分享網路程度越高，我們的焦慮越小，準確預測他們行為的能力越高。限制條件：我們的焦慮和不確定性介於最大和最小「門檻」之間，並且我們不是深思熟慮時，這個公理成立。

　　前面提到的互相依賴性的討論，我們與陌生人連繫的自然屬性不能直接影響到我們正確預測他們行為的能力，這主要依賴於我們與他們的交流是有意識的、深思熟慮的。

　　與陌生人道德上的交流（Ethical Interactions With Strangers）尊嚴是最低限度的自尊，它使人們感覺到自己的價值，感受到別人對自己的愛戴，以及作為一個人得到最起碼的尊重（Pritchard，1991）。倫理和道德要求我們保持自己的尊嚴意識，並且維護陌生人的尊嚴意識。普理查（Pritchard）認為「道德至上」要求我們的「行為必須要在道德接受範圍之內」（p.226）。交流初期的行為傾向於互惠（Gouldner，1960），因此，如果我們尊敬陌生人，他們也會給予我們應有的尊嚴，這會使我們的焦慮程度降低。

　　以道德的方式行事，尊敬陌生人是必須的（Gutmann，1992），普理查（Pritchard）也認為「尊敬他人」是道德行為一個很重要的組成部分。我們在與陌生人交流的時候，需要依據「平等價值的假定」（Taylor，1992，p.72），當我們尊重陌生人時，我們會下意識認為陌生人也尊重我們（見Sampson，1993 和 Smiley，1992，對尊敬重要性的討論），這會使我們的焦慮程度降低。

　　當我們尊重陌生人時，我們會採取一種道德上的包容方式，奧伯托（Optow，1990）指出「當個人或者群體意識到道德價值、規則和公平原則跨越界限不適用時，道德排斥性就會發生，那些排斥道德的人被認為是無足輕重的，不值得人們尊重」。如果陌生人被認為無足輕重的話，「傷害他們就可以被人接受，人們會認為這是合適的或者公正的」（p.1）。當我們採取道德上的包容方式時，我們會考慮適合於陌生人的公平原則，願意為了幫助他們做出犧牲。

我們譴責陌生人以及從心理上對他們避而遠之，此時道德排斥就顯露出來（Optow，1990），並會產生較高程度的焦慮，因為我們不期望採取道德排斥方式對待的人與我們享有同樣的公平原則。相反，如果我們以包容的方式對待陌生人，我們期望他們同樣被公平的對待，當我們期望公平對待他們時，焦慮就會降低。

與陌生人交流時我們作為旁觀者，仍然不會放棄自己的道德責任感。斯道博（Staub，1989）認為「旁觀者可以植入一種強有力的影響，他們可以定義事件的意義，可以透過共鳴和漠不關心影響他人，可以提升價值和加強體貼關心他人的規範，或者透過被動或主動的參與到系統中，他們可以斷定作惡者」（p.87）。布蘭查德等（Blanchard 等，1991）的研究表明，在參與他人和陌生人交流的場合時，如果我們表達了反偏見的意思，他人會很少表達對陌生人的偏見，因此，我們可以影響他人對陌生人的道德行為。

三個關於與陌生人的交流的公理如下：

❖ **公理 32**：在與陌生人交流時，我們保持雙方尊嚴的能力越高，焦慮越小。限制條件：我們的焦慮和不確定性介於最大和最小「門檻」之間，並且我們不是深思熟慮時，這個公理成立。

❖ **公理 33**：我們越是尊重陌生人，焦慮就越小。限制條件：我們的焦慮和不確定性介於最大和最小「門檻」之間，並且我們不是深思熟慮時，這個公理成立。

❖ **公理 34**：我們對陌生人的道德包容力越強，焦慮就越小。限制條件：我們的焦慮和不確定性介於最大和最小「門檻」之間，並且我們不是深思熟慮時，這個公理成立。

焦慮、不確定性、深思熟慮和有效交流（Anxiety，Uncertainty，Mindfulness，and Effective Communication）為了達到有效的交流，我們必須理解陌生人考慮問題的角度，這就要求我們深思熟慮。前面提到，朗格（Langer，1989）認為深思熟慮與新的交流類型的創新、對新資訊的開闊視野、多角度認識問題有關。有效交流要求我們提高學習陌生人深思熟慮的方式，朗格（Langer，1997）認為這包括「對新形式的開闊視野；對差異的警惕性；不同文本中的敏感；如果不是直白地、含蓄地意識到視角的多樣性；當下的指向」（p.23）。這些過程都是互相連繫的，引導我們「可以接受不斷前進的環境中的變化」（p.23）。

在群際交流中，陌生人比群體內部成員更趨向於深思熟慮。弗雷布等（Frable 等，1990）認為陌生人會把注意力放在交流的進行上，以及會意識到促進交流進展的最佳方式。通常，陌生人的深思熟慮是一種防禦方式，因為他們不能確定群體內部成員如何回應他們（Frable 等，1990）。其次，陌生人比群體內部成員更傾向於意識到對方的視角，迪萬等（Devine 等，1996）認為這樣使陌生人比群體內部成員「潛在性協商社會交流的難題更有效果」（p.444）。

迪萬等（Devine 等，1996）認為為了達到有效交流，我們深思熟慮的程度取決於陌生人的偏見和客觀性。他們認為「受社會譴責的成員（如許多但並非全部的陌生人）通常不信任或者懷疑大多數成員的意圖和動機」（p.445）。陌生人對群體成員的反應也受他們「歸類的歧義」（如陌生人可能把群體成員的行為歸納為成員的個人特質使然或者群體成員對陌生人群體的傳統看法；Crocker 等，1991）。迪萬等（Devine 等）認為希望被消極對待的陌生人「可能不會把焦慮當做是令人厭惡的事」（p.449），即使群體成員不怎麼存有偏見。當群體成員深思熟慮時，陌生人如何反應？目前為止，沒有任何關於這一問題的研究。如果陌生人意識到群體成員沒

有很大的偏見，並且群體成員的意圖很積極，我認為這一反應會使交流順暢。如果群體成員對交流的過程而不是對交流的結果深思熟慮的話，也應該會出現順暢的交流。

　　如果我們從自己的角度來理解陌生人的資訊，就像我們在交流時沒有深思熟慮，交流必定達不到應有的效果。我們更多地學習如何描述陌生人的行為，並且越少評論，陌生人就越有可能意識到我們的意圖是積極的。描述陌生人的行為也可以幫助我們明白陌生人是如何理解資訊的，因為我們不會自動地認為陌生人會以相同的角度理解資訊，並且我們盡力去理解陌生人的解釋。把陌生人對資訊的理解從我們對資訊的理解中區分出來，這一能力可以正確預測陌生人的行為。

　　理解陌生人的語言或者方言也有助於管理我們的焦慮和不確定性，很大程度上是因為它幫助我們從陌生人的角度去理解。例如，第二語言能力提高了我們在這種語言文化中處理不確定性的能力（Naiman 等，1978），掌握語言和方言也能幫助我們管理焦慮（Stephan&Stephan，1985）。

　　當與陌生人交流時產生的焦慮會使我們進行社會分類（如分成群體內部和群體外部；Greenland&Brown，1999）。焦慮也會影響我們處理資訊的能力，王爾德和夏皮羅（Wild&Shapiro，1989）指出當焦慮過高時（如高於我們的最大「門檻」），我們處理資訊時會採取一種簡單的方式，王爾德（Wild，1993）指出焦慮過高會喚起一種自我注意力，這種注意力分散我們當前關注的事情，並且減弱我們對陌生人作出區分的能力。這一系列的原因表明當我們焦慮過高時，不能收集關於陌生人新的或者正確的資訊，因此我們就無法做出正確的預測或者對陌生人的行為作出正確的解釋，儘管如此，王爾德和夏皮羅（Wild&Shapiro，1989）指出「不可或缺的焦慮（如對陌生人群體的焦慮）」可以有利於資訊的處理，但是強烈的

焦慮（如不知從何而來的焦慮）是不利的。

格林蘭德和布朗（Greenland&Brown，2000）提出對產生焦慮理由的解釋可能會影響我們處理焦慮的策略。他們認為對產生焦慮持有一種「積極的」理由（如我們不想表現得存有偏見）可以使我們系統性地處理資訊，並且不會陷入傳統觀念中（如我們對陌生人群體懷有敵意），相反，「消極的」理由會讓我們簡單地處理資訊。

如果焦慮和不確定性超過了最大「門檻」，我們必須在正確預測陌生人行為之前有意識地管理焦慮（如使之降到最大「門檻」之下）。管理焦慮要求我們控制自己的身體徵兆（如氣短），並且控制憂慮的想法（Kennerley，1990），一旦管理好身體徵兆（從身體上或精神上打破這種情形），我們就可以有意識的管理引起焦慮的憂慮的想法（如全有或全無的想法；見 Burns 對造成焦慮意識的扭曲和如何管理它們的討論，1989）。管理憂慮的想法很重要，如果我們管理不當，它們會干擾我們複雜地處理關於陌生人資訊的能力（Fiske&Morling，1996）。

如果我們的焦慮和不確定性太高或者太低，就不能有效地交流，利於有效交流的焦慮和不確定性的最佳水準應該介於最大「門檻」和最小「門檻」之間。對不確定性而言，最佳水準就是當我們意識到陌生人的行為是可預測的，但還不足以準確解釋的時候。對焦慮而言，最佳水準就是當我們與他們可以舒適地交流，但仍對交流有一定的焦慮從而不致於自鳴得意的時候。

當焦慮和不確定性不在最佳水準時，我們可以有意識的管理它們並把它們引入正常水準（這個不確定性管理的觀念與 Brasher 的不確定性管理理論不同，2001）。當我們的焦慮和不確定性在最佳水準時，特別當我們深思熟慮時，我們可以有效地交流。儘管如此，當我們深思熟慮時，我們

不想過度警惕（Langer，1997），相反，如果我們只是「適度警惕」，我們會廣泛的接受資訊，意識到陌生人考慮問題的角度，當交流中的誤解發生時，我們也會積極地去改正。

加斯和維羅尼斯（Gass&Varonis，1991）歸納出兩種產生誤解的情況。當我們把不同的意義賦予資訊但我們沒有意識到時，「完全的誤解」就會產生；當我們把不同的意義賦予資訊，但我們中的一個人意識到了，「不完全的誤解」會產生。加斯和維羅尼斯（Gass&Varonis）認為完全的誤解確實是棘手的問題，因為交流者都以為理解了對方。然而，當我們深思熟慮時，會意識到誤解的可能性。如果深思熟慮的話（如透過意譯、說明、回饋、給予更多資訊等），我們可以實事求是地改正錯誤（如我們本該從陌生人角度考慮問題，卻從自己角度考慮而造成的錯誤），這有利於交流雙方協商意義以達到有效交流。

五個關於焦慮、不確定性、深思熟慮和有效交流的公理如下：

❖ **公理 35**：提高描述陌生人行為的能力也能提高我們正確預測他們行為的能力。限制條件：當我們有意識的處理交流，但是不過於警惕，並且我們的焦慮和不確定性介於最大和最小「門檻」之間時，這個公理成立。

❖ **公理 36**：我們提高掌握陌生人語言或者方言的能力會降低焦慮，提高正確預測他們行為的能力。限制條件：我們的焦慮和不確定性介於最大和最小「門檻」之間，並且我們不是深思熟慮時，這個公理成立。

❖ **公理 37**：在處理資訊時我們越是深思熟慮，我們管理自己焦慮和不確定性的能力就越高。限制條件：只有當我們不是過於警惕時，這個公理成立。

❖ **公理** 38：有意識地認識到錯誤或者實事求是地改正錯誤，這一能力的提高，有利於與陌生人協商意義（有利於提高交流的有效性）。限制條件：當我們在交流中深思熟慮，不過於警惕，並且我們的焦慮和不確定性介於最大和最小「門檻」之間時，這個公理成立。

❖ **公理** 39：與陌生人交流，我們管理焦慮的能力越高，準確預測的能力越高，對他們行為作出正確解釋的能力越高，交流就越有效。限制條件：當我們在交流中深思熟慮，不過於警惕，並且我們的焦慮和不確定性介於最大和最小「門檻」之間時，這個公理成立。

這五個公理側重於有效交流的基本因素和有效交流的過程（如深思熟慮），前面的公理（1-34）解釋的是在與陌生人的交流中我們可以管理自己的焦慮和不確定性，它們側重於有效交流的表面因素。

在焦慮和不確定性管理理論過程中的跨文化變異（Cross-cultural Variability in AUM Processes）我之前在焦慮和不確定性管理理論的範圍裡談到，除非文化層面的分析包含在內，否則理論就不算完整。1995 年，我認為跨文化公理要透過文化層面分析和個人層面分析的雙重測試，現在我認為這個命題是不正確的，我認為針對文化變異的公理只能透過文化層面的測試。

跨文化中的陌生人和群體內部關係的性質是有差別的。崔安迪斯（Triandis，1995）指出集體主義文化的成員（如強調群體高於個體的文化）要比個人主義文化的成員（如強調個體高於群體的文化）認為內部群體和外部群體的差別更為明顯。儘管如此，至少有一個內部群體和外部群體的差別會在個人主義文化中掀起巨大的波瀾，那就是種族群體間的分歧。

集體主義文化的成員傾向於認為他們的群體成員大體是相似的，並不十分在意個人的貢獻（Triandis 等，1990）。相反，個人主義文化的成員認

為他們的群體內部成員有很大不同。集體主義文化成員比個人主義文化的的成員更傾向於用社會身分來規範自己的行為（見 Gudykunst&Bond，對這一研究的總結，1997）。在內部群體與外部群體管理焦慮和不確定性的過程中，集體主義文化和個體主義文化有很大差別。

❖ **公理 40**：文化上集體主義越強，陌生人和群體內部的差異就會越大。限制條件：這個公理不適用於以種族為基礎的群體內部和陌生人的關係，並且當我們不是深思熟慮的才成立。

這個公理暗示了文化上集體主義越強，群體內部成員在與陌生人交流時產生的焦慮和不確定性就越大。

文化上的個體主義和集體主義不是影響我們與陌生人交流的唯一文化變異的維度。霍夫施泰德（Hofstede，2001）認為高度避免不確定性的文化（如認為不確定性很危險的文化）比低度避免不確定性的文化（如認為不確定性很有趣的文化）對外國人產生更強烈的恐懼。相反，低度避免不確定性的文化比高度避免不確定性的文化對多樣性的容忍度要強。霍夫施泰德（Hofstede，2001）認為高度避免不確定性文化的成員比低度避免不確定性文化的成員更容易拒絕其他群體成員作他們的鄰居，認為移民應該被遣返回他們自己的國家，對外來人員持懷疑態度，並且不準備出國旅遊。

❖ **公理 41**：文化上的不確定性避免程度越高，群體內部成員對陌生人的恐懼就越強烈。限制條件：當我們不是深思熟慮時，這個公理成立。

這個公理表明文化上的不確定性避免程度越高，在與其他文化、民族和種族群體的陌生人進行交流時，我們產生的焦慮和不確定性就會越大。

陌生人和內部群體關係的特定類型受到其他文化變異維度的影響。陌

生人和內部群體關係中社會性別成分受文化變異的男權主義 - 女權主義的影響。霍夫施泰德（Hofstede，2001）指出男權主義文化（對性別角色區分嚴重的文化）的成員與同性成員進行社會連繫，而與異性成員接觸較少，相反，女權主義文化（對性別角色區分不大的文化）的成員與兩種性別的成員都有社會連繫。因此，男權主義文化的成員比女權主義文化的成員認為同性和異性關係的差別更為明顯。這也意味著男權主義文化的成員比女權主義文化的成員在與異性的關係中會產生更大的焦慮和不確定性。

　　陌生人的地位 / 權利和群體內部成員的地位 / 權利受到文化變異的權利距離的影響。霍夫施泰德（Hofstede，2001）指出權利距離大的文化中的成員認為，社會中權利本身就被分配得不平等，相反，權利距離小的文化中的成員認為，社會中權利的分配是平等的。因此，權利距離大的文化中的成員比權利距離小的文化中的成員認為地位高和地位低的交流者的差別更為明顯，對不同地位個體的關係產生更大的焦慮和不確定性。

　　霍夫施泰德（Hofstede，2001）把代際間的態度和文化上的不確定性避免連繫起來，他指出對年輕人合適的態度和對老者合適的態度均與不確定性避免在文化層面上有著相互間積極的連繫。霍夫施泰德（Hofstede）認為在不確定性避免程度高的文化中的老者比不確定性避免程度低的文化裡的老者「可能更不贊成年輕人的行為，在把手中的責任交給年輕人之前需要很長時間」，「也更容易產生代溝」（p.158-159）。但是值得注意的是，霍夫施泰德（Hofstede，2001）認為父母與孩子之間的關係受到文化上的權力距離的影響。例如，他認為在權力距離大的文化裡「尊重父母和長輩是一個基本的美德」，在權力距離小的文化裡「孩子要平等地對待自己的父母和長輩」。

❖ **公理 42**：文化上男權主義程度越高，陌生人和群體內部在異性關係上形成的差別就越明顯。限制條件：當我們不是深思熟慮時，這個公理成立。

❖ **公理 43**：文化上的權利距離越大，陌生人與群體內部在不平等地位上形成的差別就越明顯。限制條件：當我們不是深思熟慮時，這個公理成立。

❖ **公理 44**：文化上不確定性避免程度越高，陌生人與群體內部在年齡上形成的差別就越明顯。限制條件：不是存在與家庭內部的兩代人之間的交流，並且當我們不是深思熟慮時，這個公理成立。

陌生人和群體內部形成的差別越明顯，我們與特定文化中的陌生人交流時產生的焦慮和不確定性就越大，內部群體與外部群體交流上的差異就越大。可以這樣描述，權利距離小的文化中地位低的成員與權利距離大的文化中地位高的成員交流時，比其與權利距離小的文化中地位高的成員交流時產生更大的焦慮和不確定性。

我們管理不確定性的資訊的類型受個人主義和集體主義的影響。例如，古迪昆斯特和西田（Gudykunst&Nishida，1986）指出個人主義文化中的成員採用以個體為基礎的資訊（如價值觀、態度和信仰）管理不確定性，集體主義的成員採用以群體為基礎（如集體成員、年齡和地位）的資訊管理不確定性。同樣，蓋爾芬德等（Gelfand 等，2000）觀察到在預測時，個性化的資訊在個人主義文化中用得多，而相互關聯的資訊在集體主義文化中用得多。羅倫薩揚等（Norenzayan 等，2002）也指出當以環境為基礎的資訊很明顯時，集體主義文化的成員比個體主義文化的成員更多地採用這一資訊做出結論。

❖ **公理 45**：文化上的個人主義越強，群體內部成員越傾向於用以個體為基礎的資訊管理不確定性；文化上的集體主義越強，群體內部成員越傾向於用以群體和環境為基礎的資訊管理不確定性。限制條件：當我們不是深思熟慮時，這個公理成立。

個人主義文化的成員採用以個體為基礎的資訊，比集體主義文化的成員更多的尋找與陌生人的相似性。相反，把注意力放在以群體為基礎的資訊上，或者內部群體和外部群體的差別上，集體主義文化的成員比個體主義文化的成員更多地尋找群體差異，並且更多地注意環境的情況。

與陌生人交流時產生的焦慮和不確定性的一般程度受到不確定性避免中的文化變異的影響。霍夫施泰德（Hofstede，2001）認為不確定性避免程度高的文化中的成員更傾向於避免不確定性，產生更大的焦慮，比不確定性避免程度低的文化中的成員更不能容異常行為。儘管如此，大多數的情況下，包括群際交流，不確定性避免程度高的文化傾向於制定規範和原則，就是為了減少成員可能產生的焦慮和不確定性。與不確定性避免程度高的文化相比，不確定性避免程度低的文化更有可能認為群際間的交流是消極的，因為不確定性避免程度高的文化對群際交流有很明確的規則（Gudykunst 等，1999）。

❖ **公理 46**：對陌生人和群體內部的交流中有明確的規則時，文化上的不確定性避免程度越高，與陌生人交流時產生的焦慮和不確定性就越小。當對陌生人和群體內部的交流中沒有明確的規則時，文化上的不確定性避免程度越高，與陌生人交流時產生的焦慮和不確定性就越大。限制條件：當我們不是深思熟慮時，這個公理成立。

附錄：有效交流的焦慮和不確定性管理理論

不確定性避免中的文化變異也會影響最大「門檻」和最小「門檻」。既然不確定性避免程度高的文化中的成員盡量去避免焦慮和不確定性，他們的最大「門檻」要比不確定性避免程度低的文化中的成員的最大「門檻」低一些。換句話說，不確定性避免程度高的文化中的成員為了在與陌生人交流時候感到舒適，希望他們的焦慮和不確定性低於不確定性避免程度低的文化中的成員的焦慮和不確定性。不確定性避免程度高的文化中的成員的最小「門檻」也會比不確定性避免程度低的文化中的成員的低。

最後，要談一下個人主義和集體主義中的有效交流的區別是什麼。多明加等（Tominaga 等）指出美國人意識到有效交流與以下因素有關（按重要性從大到小的順序）：（1）理解力（重點是理解他人的資訊）；（2）相容性；（3）表現出積極的行為；（4）交流的平和性；（5）積極的結果；（6）積極的非語言性交流；（7）可適應的資訊。

多明加等（Tominaga 等，2003）也指出日本人意識到有效交流與以下因素有關：（1）相容性；（2）合適性；（3）交流者之間的良好的關係；（4）積極的結果；（6）表現出積極的行為；（7）理解力（重點是理解他人的感情）；（8）積極的非語言性交流；（9）明確的資訊。日本人的前三項側重於與交流者保持良好的關係，這與集體主義文化強調保持和諧是一致的。美國人和日本人的區別與金（Kim，1994）的研究相符，金指出個人主義文化的成員比集體主義文化的成員更強調談話的清晰明了，而集體主義文化的成員比個體主義文化的成員更強調不傷害他人的感情，不把感情強加於他人。

❖ **公理 47**：文化上的個人主義越強，與陌生人有效交流時就越側重於認知上的理解力。文化上的集體主義越強，就越側重於與交流者保持良好的關係。限制條件：當我們不是深思熟慮時，這個公理成立。

多明加等（Tominaga 等，2003）的研究表明在個體主義和集體主義文化中的有效交流有相似點也有不同點。這些不同點，並不意味焦慮和不確定性管理理論不適用於像日本這樣的集體主義文化，只是用來檢驗理論的有效交流的構想可能不同，有效交流的構想的不同點也表明了當我們與其他文化的陌生人交流時，我們需要深思熟慮，因為這些構想可能是不同的。如果我們意識到陌生人的視角並且我們可以適應交流，不同的構想需要明晰化，例如，當我們深思熟慮時，我們可以選擇側重交流雙方良好的關係而不是雙方的理解。當我們不是深思熟慮時，我們用自己有效交流的觀念，多種多樣的結果也可以同時得以實現。

定理

定理是由公理的邏輯連繫產生的。在這裡，我沒有足夠的版面陳述這些定理了。如果公理 6 和公理 7 結合起來，組成的定理應該是「我們融入群體的需要和保持自我意識之間有一種積極的連繫」，這個定理與特納（Turner，1988）的動機理論相一致。一些定理與之前的研究保持一致，而另一些則成為以後研究的假說，公理 17 和公理 27 結合產生相似 - 吸引假說（「我們意識到自己與陌生人的相似性越多，我們就越容易被他們吸引」），受到經驗主義的廣泛支持。公理 10 和公理 11 結合產生定理「我們態度的僵化程度對複雜地處理資訊的能力起消極影響」，是將來研究的假說。

不是所有的公理都能構成定理。舉個例子，跨文化公理（40-47）就不能與理論中大部分的公理（1-39）結合，這個可能與生態學上的謬誤或者反生態學的謬誤有關。一些公理在結合時與排除中間因素的謬誤有關，從

而不能結合，如果 A → C，並且 B → C，可以推導出 A 和 B 是有關係的，排除中間因素的謬誤就是沒有意識到可能有另外一個變量存在於這兩個變量之中（如 A → D → B）。

理論的運用

焦慮和不確定性管理理論可以運用於很多方面。例如，理論對提高我們交流的有效性有明顯的提示，能夠幫助旅行者適應新的文化氛圍。因為版面限制，我只給出如何運用理論的概述。

有意識地管理我們的焦慮使之在最大「門檻」和最小「門檻」之間，對準確預測陌生人行為很有必要。理論表明，如果焦慮和不確定性都在最大「門檻」之上，我們必須在管理自己的不確定性前先管理好焦慮。

理論還表明，當我們深思熟慮時，我們可以為陌生人進行新的分類（如發現關於陌生人的個性化資訊），廣納新資訊（如一些我們還不知道的關於和我們交流的陌生人的事情），意識到陌生人如何理解資訊。如果我們可以完成這些目標，我們將會對陌生人的行為做出準確的預測和解釋。

我們也可以改變表面因素影響焦慮和不確定性的程度。例如，我們可以更加側重於描述陌生人的行為而不是重在解釋和評估他們的行為，我們也可以有意識地選擇不同於我們個性特徵的行為（如不確定性指向，對模糊的容忍度）。

結論

陳述這個理論，我已經放棄了大量的公理（如關於羞恥、適應行為、非正式的情形、收集合適的資訊、自我指導以及大部分關於跨文化變異的公理），我還增加了幾個公理，關於處理群際過程（關於權力、受威脅的身分、集體主義自尊和普通的群體內部身分）和在陌生人 - 群體內部關係，焦慮和不確定性中的跨文化變異。放棄的部分是因為我目前認為它們對管理焦慮和不確定性不重要。我增加的公理提高了這一理論與社會身分理論（如 Tajfel，1978，1981）的兼容性。

休伯和薩倫蒂諾（Huber&Sorrentino，1996）認為在人際與群際關係理論中存在一個「不確定性指向」偏見。就像早先指出的那樣，薩倫蒂諾和邵特（Sorrentino&Short）對不確定性指向個體和確定性指向個體作出區分（如個體差異變量、個體特徵）。不確定性指向個體趨向於解決關於自己或環境的不確定性，而確定性指向個體則不同。休伯和薩倫蒂諾（Huber&Sorrentino）認為確定性指向個體「避免或忽視非一致性或模糊性，以此保持確定性和清晰性」（p.593）。他們也指出「不確定性指向的人注意並直接處理不確定性和非一致性，而確定性指向的人注意並直接處理熟悉的和確定的事情」（p.593）。因此，休伯和薩倫蒂諾（Huber&Sorrentino）認為不確定性削減理論（Berger&Calabrese，1975）只適用於不確定性指向的個體，這與現在這一版的焦慮和不確定性管理理論看法相同。

我認為焦慮不確定性管理理論不受限於不確定性指向個體有三個原因。第一，我把不確定指向納入理論；第二，影響不確定性的因素（如表面因素）也影響了不確定性指向個體和確定性指向個體的不確定性的程度；第三，只有當我們不是深思熟慮的時候，我們的個性特徵才會影響我

們的行為，當我們深思熟慮時，我們可以選擇那些不是基於個性的行為（如當確定性指向個體深思熟慮時，如果他們想達到有效的交流，可以選擇管理他們的不確定性）。

一些讀者可能會提到，這個理論包含 47 個公理，未免過於複雜。儘管如此，我們要記住，當理論被構建時，理論的目標必須與理論性陳述的數量相平衡。既然焦慮和不確定性管理理論的目的之一是提高交流質量，公理就不能高度概括化。增加公理的抽象性雖然可以使理論變得簡單，但卻減少了理論的實用性。這一理論不僅可以被大量運用到實際生活中，還可以適應新環境。

這一版本增加了一個特殊的地方，就是時刻把握好焦慮和不確定性管理、有效交流和深思熟慮的關係。例如，我們如何意識到焦慮和不確定性的最佳水準？既然在交流的過程中不可能始終保持深思熟慮的狀態，我們如何意識到什麼時候需要深思熟慮呢？為了增加理論的實用性，很有必要分離出線索，當我們意識到發生了誤解或將要發生誤解，我們可以啟動深思熟慮。對於什麼時候我們需要有效的交流，不管是否意識到，我們都要做出選擇，此時我們需要知道什麼時候開始深思熟慮。以後版本的理論包含這些問題後會提高理論的實用性。

最後總結一下，我對焦慮和不確定性管理理論的發展做出了簡要的概述，並且更新了公理。現在的理論版本還不是一件成品，它需要不斷地修改。儘管如此，現在的版本完成了它的目的，比 1995 年版本的理論更精細了。

結論

跨文化傳播引論——
語言 ‧ 符號 ‧ 文化

作　　者：李崗

發 行 人：黃振庭

出 版 者：崧燁文化事業有限公司

發 行 者：崧燁文化事業有限公司

E-mail：sonbookservice@gmail.com

粉 絲 頁：https://www.facebook.com/
　　　　　sonbookss/

網　　址：https://sonbook.net/

地　　址：臺北市中正區重慶南路一段六十一號八
　　　　　樓 815 室

Rm. 815, 8F., No.61, Sec. 1, Chongqing S. Rd.,
Zhongzheng Dist., Taipei City 100, Taiwan

電　　話：(02)2370-3310

傳　　真：(02)2388-1990

印　　刷：京峯彩色印刷有限公司（京峰數位）

律師顧問：廣華律師事務所 張珮琦律師

-版權聲明

本作品中文繁體字版由五月星光傳媒文化有限公
司授權臺灣崧博出版事業有限公司出版發行。未
經書面許可，不得複製、發行。

定　　價：580 元

發行日期：2023 年 02 月第一版

◎本書以 POD 印製

國家圖書館出版品預行編目資料

跨文化傳播引論 —— 語言‧符號‧
文化課 / 李崗著 . -- 第一版 . -- 臺
北市：崧燁文化事業有限公司，
2023.02
面；　公分
POD 版
ISBN 978-626-357-146-4(平裝)
1.CST: 跨文化傳播 2.CST: 傳播研
究 3.CST: 文集
541.8307
112000711

電子書購買

臉書